아들러의
인간관계론

| **김춘경** 지음 |

ADLERIAN HUMAN RELATIONS

학지사

머리말

우리는 사람들과의 만남과 관계 속에서 살아간다. 그 관계의 질과 내용에 따라 우리의 행, 불행도 달라진다. 어떤 부모, 어떤 형제자매, 어떤 친구, 어떤 스승, 어떤 배우자, 어떤 직장동료, 어떤 자녀를 만나는가에 따라서 우리의 인생이 달라진다. 하다못해 길 가다 만난 강도 한 명으로 인해 인생이 바뀔 수도 있다. 인간관계가 매우 중요하다는 사실은 누구나 다 알고 있고 절실히 실감하고 있을 것이다. 그래서 그런지 인간관계에 관한 책이 많다. 내용이 좋은 책들도 많다.

10여 년간 교양과목으로 개설된 '인간관계성공레슨' 강의를 진행해 오면서 인간관계와 관련된 많은 내용을 다양한 방법으로 실생활에 적용해 보았다. 이를 통해 사람과의 관계를 이해하기에 앞서 사람에 대한 이해, 즉 자신과 타인에 대한 심층적인 인간이해가 기본적으로 확립된 다음에 그들 간의 관계를 이해하고 다루는 훈련이 필요하다는 사실을 경험적으로 알게 되었다. 학생들은 인간을 조금 더 깊이 있게 이해하는 이론과 함께 수업을 진행하는 것을 선호하였고, 이론과 실제를 함께 경험하는 수업을 하면 학기를 마치고 나서도 자신의 변화에 대한 이야기를 나눠 주었다.

인간을 깊게 이해하기 위해 사용한 이론은 대인관계에 특별한 관점을 둔

'Adler의 개인심리학'이었다. Alfred Adler는 일찍이 인간을 사회적 맥락 속에서 이해하였고, 인간관계의 문제가 인간을 병리화시킨다는 사실을 간파하여 그 맥락 속에서 개인의 심리 · 사회 · 행동적 문제를 해결함은 물론이고, 인간의 정신병리까지 해결하려고 애쓴 심층 심리학자이자 심리치료사이다. 요즘 우리나라에서 선풍적인 인기를 끌고 있는 Adler 심리학은 대중적 관심과 함께 많은 사람의 호감을 사고 있다. 상담학도들에게 개인심리학으로 알려진 Adler 심리학은 일반인에게는 대인관계심리학이라는 이름으로 더 잘 알려져 있다.

Adler는 사람은 살면서 3가지 인연을 갖게 되고, 타인과 관계를 맺고 그들과의 관계 속에서 생기는 문제를 해결하는 과정이 인생이라고 하였다. 사실 Adler는 자신의 이론을 개인심리학(Individual Psychology)으로 규정하고 인간은 분리될 수 없는(Individium) 통합적 존재임을 강조하였다. 분리될 수 없는 통합된 존재인 개인에 대한 강조는 한 개인을 내적으로 분리할 수 없다는 개념에만 머문 게 아니라, 다른 사람과의 관계도 결국은 분리되어 따로따로 가는 것이 아닌 함께 협력하고 노력하여 같은 목표를 향해 나아가야 한다는 의미도 내포하고 있다. 연약하고 열등한 인간이 거대한 우주 속에서 살아남기 위해서는 함께 협력해서 힘을 합쳐야 한다는 사실을 Adler는 누누이 강조하였다. 또한 그는 한 개인은 물론이고, 온 인류가 열등감을 극복하고 보다 더 나은 우월의 경지로 나아가기 위해서는 공동체감이 있어야 한다고 주장했다. 갈수록 개인주의화되고 자신의 유익만을 우선시하는 이기적인 현실 속에서 많은 사람이 우울해하고 고통스러워하며 심지어 자살까지 한다. 이러한 문제를 해결할 수 있는 방법은 무엇일까? Adler 심리학에게 그 길을 묻는다면, 그 답도 Adler에게서 찾을 수 있을 것이다.

최근 우울하고 침체된 병적인 사회에 용기를 불어넣어 주는 Adler 심리학이 인기를 끌었다. 그러나 Adler는 좌절하고 낙심한 사람들에게 필요한 것은 용기뿐만 아니라 더 나아가 공동체감임을 강조한다. 그리고 정신병리의 이해를 위한 인간의 열등감도 결국은 공동체감을 통해 해결해 나아갈 수 있다고 하였다. 한 개인은 물론이고, 국가와 사회, 인류 전체가 건강하고 더 우월한 단계로 발전하기 위해서 꼭 필요한 것이 공동체감이라는 것이다. 또한 Adler는 모든 신경증과 정신병리 증상을 가진 자에게 공동체감과 사회적 관심을 치료제로 처방해 주었다. 학교 부적응아, 정서행동 문제아들에게도 Adler는 공동체감과 사회적 관심을 향상시킬 것을 권유했다.

근래 들어 Adler 심리학을 아는 학생들이 많다. 대입 수시 면접시험에서도 Adler의 심리학에 관해 이야기하는 학생들이 많은 걸 보고 놀란 적이 있다. Adler 심리학을 인간관계와 접목하여 수업하는 것은 매우 흥미로운 활동이었다. 그 활동들을 정리하는 의미에서 이 책을 집필하게 되었다. 처음에는 작은 책을 쓰고 싶었다. 핵심만 간단히 정리하고 독자가 많이 활동할 수 있는 책! 스스로 자기 내면의 요소요소를 점검하고 성찰해 보고, 나아가 인간관계의 유형과 근원 등을 파악하여 인간관계의 문제점을 인식해 보고, 더 나은 인간관계를 맺어나갈 수 있는 길을 안내하고 싶었다. 핵심만 쓰려고 했으나 좀 더 필요한 자료를 첨부하다 보니 10장 정도로 쓰려던 책이 14장까지 늘어났다.

이 책은 전체 4부로 구성되었다. 제1부는 서론으로 인간관계의 기초가 되는 인간관계의 의미와 중요성에 대해, 또 대인관계 심리학자인 Adler의 생애와 Adler 이론의 주요 관점을 간단히 소개하였다. 제2부에서는 Adler의 핵심이론들, 열등감, 가상적 최종목적, 출생순위, 공동체감, 사회적 관심, 생활양식 등을 인간이해와 인간관계의 입장에서 풀어 보았다. 제3부에서는 Adler가 말한 인생에서의 3가지 관계와 이와 관련된 3가지 주요 인생과제에 대해서 살펴보았다. 각각의 관계를 건강하고 정상적으로 맺고 유지하는 데 필요한 요소들에 대해 살펴보았다. 제4부는 인간관계 증진기술 편으로 Adler 심리학의 핵심기법인 격려하기와 인간관계의 핵심기법인 대화기법에 대해서 소개하였다.

이 책은 독자가 충분히 생각하고 작업해 볼 수 있도록 장마다 도움이 되는 활동들을 제시하였다. 혼자서 또는 몇 명이 함께 집단으로 활동을 하고, 활동의 결과를 함께 공유하는 것도 인간관계의 향상에 많은 도움이 될 것이다.

원고를 마무리하면서 부족함을 느낀다. 더 많이 다듬고 보충해야 하지만 부끄러움을 무릅쓰고 용기를 내어 탈고를 한다. 모쪼록 이 책을 통해 인간관계에 대한 통찰과 관계맺음의 능력이 향상될 수 있기를 바란다.

끝으로 곁에서 성심껏 도와준 성정혜 학생에게 감사의 마음을 전하며, 좋은 책을 쓰도록 늘 격려해 주시는 학지사의 김진환 사장님과 박용호 전무님, 그리고 좋은 책이 나오도록 편집에 여러모로 애써 주신 김순호 편집장님과 김서영 선생님께 감사의 마음을 전한다.

2018년 2월

김춘경

차례

제2부 Adler의 주요개념과 인간관계

제3부 인생과제와 인간관계

제1부

서론

01 인간관계의 기초

1. 인간관계의 의미와 중요성

사람은 혼자서는 살 수 없고 다른 사람을 필요로 한다. 어쩌다 혼자서 살 수 있는 사람이 있다 할지라도 혼자 살면서 행복할 수 있을까? 모든 것이 갖추어진 에덴동산에서 혼자 살았던 아담조차 행복하지 않았다. 그런 사실을 아신 하나님은 사람이 혼자 사는 것이 좋지 않다고 생각하여 그 사람을 돕는 배필, 하와를 창조해 주셨다. 다른 사람들의 인정과 관심, 사랑을 받는 것이 인간의 기본적인 욕구라고 할 때 그 욕구를 채워줄 수 있는 존재도 결국은 인간이다. 사람은 혼자서는 행복할 수 없다. 행복은커녕 생존조차 할 수 없는 존재가 인간이다. 인간을 '사회적 동물'이라고 불렀던 Aristoteles는 "인간은 공동체 생활을 통해서만 존엄해질 수 있다."고 하였다. 인간이 태어나서 배우고 자라며 일하면서 삶의 의미와 가치를 실현하는 모든 과정이 인간관계 속에서 이루어진다.

인간관계는 인간을 인간답게 하는 관계이다. 사람을 인간답게 하는 것은 다른 사람과의 상호작용이다. 사람으로 태어났으나 인간과의 상호작용이 없었던 아베이롱의 야생아 이야기나 인도의 늑대 어린이 카말라의 이야기는 사회적 상호작용을 통해서 교육이 이루어지고 인간이 인간다워진다는 사실을 잘 입증하고 있다. 친절, 배려, 자비, 관심, 협동, 사랑, 보호하기 등의 인간다운 특성들은 모두 인간의 상호작용 속에서 습득되는 특성이다. 인간관계를 통해 인간은 자신이 가치 있는 존재임을 인식하게 되고, 또 그러한 존재가 된다. 인간의 정체감 및 여러 영역의 발달은 인간관계 속에서 이루어진다. 좋은 인간관계는 성공적인 직장생활과 기업의 생산성 및 조직의 효율성을 높이는 중요한 요인이 될 뿐 아니라, 신체 및 정신건강에도 결정적인 영향을 미친다. 또한 자율적 인간관계의 형성능력은 자아실현과 인간의 삶의 질과 밀접하게 관련되어 있다(이성태, 2017).

빠르게 변화하고 치열한 경쟁사회 속에서 감당하기 어려운 스트레스를 겪으며 사는 많은 현대인들이 외로움, 우울함 그리고 피곤함을 호소한다. 디지털 혁명의 정보화시대와 함께 이제는 인공지능, 사물인터넷, 빅데이터, 사이버 물리 시스템 등 고도의 정보통신기술을 기반으로 하는 제4차 산업혁명시대로 변해 가고 있으나, 기계 · 데이터와 인간이 본질적으로 소통하는 시대는 쉽게 오지 않을 것이다. 또한 그러한 소통을 통해서 인간은 행복할 수 없을 것이다. 인간이 인간답게 살기 위해서는 다른 인간과의 관계가 필요하다. 사회적 존재인 인간은 타인과의 의미 있는 관계를 맺지 못하면 심리, 사회, 정서, 정신적으로 건강하게 살기 어렵다. 향후 4차 산업혁명으로 인한 변화는 긍정적 또는 부정적으로 인간관계에 영향을 미칠 것이다. 인간관계 형성에 새로운 수단으로 자리 잡은 채팅과 SNS상의 교류는 시공간을 초월한 인간 간 만남과 교류의 기회를 주고 있으나, 실제로 기존의 대면하여 만나서 나누는 인간관계에 비해 많은 문제점을 내포하고 있다. 가상의 인터넷 세상에서 생길 수 있는 인간관계의 변화 또는 위기에 대하여 다음과 같은 것을 생각해 볼 수 있다(조성대, 2000).

첫째, 정서적 개입의 정도가 낮다.

둘째, 인터넷을 통한 상호작용은 자신의 신분을 노출하지 않음은 물론이고 상대방에 대해 알지 못하고 소통하기에 무책임한 발언이나 예의에 벗어난 발언, 상대방 발언에 대한 진실성의 확인의 어려움 등의 문제로 인간관계의 신뢰감 형성이 어렵다.

셋째, 가상세계에서의 만남은 접속을 끝냄으로써 일방적인 탈퇴가 용이하다. 때문에 갈등이 생겼을 경우 현실에서는 갈등을 해결해 나가는 과정을 통해 관계가 더 확립될 수도 있으나, 가상세계에서는 갈등의 해소 혹은 대립의 해결이 결여되기 쉽다.

넷째, 공동체가 유지되기 위해서는 공동체를 조정하고 질서를 유지하기 위한 규범이 필요하다. 그러나 가상공간에서 형성된 공동체 내에서의 규범은 아직 형성되지 않았거나 최소한의 것만 있는 실정이다. 따라서 가상세계에서의 인간관계는 윤리의식이 약화되기 쉽다.

정보화시대를 넘어 인공지능을 비롯한 정보통신기술이 고도로 발달된 제4차 혁명시대에서 인간이 인간다운 존엄성을 유지하면서 고도의 삶의 스트레스를 극복하고 안정되고 행복한 삶을 살기 위해서는 보다 더 높은 수준의 긍정적인 인간관계를 맺는 능력을 갖추는 것이 더욱더 필요할 것이다.

2. 성숙한 인간관계

성공한 인생은 성공적인 인간관계에서 나온다고 할 수 있다. 건강하고 성숙한 인격을 지닌 사람들과 참된 인격적 관계를 맺으면서 살아온 사람들은 자신은 물론이고 다른 사람들에게 건강하고 유익한 영향력을 미치고, 행복하고 풍부한 인생을 산다. 건강한 인격을 지닌 자가 건강한 인간관계를 맺을 수 있다는 말은 뒤집어 말하면 건강한 인간관계를 경험한 사람들이 건강하고 성숙한 인격을 지닌 자가 될 수 있다는 말이다. 성숙한 인격을 갖춘 사람들의 인간관계에 대한 특성을 아는 것은 성공적인 인생을 사는 데 도움이 될 것이다. 원호택과 박현숙(1999)이 제시한 성숙한 인격을 갖춘 사람들의 인간관계 특성은 다음과 같다.

첫째, 성숙한 사람은 인간관계에 대한 현실적인 욕구와 동기를 지닌다. 현실적인 동기란 현실 상황에 맞추어 조절된 동기를 의미하며 이를 위해서는 동기에 대한 조절 능력이 필요하다. 성숙한 사람은 자신의 대인동기를 과도하게 억압하거나 충동적으로 발산하지 않고 적절하게 조절할 수 있는 능력을 지니고 있다. 성숙한 사람은 자신을 괴롭히고 타인을 해치는 파괴적인 대인동기를 절제할 줄 안다. 현실적 대인동기를 지니며 조절하는 능력은 자신의 내면적 욕구를 유심히 관찰하고 이를 적절하게 자제하도록 한다.

둘째, 성숙한 사람은 인간관계에 대해 현실적이고 유연한 신념을 지닌다. 성숙한 사람은 인간과 인간관계에 대한 깊은 관심을 지닌 동시에 인간의 본성에 대한 깊은 이해를 가지고 있다. 인간은 무한히 착하고 헌신적인 측면을 지니는 동시에 무한히 사악하고 이기적인 측면을 지닌 존재라는 사실을 깊이 인식한다. 뿐만 아니라 인간관계의 다양성과 가변성에 대한 현실적인 이해를 지니고 있다. 이로 인해 성숙한 사람은 인간에 대해 비현실적이고 경직된 기대를 갖지 않으며, 수용적이고 개방적인 태도를 갖는다.

셋째, 성숙한 사람은 효과적이고 원활한 대인관계 기술을 가지고 있다. 성숙한 사람은 다른 사람의 마음을 잘 이해하고 자신의 마음을 잘 전할 수 있는 사람이다. 상대방의 말을 진지하게 경청할 줄 알고 자신의 감정과 의사를 적절하게 표현할 수 있는 효과적인 대인기술을 가진다. 또한 이들은 상대방의 인격과 입장을 충분히 존중하면서 동시에 자신의 목적과 소망을 실현하는 효율적인 타협과 절충의 기술을 지니고 있다. 인간관계의 갈등적 현실 속에서 불필요한 대립과 반목을 피하고 서로의 이익을 최대화할 수 있는 공존의 인간관계를 맺는 지혜로운 대인기술을 지닌다. 이와 같이 성숙한 사람은 진정한 의미의 효과적인 대인기술을 지닌 사람이라고 할 수 있다.

넷째, 성숙한 사람은 인간관계에서 객관적이고 정확한 지각 능력과 판단 능력을 지닌다. 성숙한 사람은 타인을 신중하게 관찰하고 따라서 타인의 의도나 감정을 정확하고 객관적으로 파악하는 능력을 지닌다. 이들은 타인의 의도나 감정을 섣불리 판단하지 않으며 왜곡하여 오해하지 않는다. 타인에 대한 오해와 왜곡은 흔히 자신의 편향된 기대와 욕구의 기대에 기인한다. 경직된 신념과 욕구를 가진 사람은 그것을 타인에게 투사하기 때문에 현실을 객관적으로 볼 수 없게 된다.

다섯째, 성숙한 사람은 인간관계 속에서 안정된 감정 상태를 유지한다. 성숙한 사람은 타인과의 관계를 조화롭게 유지하기 때문에 불필요한 부정적 대인감정을 그다지 경험하지 않는다. 대인관계에서 불필요한 부정적인 감정을 경험하지 않을 수 없지만 그러한 감정의 강도가 강하지 않으며 따라서 커다란 감정의 동요를 나타내지 않는다. 인간과 인간관계에 대해 현실적이고 유연한 대인신념을 지니고 있는 사람은 타인의 부당한 행동에 대해 불필요한 감정적 반응을 나타내지 않는다. 또한 이러한 경우에도 효과적인 대인기술을 가지고 있어서 지혜로운 대인행동으로 잘 대처한다.

3. 인간관계의 질

건강한 인간관계는 관계를 맺는 사람들이 서로 협력하고 도움을 주고받으면서 상호 발전하는 과정 속에서 형성된다. 그러나 모든 인간관계가 항상 긍정적이고 발전적인 것은 아니다. 병리적 인간관계는 상대방을 배려하거나 도움을 주려고 하지 않고, 상대방에게 상처를 주고, 상대를 조정하고 통제하려 하며, 자신의 유익을 위해 상대방을 이용하고 학대하는 과정 속에서 만들어진다. Yang 등(2010)은 관계의 범위를 5단계로 나누어 제시하였다.

Yang 등(2010)이 소개한 관계 척도는 타인의 행동을 직간접적으로 통제하거나 제한하려는 통제적 관계에서부터 다른 사람의 성장의 촉매가 되고 평등한 관계에 이르기까지 인간관계의 질을 인식하는 데 도움이 된다. 건강한 인간관계란 수평적 차원, 즉 평등한 위치에서 서로 협력하고 공동 작업을 하며 함께 발전해 나가는 관계라 할 수 있다(Yang, Milliern, & Blagen, 2010).

관계의 단계에 대한 인식은 인간관계에서 생기는 문제와 어려움을 이해할 수 있는 지침을 주고, 관계의 문제를 해결하고 상호성장할 수 있는 관계를 형성하기 위해 노력해야 할 부분을 찾는 데 도움이 될 것이다.

〈표 1-1〉 관계의 단계

단계	개인적 이야기
1. 아버지 같은/ 어머니 같은	나에게 이런 생각에서의 어려움은 노력들이 상대방을 지향하며 숭고하더라도, 상호 성장의 어떤 과정도 부정한다는 것이다. 게다가 여전히 미묘하게 조종하는 활동이 있을 수 있다.
2. 조종하는/ 강제적인	나는 어떻게 내가 원하는 것을 그/그녀가 되도록/하도록 하는가? 내가 통제한다고 생각하는 만큼, 상대방은 항상 반대하는 힘을 가지고 있는 위치에 있다.
3. 촉진적인	통제의 초점은 나 자신에게 있다. 나는 어느 정도 상대방의 인생 여정의 파트너로서 상대방의 성장을 위한 촉매로서 기능하고자 한다.
4. 확장하는	나는 나 자신을 성장시킬 수 있을 뿐이다. …… 그렇게 하면서, 타인들은 나의 성장을 통해 성장 과정을 발견하게 될 것이다. 따라서 나는 다른 사람의 성장을 증대시킬 수 있을 뿐이다. 결코 성장이 일어나도록 할 수 없다.
5. 함께 일하는/ 상호 성장	'함께 일하는'이라는 말은 협력적인 노력이라는 생각으로 되돌아가게 한다. 내가 성장하면 당신도 성장한다.

출처: Yang, Milliren, & Blagen (2010). The Psychology of Courage.

활동 1

관계 맺기 – 자기소개하기

❖ 5~6명의 조원들이 돌아가면서 미완성 문장을 완성해 가면서 자기를 소개한다. 조원들 모두가 1번을 다 말하고 나면, 2번으로 넘어가는 방식으로 12번까지 이어간다. 마지막 사람까지 다 한 이후에는 서로에게 물어보고 싶은 것을 자유롭게 이야기 한다. 말하는 순서는 사정에 따라 자유롭게 정해서 시작한다.

1. 반갑습니다. 내 이름은 ....이다. 내 이름의 뜻은 ....이다.
2. 나는 현재 ....에 살고 있다. 내 고향은 ....이다.
3. 내 전공은 ....이고, 내 장래 희망은 ....이다.
4. 내가 가장 좋아하는 음식은 ....이고, 내가 가장 싫어하는 음식은 ....이다.
5. 내가 제일 좋아하는 가수/탤런트는 ....이고, 내가 좋아하는 이유는 .... 때문이다.
6. 내가 제일 좋아하는 운동경기는 ....이고, 좋아하는 운동선수는 ....이다.
7. 나의 취미는 ....이다. 내가 이 취미를 좋아하는 이유는 .... 때문이다.
8. 나의 가장 큰 장점은 ....이고, 가장 큰 단점은 ....이다.
9. 대학생활을 하면서 어려운 점은 ....이다.
10. 인간관계를 잘 맺는 사람들은 .... 한 특징이 있다고 생각한다.
11. 나의 인간관계 능력은 (상, 중, 하)이다. 그 이유는 .... 때문이다.
12. 인간관계론(책/ 강의)을 통해 가장 배우고 싶은 것은 ....이다.

활동 2

❖ 이 활동은 Yang 등이 소개한 관계단계를 적용하여 인간관계의 질을 점검해 보는 것이다.

1. 현재 당신과 관계를 맺고 있는 주요한 사람 3명을 선정하여 그 이름을 쓰시오.

2. 그들과의 관계의 질이 몇 번째 관계단계인지를 검토하고, 그 단계로 선정한 개인적 사연을 몇 가지 작성하면서 관계에 대해 생각하는 시간을 가져 보시오.

대상	아버지 같은/어머니 같은	조종하는/강제적인	촉진적인	확장하는	함께 일하는/상호적인

3. 3명 중에서 관계의 개선이 필요하다고 생각하는 1명을 선정하여 그 사람과의 관계를 개선할 수 있는 구체적인 방법 3가지를 찾아 적어 보고, 조원들과 함께 나누어 보시오.

활동 3

대인관계문제 척도

❖ 다음 문항은 다른 사람과의 관계에서 경험할 수 있는 느낌이나 생각에 대한 것이다. 각 문항을 읽고 해당하는 곳에 체크하시오.

	문항	전혀 그렇지 않다				항상 그렇다
1	내가 원하는 것을 말하기 어렵다.	1	2	3	4	5
2	친구 사귀기가 어렵다.	1	2	3	4	5
3	다른 사람들에게 정당한 요구일지라도 표현하기 어렵다.	1	2	3	4	5
4	사람들과 어울리기가 어렵다.	1	2	3	4	5
5	자기주장이 강한 사람들과 같이 있으면 내 주장을 내세우기가 힘들다.	1	2	3	4	5
6	다른 사람의 어려움을 보고도 진심으로 걱정해 주기가 어렵다.	1	2	3	4	5
7	다른 사람의 입장을 지지해 주기가 어렵다.	1	2	3	4	5
8	다른 사람에게 애정을 느끼기가 어렵다.	1	2	3	4	5
9	다른 사람에게 친근감을 느끼기가 어렵다.	1	2	3	4	5
10	다른 사람의 요구를 먼저 들어주기가 어렵다.	1	2	3	4	5
11	내 주장을 내세우기가 어렵다.	1	2	3	4	5
12	다른 사람들을 너무 어려워한다.	1	2	3	4	5
13	다른 사람에게 좋은 일이 생겼을 때 같이 기뻐하기가 어렵다.	1	2	3	4	5
14	다른 사람의 감정이 상할까 봐 내 주장을 내세우기가 어렵다.	1	2	3	4	5
15	다른 사람에게 호감이나 애정을 표현하기가 어렵다.	1	2	3	4	5
16	다른 사람들과 함께 있으면 당당하지 못하다.	1	2	3	4	5
17	다른 사람들과 어울리는 자리를 자주 피한다.	1	2	3	4	5
18	다른 사람들과 친해지는 데 시간이 너무 오래 걸린다.	1	2	3	4	5
19	독단적으로 판단하고 결정하여 다른 사람과 마찰이 있을 때가 많다.	1	2	3	4	5
20	다른 사람들을 너무 잘 믿는다.	1	2	3	4	5

	문항	전혀 그렇지 않다				항상 그렇다
21	내 주장만 너무 내세울 때가 많다.	1	2	3	4	5
22	누가 나에게 의지할 때 받아주기 싫다.	1	2	3	4	5
23	너무 잘 속는 편이다.	1	2	3	4	5
24	다른 사람들을 실망시키지 않기 위해 지나치게 애쓴다.	1	2	3	4	5
25	다른 사람의 생각과 감정에 너무 많이 영향을 받는다.	1	2	3	4	5
26	너무 존경받고 싶어 한다.	1	2	3	4	5
27	내가 원하는 것을 얻기 위해 다른 사람들을 자주 조종하거나 이용한다.	1	2	3	4	5
28	다른 사람이 하는 일을 보고 있으면 참견하고 싶어진다.	1	2	3	4	5
29	친한 사람에게 너무 매달린다.	1	2	3	4	5
30	의견차이 때문에 다른 사람들과 자주 다툰다.	1	2	3	4	5
31	다른 사람들이 옆에 있으면 마음이 불편하다.	1	2	3	4	5
32	다른 사람의 고통이나 불행을 보면 도와주려고 너무 나선다.	1	2	3	4	5
33	다른 사람들을 너무 시기하고 질투한다.	1	2	3	4	5
34	다른 사람들의 말을 너무 쉽게 따른다.	1	2	3	4	5
35	늘 주목받고 싶어 한다.	1	2	3	4	5
36	다른 사람들 앞에서는 너무 긴장한다.	1	2	3	4	5
37	뚜렷한 주관 없이 다른 사람에게 너무 많이 끌려 다닌다.	1	2	3	4	5
38	다른 사람의 험담을 너무 많이 한다.	1	2	3	4	5
39	다른 사람에게 자주 이용당한다.	1	2	3	4	5
40	다른 사람들에게 문제가 생기면 나 때문이라고 자책할 때가 많다.	1	2	3	4	5

본 측정도구는 Horowitz와 Rosenber, Baer, Ureno, Villasenor(1988)가 대인관계 문제를 측정하기 위해 개발하였고, Alden과 Wiggins, Pincus(1990)가 64문항으로 재구성한 검사를 김영환 등(2002)이 타당화 작업을 거쳐 홍상황 등(2002)이 단축하여 재구성한 '한국형 대인관계문제검사 단축형(Short form of the Korean Inventory of Interpersonal Problems Circumplex Scale: KIIP-SC)'이다. 본 척도의 하위요인은 비주장성, 과순응성, 자기희생, 과관여, 통제지배, 자기중심성,

냉담, 사회적 억제로 구성되어 있으며, 총 40문항으로 이루어져 있다. 각 문항의 응답방식은 Likert식 5점 척도로, 점수가 높을수록 대인관계에서 어려움을 느끼고 있는 정도가 많음을 의미한다.

1. 비주장성(HI): 자신감과 자존감이 결여되어 자기의 주장이나 의사표현을 하는 데 어려움을 겪는 것
2. 과순응성(JK): 자신의 주관을 뚜렷하게 내세우지 못하고 쉽게 설득, 이용당하며 지나치게 타인에게 순응하는 경향성
3. 자기희생(LM): 자신의 욕구보다 타인의 욕구에 민감하게 반응하고 더 중요시하는 경향성
4. 과관여(NO): 타인의 일에 지나치게 관여하려는 경향성
5. 통제지배(PA): 힘에 대한 욕구가 과도한 것으로 자신과 타인을 통제하고 조종하려는 경향성
6. 자기중심성(BC): 자신의 안녕에 대해 과도하게 관심을 가지며, 타인과 세상을 지각할 때 자기중심적으로 행동하려는 경향성
7. 냉담(DE): 타인과의 관계 속에서 정서를 경험하고 표현하는 것이나 친밀감과 애정을 느끼는 데 어려움을 경험하는 것
8. 사회적 억제(FG): 사회적인 상황에서 수줍음을 많이 타며 불안해하고 회피적인 비사회적인 경향성

하위요인	문항
비주장성	1, 3, 5, 11, 16
과순응성	14, 23, 34, 37, 39
자기희생	20, 24, 25, 32, 40
과관여	26, 28, 29, 35, 38
통제지배	19, 21, 27, 30, 33
자기중심성	6, 7, 10, 13, 22
냉담	2, 8, 9, 15, 18
사회적 억제	4, 12, 17, 31, 36

출처: 홍상황(2002). 한국형 대인관계문제검사 원형척도의 단축형(KIIP-SC) 구성.

02 Adler 심리학의 이해

1. Adler의 생애

Alfred Adler(1870~1937)는 Freud와 동시대 사람으로 오스트리아 비엔나 근처에서 6남매 중 둘째로 태어났다. 아버지 Leopold는 유대인으로 중산층 상인이었고, 어머니 Pauline은 가정 주부였다. 어린 시절 Adler는 병약해서 병치레를 많이 했고 교통사고까지 당하면서 죽을 뻔했던 경험을 했다. 이를 계기로 어려서부터 고통과 죽음에 대한 공포를 지녔고, 이것을 극복하기 위해 인생의 목표로 의사가 되겠다는 결심을 했다고 한다. Adler뿐만 아니라 그의 바로 밑의 동생도 몸이 약했으며 Adler가 3살 때 Adler 옆에서 동생이 죽었다. 부모의 사랑을 빼앗아 간 동생이었지만, 동생의 죽음은 Adler가 의사가 되겠다는 삶의 목적을 더욱 견고히 하는 계기가 되었다.

Adler의 학창시절은 매우 평범했고, 공부는 잘 하지 못했다. 몸이 약했던 것이 그 이유가 될 수도 있었을 것이다. 중학교에서는 수학을 낙제하여 재수강을 받기도 했다. 아버지가 교사에게 불려가서 Adler는 아무 일도 할 줄 모르니 학교를 졸업하고 구두제화공을 하면 좋겠다는 진로상담을 받았던 일화도 있다. 그러나 아버지의 지지와 격려로 Adler는 구두수선공 보다는 의사가 되려는 자신의 목적을 이루기 위해서 열심히 공부해서 매우 우수한 성적으로 졸업하였다.

1888년에 Adler는 명문 비엔나 의과대학에 입학하였다. 대학에 다니면서 그는 사회주의 학생연합(Sozialistischen Studentenverein)의 회원으로 활동하였고, 마르

크스의 저서를 많이 읽었다. 1895년에는 종합의 박사과정(Doktor der gesammten Heilkunde)에 입학했고, 1897년에는 러시아에서 온 Raissa Timofejewna와 결혼을 했다. 졸업 후 1898년 안과의사로 개업을 하였고, 그 후 일반내과, 그 다음에는 신경학과 정신의학으로 전문분야를 바꾸었다. Adler는 개업을 하고 나서도 심리학, 철학, 사회과학분야의 연구를 계속하였다. 아내와의 사이에서 3명의 딸과 1명의 아들을 두었다. Adler는 이야기하기를 즐기며 피아노를 치면서 노래하기를 좋아했던 낙천적인 사람이었다.

1902년 가을, Freud는 Adler를 자신의 토론 모임에 초대했다. 그 후 약 9년 동안, Adler는 Freud의 입장과는 색다른 임상 논문과 사례 연구를 발표하면서 비엔나 정신분석학회(Vienna Psychoanalytic Society)의 초창기 모임에 참여했다. 1910년에는 Adler가 이 모임의 의장이 되었다. Adler는 이 모임에서 교육문제에 적극적인 관심을 보인 최초의 회원이었고(Furtmueller, 1980), 예방의학적 차원에서 교육의 문제를 심층심리학적으로 접근하여 해결하려는 노력을 많이 하였다. Adler는 초기에는 Freud와 조화를 이루면서 자신의 연구에 매진하고 연구결과물을 발표했다. 그러나 자신의 입장과 관점이 다른 것을 수용하지 못하는 Freud의 엄격함과 압력 때문에 Adler는 1911년에 Freud 모임에서 탈퇴하였다.

정신분석학회 탈퇴 후, Adler는 자신과 같은 사회주의적이고 교육적 이념을 강조하는 사람들과 함께 새로운 학회, '개인심리학회(Society for Individual Psychology)'를 창립하였다.

1차 세계대전 때에는 Krakow에서 군의관 생활을 하였고, 1차 세계대전 이후 오스트리아 정부의 부탁으로 문제 학생들과 그의 부모들을 도울 수 있는 아동상담소를 설립하였다. 그 아동상담소는 교사, 사회사업가, 의사 그리고 다른 전문가들을 양성하는 현장실습장소로 비엔나의 공립학교에 최초로 설립된 것이다. 그 곳에서 Adler는 부모교육, 부모상담 프로그램, 교사교육, 집단상담의 새로운 장을 개척할 수 있었다. 1904년에 출판된 그의 첫 번째 논문인 「교육자로서의 의사」는 모든 교육자들이 적용해 볼 수 있는 내용으로 Adler는 '자신의 강점에 대한 아동의 확신'의 중요성을 강조했다. 허약하거나 의존적인 아동에게는 더욱 그들의 강점에 대한 확신을 심어줄 것을 부탁하였고, 아동이 가진 최대의 자산이 삶에 대처할 수 있는 인간적 용기(personal courage)임을 강조하였다.

1926년부터는 미국에서 순회강연을 자주 하였고, 나치의 압제가 시작되었던 1935년에는 유럽을 떠나 미국에 정착하였다. 그 후 1937년 스코틀랜드 에버딘에서 순회강연 중에 사망하였다. Adler의 심리학은 Adler가 죽은 이후 Freud의 심리학에 가려져서 빛을 보지 못하다가, 제2차 세계대전 이후에 다시 르네상스를 맞이했다. Adler의 동료이자 제자였던 R. Dreikurs, V. Lous, J. Rattner, M. Sperber 등의 적극적인 활동으로 Adler 심리학이 다시 관심을 끌기 시작했고, 그의 심리학은 자녀 양육, 결혼과 가족치료, 학교상담, 인간관계 개선, 부모교육 및 부모상담, 기업과 조직 컨설팅 등 수많은 분야에서 적용되어 그 효과를 인정받고 검증받게 되면서 엄청난 발전을 계속하고 있다. 현재 미국, 독일, 프랑스, 덴마크, 그리스, 영국, 네덜란드, 이스라엘, 이탈리아, 오스트리아, 스위스, 캐나다, 호주, 일본, 한국, 중국 등 전 세계적으로 Adler 연구소가 설립되어 활발한 활동을 하고 있다. Adler의 이론은 상담 및 심리치료학자들은 물론이고 일반인들에게도 많은 대중적 인기를 끌고 있다.

2. Adler의 개인심리학

Adler는 인간을 전체적으로 보아야 한다는 입장에서 in-divide라는 어원을 가진 individual, 즉 나눌 수 없는 전인이라는 의미를 지닌 라틴어의 individum을 선택하여 자신의 이론을 '개인심리학(Individual psychology)'이라고 명명하였다. 이 명칭은 Adler가 강조하는 공동체감과 사회적 관심의 주요개념과는 맞지 않는다는 오해가 있어서 개명의 노력도 있었으나, Adler는 Freud의 정신분석과의 차별화를 위해 개인심리학을 고수하였다. Freud는 인간 정신의 장을 둘 또는 셋으로 나누었고 이것들이 서로 배타적이고 적대적인 관계를 가지고 있다고 보았으나, Adler는 의식과 무의식, 마음과 육체, 접근과 회피, 양가감정과 갈등의 양극성 개념을 부정하고 인간은 목표를 향해 일정한 패턴으로 인생을 사는 역동적이고 통합된 유기체라고 보았다. 그는 사람의 행동, 사고, 감정을 하나의 일관된 전체로 보았다.

오늘날 많은 상담학이나 심리치료학자들이 통합적 상담을 지향하고 있는데, Adler는 이미 백 년 전에 인간은 분리할 수 없는 통합적, 전체적 존재임을 강조한 시대를 앞서간 학자라고 할 수 있다. 욕구이론으로 유명한 Maslow도 Adler의 전체성 개념에서 개인심리학파의 우수성을 보았으며, "해가 갈수록 Adler가 더욱더 옳다고 느껴진다. 사실이 밝혀짐에 따라 그의 인간에 대한 이론은 더욱 강한 지지를 받는다. 나는 특히 어떤 면에서는 이 시대가 아직 그를 쫓아가지 못하고 있다고 말하고 싶다. 내가 말하는 것은 그의 전체성에 관한 강조이다."라고 말한 바 있다(Maslow, 1970).

3. Adler의 관계심리학

Adler의 심리학은 관계심리학, 대인관계심리학이라도 불린다. 타인에게 이로운 존재가 되어 타인에게 인정받고 싶어 하는 인간의 기본적 욕구와 자신이 중요하게 생각하는 공동체에서 자신의 확고한 입지를 만들어서 소속감을 충족시키려는 욕구, 타인과의 평등하고 죄책감 없이 자유로운 관계를 맺고자 하는 욕구 등에서 Beecher와 Beecher(1966)는 관계심리학의 뿌리를 찾았다. Adler는 인간이 본질적으로 사회적이며 인간의 행동은 사회적 맥락 속에서 해석되어야 한다고 강조하면서, 인간의 행동을 이해하기 위해서 최초의 집단인 원가족을 비롯하여 아동기, 청소년기의 학교, 성인기의 직장, 그리고 친밀한 우정 및 가족관계 등에 특별한 관심을 갖고 그 관계 속에서의 행동을 중심으로 이론을 정립해 나갔다. 또한 Adler 이론의 핵심개념을 꼽으라면 공동체감과 사회적 관심을 꼽을 수 있다. 수많은 인생의 문제를 해결하고 사회적응적이며 건강하고 행복하게 살기를 원하는 인간들을 향하여 Adler는 타인과 협력하고 협조할 수 있는 공동체감을 처방해 주었다.

Adler는 제1차 세계대전 시절 군의관 경험을 한 이후에 공동체감의 개념을 그의 심리학에 소개했다. 그는 전쟁 속, 가장 황폐한 환경에서조차도 한 개인의 정신과 영혼의 생존은 인류와 관계되어 있으며 한 개인이 잘 사는 것은 다른 사람과의 관계에 달려 있다는, 즉 공동체감에 의존한다는 사실을 터득하였다. 일상생활에서 공동체감은 Adler 학파가 사회적 관심(social interest)이라고 부르는 행동선(active line)을 가지고 있다(Ansbacher, 1968). 사회적 관심을 가진 사람들은 다른 사람들의 안녕(welfare)에 흥미가 있고 타인들과 협동적으로 기능하고 서로 의존하며 살아간다. 그들은 어려움에 처해 있는 사람들을 격려하는 능력을 발달시키고, 자신감을 가지고 자신의 삶의 어려움도 유머러스하게 대처해 나갈 수 있다. 그들은 개인의 사적논리에 따라 행동하지 않고, 공동체 내의 다른 사람들과 '상식(공통감각, common sense)'을 공유하며 살기 때문에 사회적응적이며, 외롭지 않고, 어떠한 문제도 해결할 수 있는 가능성과 능력을 소유했다고 할 수 있다. Adler는 공동체감과 사회적 관심을 이기적이고 개인주의적인 사회에서 정신병리 증상을 보이는 개인 및 가족, 사회를 치료할 수 있는 최고의 치료제로 처방하였다. 그 처방은 Adler가 살던 시대뿐 아니라 21세기인 지금까지도 유효하다.

제2부

Adler의 주요개념과 인간관계

03 열등감과 인간관계

1. 열등감

인간은 열등한 존재로 태어나서, 평생 그 열등감을 극복하면서 또는 열등감과 싸우면서 살아가는 존재라고 할 수 있다. Adler는 산다는 것이 열등감을 느끼는 것이라고 하면서 열등감을 인간의 기본적인 특성으로 파악했다. 열등감이 인간의 인생 전반에 걸쳐서 큰 영향을 미치고 있음을 발견하고, 열등감의 개념 없이는 인간의 이해도, 인간의 어떠한 정신병리 현상도 이해할 수 없다고 하였다.

열등감(minderwetigkeitsgefühl, inferiority feeling)의 사전적 의미는 자기를 남보다 못하거나 무가치한 인간으로 낮추어 평가하는 감정이다. 열등감은 우리를 불편하게 만들 수는 있지만 보편적인 것이고 정상적인 것이다.

Mosak(1989)과 Corsini와 Wedding(1987)은 열등감의 발생 원인으로 다음의 세 가지를 제시하였다.

첫째, 열등감은 자기와 이상적 자기에 대한 확신 간에 불일치가 있을 때 생긴다. 공부를 못하는 내가 공부를 잘해야만 한다는 이상을 가지고 있을 때, 이 둘 간의 불일치에서 열등감이 생긴다.

둘째, 자기개념에 대한 확신과 세계관에 대한 확신 간의 일치감이 부족할 때 열등감이 생긴다. 위험한 세상에서(세계관) 인생을 잘 헤쳐 나가기 위해서는 내가 강하고 유능해야 하는데, 실제의 나는 약하고 무력하다고(자기 개념) 느낄 때 열등감이 생긴다.

셋째, 자기개념과 윤리적 확신 간의 불일치가 도덕적인 열등감을 생기게 한다. 인간은 항상 진실만을 말해야 한다는 윤리적 확신을 가지고 있지만, 내가 거짓말을 하게 되면 도덕적 열등감을 가지게 된다.

Ansbacher와 Ansbacher(1956)는 Adler를 '주관적 심리학'의 선구자라고 하였는데, 주관적 심리학은 현실에 대한 주관적 지각과 해석을 강조하는 심리학이다. 대부분의 사람들은 자신이 내린 주관적인 평가를 진실이라고 믿는다. 그것이 실제로는 오류이거나 일부만이 진실일 수 있는데도 말이다. 열등감에도 주관적 평가와 판단이 적용된다. 느낌(감, Gefühl, feeling)이란 항상 주관적인 것이고, 일정한 가치판단에 의존하기 때문에 객관적인 진실과는 많이 다르다.

Adler는 인간을 자기 결정적인 존재 또는 창조적 존재라고 하였다. 인간은 자신의 경험을 자기만의 방식으로 의미를 붙여 해석하고, 그에 따라 행동하는 존재이다. 사람에게 중요한 것은 그에게 주어진 환경이 아니라 개인이 그 상황을 어떻게 해석하는가이다. 자신의 열등함에 어떤 의미를 부여하고 자신의 상황을 어떻게 해석하느냐에 따라서 열등함의 결과는 달라진다. 실제로 열등하면서도 열등감을 전혀 느끼지 않는 사람이 있는가 하면, 열등함이 거의 없는데도 열등감에 시달리는 사람이 있다. 그래서 열등감도 결국은 개인이 창조한 것이다.

또한 열등함을 어떻게 지각하고 해석하느냐에 따라서 열등감이 신이 준 축복이 되기도 하고, 정신병리의 원인이 되기도 한다. 표범처럼 빨리 달리고 싶었던 인간은 KTX 같은 고속 열차를 만들게 되었고, 두 발을 땅에서 떼지 못하던 인간은 하늘을 나는 비행기를 만들어 독수리보다 빠르게 하늘을 날아다닐 수 있게 되었다. 배가 고프면 무엇인가를 먹어야 하듯, 열등함을 느끼는 인간은 무엇인가를 해서 그 열등함을 채우려 한다. 귀머거리 Beethoven과 돌대가리라는 별명을 지녔던 Socrates와 같은 사람들에게 열등감은 그들의 잠재력과 가능성을 끌어 올려 더 높은 경지에 이르도록, 발전을 촉진시키는 자극제였다. 그들은 자신의 열등감을 극복하기 위해 노력하다가 그 높은 경지까지 뛰어 오를 수 있게 된 것이다. 역사 속에는 이러한 사례가 아주 많다.

열등감을 극복하지 못한 사람은 열등감 때문에 위축되어 자신의 가능성과 능력을 발휘하지 못하고 살아간다. 부정적 열등감은 인간의 잠재력을 마비시키며, 인간의 가능성을 개발하지 못하게 하는 것은 물론이고, 미래에 펼쳐나가야 할 꿈과 비전마저도 잠식시켜 버린다. 열등감을 극복하기 위해 상황을 개선시키려는 근본적인 노력을 하지 않고, 불편한 감정, 즉 부족하고 결핍되었다는 감정만을 제거하기 위해 노력하는 사람들이 있다. 자기최면을 걸어 우월감을 느끼려고 애쓰는 사람도 있다. 감정은 조절할 수 있을지 모르지만, 그 사람이 가지고 있는 열등감을 유발시킨 상황이나 처지는 개선되지 않았기 때문에 그 사람의 열등감은 그대로 있거나, 그 사이에 더 나빠지게 된다. 열등감은 자신의 삶뿐 아니라 인간관계에도 부정적이고 파괴적인 영향을 끼친다. 타인에게 의존하여 열등감의 고통에서 벗어나려는 사람은 열등감에 고착되어 결코 열등감에서 벗어나지 못하게 된다. 지속적인 열등감은 경쟁심과 질투, 시기와 같은 잘못된 습관과 패배의식을 가지게 하고 실패를 두려워하여 아무런 시도도 하지 않음으로 인해서 더 깊은 열등감의 나락으로 떨어지는 삶을 살게 된다.

시험 성적으로 스트레스를 받은 학생이 열심히 공부해서 자신의 실력을 향상시키려 하지 않고, 부정행위를 통해 성적을 올리려고 노력하는 것도 한 예이다. 그 학생이 운이 좋게 부정행위가 들키지 않아서 좋은 성적을 받는다 하더라도 그의 열등한 상태가 감소된 것이 아니다. 좋은 성적이 그를 잠시 기쁘게 하거나 우월함을 느끼게 할 수는 있다고 해도, 그 학생의 실력이 향상된 것이 아니기 때문에 그의 열등한 상태는 그대로이거나 더 심화되게 된다. 자신의 부족함을 이렇게 왜곡되고 비뚤어진 방식으로 해결하려고 노력하는 사람들은 우월의 목적 달성을 위해 남을 속이는 것은 물론이고, 속일 수 없는 자신을 속이는 헛된 행동 속에서 더욱더 심각한 열등감의 고통을 지속적으로 안고 살게 된다. 학생들의 경우만 문제가 아니다. 성인들의 서류 조작, 학벌 조작 등의 사건들이 종종 뉴스에 오르내린다. 일례로, 학벌을 속이는 사건 역시 자신의 열등감을 정상적인 방법으로 해결하지 않고, 거짓된 방법으로 우월의 경지에 오르려고 하는 잘못된 시도에서 발생한 것이다.

2. 우월추구 노력

열등감을 극복하려고 노력하는 모습에서 Adler는 인간의 기본적 욕구인 우월추구의 욕구를 발견한다. 물이 위에서 아래로 흐르듯이 인간은 아래에서 위로 오르려는, 즉 열등감에서 벗어나 우월감을 느끼려는 강한 욕구를 가졌다. 우월성을 추구하려는 우월추구의 목적과 그 목적을 달성하는 방법은 초기 유아기 때 이미 결정된다. 사람들은 어린 시절에 결정된 생활양식에 따라서 평생을 산다.

인간은 열등감으로 인해 생기는 긴장과 불안정감, 수치심 등을 참아내기 어려워한다. 대부분의 사람들은 신체의 열등감뿐만 아니라 자신이 약하다고 느끼는 사회적, 학업적, 관계적 열등감까지도 보상하고 싶어 한다. Adler는 인간은 자신의 열등감을 보상하는 방향으로 행동한다고 하였고, 보상의 궁극적인 목적을 우월성 추구라고 하였다. 보상(Kompensation)은 인간에게 있는 열등감을 조정하는 효과가 있다. 인생의 목표는 열등감에서 우월감으로의 변화를 포함한다. Adler는 그의 후기 저서에서 열등과 보상의 개념보다는 성공에 대한 목표, 완전성 추구, 즉 자기완성에 더 강조점을 두었다(Ansbacher & Ansbacher, 1972). 이는 인간의 완전에 대한 욕구는 열등감에 의해서 처음 추동되지만 인간 안에는 기본적으로 성취에 대한 욕구가 있다는 것이다. 이 경향을 Adler는 가치추구(Geltungsstreben), 또는 권력추구(Machtstreben)라고 하였다.

우월에의 추구는 삶의 기초적인 사실로서 모든 인간이 문제에 직면하였을 때 부족한 것은 보충하고, 낮은 것은 높이고, 미완성의 것은 완성하며, 무능한 것은 유능하게 만드려는 경향성을 말한다(이형득, 1992). 우월에의 추구는 환경에 의해서 자극되는 것이 아니라 인간 안에 근본적으로 가지고 있는 것으로 인생의 한 부분 또는 인생 그 자체이다(이형득, 1992). 태어나면서부터 죽을 때까지 우월성 추구는 인간을 더 높은 단계로 나아가게 한다.

마이너스에서 플러스로의 우월에의 충동은 끝이 없고 이것은 완전을 위한 투쟁으로 이어진다(Adler, 1973b). 우리 안에 있는 진리에 대한 추구, 삶의 문제를 해결하고자 하는 지속적인 욕구는 완전을 향한 갈망을 보여준다(Adler, 1973b).

이러한 완전에 대한 욕구는 인간의 본래적인 요소이다. 이것 없이는 삶을 생각할 수 없으며, 투쟁과 삶의 부분이다(Adler, 1973b). Freud는 인간행동의 동기를 긴장을 감소하고 쾌락을 얻는 것으로 보았지만, Adler는 인간행동의 동기가 긴장의 감소를 목표로 한다고 보지 않았다. 인간은 완전을 추구하면서 더 많은 긴장을 초래하는 존재라고 하였다(Schultz, 1990).

우월추구의 노력은 긍정적 보상과 부정적 보상의 방향으로 나아갈 수 있다. 긍정적 우월추구의 노력은 열등감 때문에 억압받지 않고 생의 유용한 측면에서 성공의 가능성을 찾는 것이다. 권력을 획득하려는 소망은 실제의 성숙과 발전을 위한 노력으로 실현될 수 있다. 노력하는 과정에서 아동의 인성은 강하게 되고, 객관적 열등성은 계속해서 극복되어 간다. 그러나 부정적인 우월추구의 노력은 잘못된 교육상황이나 부적절한 환경으로 인해서 열등감을 더욱 심화시키고, 삶의 유용한 측면에서 정상적인 방법으로 더 이상 자신의 열등감을 극복할 수 없다고 믿게 되어 비뚤어진 보상을 시도하게 한다.

3. 열등콤플렉스와 우월콤플렉스

Adler(1966)는 인간은 자기 안에 존재하는 열등한 요소를 인정하지 않으려는 경향이 있으며 그것을 억압하고 강화하게 되면 그것이 일종의 콤플렉스로 작용한다고 하였다. 열등감이 제대로 극복되지 못하고 지나치게 억압되면 위험하다. 아동이 열등감의 고통을 극복하지 못하고 계속해서 자신의 열등함을 재인식하여 열등감을 더 많이 경험하게 되면, 앞으로 자신의 삶에서 성공을 경험할 수 없다고 생각하고, 자신의 열등감을 극복할 가능성을 포기하게 된다. 이런 경우에 심리적 병리 영역에 속하는 발달장애인 열등콤플렉스가 형성된다(Rattner, 1963).

열등콤플렉스란 열등감이 극복되지 못한 채 계속 유지되고, 더욱 강화된 상태를 말한다(Brachfeld, 1953). Adler는 열등감을 모든 정신병리의 일차적 원인으로 여겼다. 열등콤플렉스를 지닌 사람들은 열등감이 드러나는 것을 피하려고 노력한다. 열등감을 느끼게 하는 인생의 과제를 회피하고 일을 수행하는 과정에서 생길 수 있는 실패에 지나치게 민감하여 어떠한 실패도 회피하려고 하여 생활의 부적응자가 되기 쉽다.

반면, 열등콤플렉스를 지닌 사람들은 자신이 미래에 실패할 것을 두려워하여 정상적인 범주에서 열등감을 극복하는 데 만족하지 않고 오히려 지나치게 높은, 자신의 힘으로 다다를 수 없는 비현실적인 수준까지 이르려고 노력하는 경향을 보이기도 한다. 실제로 열등콤플렉스를 지닌 사람들의 열등감, 결핍감, 부족함의 감정은 밑 빠진 독과 같아서 어떠한 보상이 주어진다고 해도 만족함이 없다. 그들은 아무리 많은 것을 손에 가지고 있어도, 계속해서 채우고 채워도 만족함을 느끼지 못하고 끊임없이 성취하고 소유하려는 욕심에 붙들려서 지낸다 (Beecher & Beecher, 1966).

Adler(1973a)도 심한 열등감에 사로잡혀 있는 사람들의 이러한 끝없는 결핍감과 공허함을 보았다. 그는 자신의 열등감에 강하게 사로잡혀 열등콤플렉스를 가진 사람이 절대적 안전과 우월성을 획득하기 위한 목표를 세우는 것을 관찰했고, 이런 현상을 우월콤플렉스라고 명명하였다. 우월콤플렉스는 열등감을 보상하는 과정에서 생기는 것으로 자신의 상황과 상태를 과장하려는 과잉보상의 시도에서 생기게 되는 잘못된 우월추구의 노력의 결과라고 할 수 있다. 즉, 우월콤플렉스를 느끼는 사람의 내면에는 강화된 열등콤플렉스가 자리 잡고 있다고 할 수 있다. 이들은 결코 자신이 세운 목표에 도달할 수 없다. 인간은 공동체에서 함께 협력하면서 어울리며 살아야 열등감을 극복하고 안정감을 얻을 수 있는데 그들의 왜곡된 보상 노력은 열등감을 더욱 강화시키는 악순환(circulus vitiosus)을 되풀이할 뿐이다. 잘못된 열등감과 잘못된 우월추구의 노력이 나의 삶은 물론이고, 내가 맺는 인간관계에 매우 나쁜 영향을 미치고 있음을 인지해야 한다.

활동 1

1. 나를 괴롭히는 열등감은 어떤 종류이고, 어떻게 형성된 것인가?
(나는 어떠한 열등감을 가지고 있는가? 내가 알고 있는 나의 열등감을 적으시오.)

2. 나는 열등감을 해소하기 위해 어떠한 노력을 하였는가?

3. 나는 열등감을 자연이 준 축복으로 알고 긍정적으로 극복하였는가? 자연이 준 저주로 생각하고 부정적으로 극복하였는가? 그 결과는 지금 어떠한가? 앞으로는 어떻게 될 것 같은가?

4. 나의 열등감이 인간관계에 미치는 영향은 무엇인가?

5. 나의 열등감은 나보다 우월한 사람을 무시하고 시기하고 질투하는가? 아니면 상대의 장점과 강점을 존중하고 인정하며 그와 함께 협력하는가?

활동 2

열등감 척도

❖ 다음은 신체적 · 학업적 · 가정적 · 사회적 활동에 있어서 본인이 어느 정도 열등감을 가지고 있는지를 조사하는 질문지이다. 각 문항을 읽고 해당하는 곳에 체크하시오.

	문항	전혀 그렇지 않다				항상 그렇다
1	나는 얼굴이 잘 생긴(예쁜) 사람을 보면 열등감을 느낀다.	1	2	3	4	5
2	나는 용기 있는 친구를 보면 열등감을 느낀다.	1	2	3	4	5
3	나는 아버지(또는 어머니)의 학력이 낮아서 열등감을 가지고 있다.	1	2	3	4	5
4	나는 머리가 나쁜 것 같아서 열등의식을 가지고 있다.	1	2	3	4	5
5	나는 리더십이 있는 친구를 보면 열등감을 느낀다.	1	2	3	4	5
6	나의 아버지(또는 어머니)의 외모에 대하여 열등감을 가지고 있다.	1	2	3	4	5
7	나는 여러 사람 앞에서 말을 잘하는 친구를 보면 열등감을 느낀다.	1	2	3	4	5
8	나는 키에 대하여 열등감을 가지고 있다.	1	2	3	4	5
9	나는 아버지의 직업이 좋지 않아서 열등감을 가지고 있다.	1	2	3	4	5
10	나는 공부를 잘하는 친구를 보면 열등감을 느낀다.	1	2	3	4	5
11	나는 피부에 대하여 열등감을 가지고 있다.	1	2	3	4	5
12	나는 사교성이 좋은 친구를 보면 열등감을 느낀다.	1	2	3	4	5
13	나는 특정분야를 잘하는 학생을 보면 열등감을 느낀다.	1	2	3	4	5
14	나는 몸이 튼튼하고 건강한 친구를 보면 열등감을 느낀다.	1	2	3	4	5
15	나는 친구들에게 인기가 좋은 친구를 보면 열등감을 느낀다.	1	2	3	4	5
16	나는 우리 집이 가난해서 열등감을 가지고 있다.	1	2	3	4	5
17	나는 뚱뚱해서(또는 말라서) 열등감을 가지고 있다.	1	2	3	4	5
18	나는 적극적이고 활동적인 친구를 보면 열등감을 느낀다.	1	2	3	4	5

	문항	전혀 그렇지 않다				항상 그렇다
19	나는 형제나 친척들 중에 잘난 사람(직업, 학력, 지위, 명예 등)이 없어서 집안에 대해 열등감을 가지고 있다.	1	2	3	4	5
20	나는 상대방의 말을 잘 이해하는 사람을 보면 열등감을 느낀다.	1	2	3	4	5
21	나는 이성친구를 잘 사귀는 학생을 보면 열등감을 느낀다.	1	2	3	4	5
22	나는 우리 집이 좋지 않아서 집이 크고 좋은 집에 가면 열등감을 느낀다.	1	2	3	4	5
23	나는 능력이 있는(유능한, 똑똑한) 사람과 같이 있으면 열등감을 느낀다.	1	2	3	4	5
24	나는 성기(혹은 가슴)가 작은 것 같아서 큰 사람을 보면 열등감을 느낀다.	1	2	3	4	5
25	나는 문화시설(좋은 승용차, 컴퓨터 등)을 잘 갖춘 집을 가면 열등감을 느낀다.	1	2	3	4	5
26	나는 예능(음악, 미술, 노래, 춤 등)을 잘하는 사람을 보면 열등감을 느낀다.	1	2	3	4	5
27	나는 운동선수나 운동을 잘하는 친구를 보면 열등감을 느낀다.	1	2	3	4	5
28	나는 성격이 모가 나고 까다로워서 성격이 원만한 사람을 보면 열등감을 느낀다.	1	2	3	4	5
29	나는 특수대학이나 우수대학에 다니는 학생을 보면 열등감을 느낀다.	1	2	3	4	5
30	나는 질병 또는 신체적 결함이 있어서 열등의식이 있다.	1	2	3	4	5
31	나는 성격이 매우 외향적인 친구를 보면 열등감을 느낀다.	1	2	3	4	5
32	나는 우리 집은 가정불화가 심해서 우리 가정에 대한 열등의식을 가지고 있다.	1	2	3	4	5
33	나는 글을 잘 쓰는 친구를 보면 열등감을 느낀다.	1	2	3	4	5
34	나는 체형이 나빠서(하체가 짧거나, 오다리, 몸의 불균형 등) 열등감을 느낀다.	1	2	3	4	5
35	나는 주위 사람들로부터 인정을 받는 학생을 보면 열등감을 느낀다.	1	2	3	4	5

	문항	전혀 그렇지 않다				항상 그렇다
36	나는 사회적으로 아버지의 지위가 낮아서 지위가 높은 사람을 보면 열등감을 느낀다.	1	2	3	4	5
37	나는 판단이 빠르고 결단력이 있는 사람을 보면 열등감을 느낀다.	1	2	3	4	5
38	나는 부모가 없어서(한부모, 새아버지, 새어머니) 열등감을 느낀다.	1	2	3	4	5
39	나는 근육이 잘 발달된(몸매가 잘 빠진) 사람을 보면 열등감을 느낀다.	1	2	3	4	5
40	나는 재치 있고 유머가 뛰어난 친구를 보면 열등감을 느낀다.	1	2	3	4	5

본 측정도구는 김웅만(1995)이 사용한 '열등감 척도'이다. 이 척도는 신체열등감, 사회열등감, 가정열등감, 학업열등감의 네 개의 하위요인으로 구성된 총 40문항의 검사지이며, 각 하위요인은 10개의 문항으로 구성되어 있다. 각 문항의 응답방식은 Likert식 5점 척도로, 점수가 높을수록 해당 영역의 열등감이 높은 것을 의미한다. 열등감 검사의 구성은 다음과 같다.

1. **신체열등감**: '나는 얼굴이 잘 생긴(예쁜) 사람을 보면 열등감을 느낀다.'와 같은 문항으로 이루어진 것으로, 외모, 피부, 건강, 체질, 체형, 근육, 운동능력 등에 대하여 느끼는 부족감의 정도를 의미한다.
2. **사회열등감**: '나는 용기 있는 친구를 보면 열등감을 느낀다.' 등의 문항으로 구성된 것으로, 용기, 지도력, 인기, 활동성, 이성교제, 성격의 원만성 및 내 · 외향성, 인정, 재치와 유머 등에 대하여 느끼는 부족감의 정도를 나타낸다.
3. **가정열등감**: '나는 아버지(또는 어머니)의 학력이 낮아서 열등감을 가지고 있다.'와 같은 문항으로 구성되어 있으며, 부모의 학력, 외모, 직업, 경제력, 가족 친지의 사회적, 경제적 지위, 집의 좋고 나쁨, 문화시설, 가정 분위기, 부모의 부재 및 결손 등에 대하여 느끼는 부족감의 정도를 나타내는 것이다.

4. 학업열등감: '나는 머리가 나쁜 것 같아서 열등의식을 가지고 있다.' 등의 문항으로 이루어져 있으며, 학업능력과 관련된 지능, 학업 성적 및 특정교과 성적, 이해력, 종합능력, 예능, 학교우열, 글쓰기 능력, 판단력, 결단력 등에 대하여 느끼는 부족감의 정도를 의미한다.

하위요인	문항
신체열등감	1, 8, 11, 14, 17, 24, 27, 30, 34, 39
사회열등감	2, 5, 12, 15, 18, 21, 28, 31, 35, 40
가정열등감	3, 6, 9, 16, 19, 22, 25, 32, 36, 38
학업열등감	4, 7, 10, 13, 20, 23, 26, 29, 33, 37

출처: 김응만(1995). 열등감 해소 프로그램이 고등학생의 열등감 해소에 미치는 영향에 관한 실험연구.

활동 3

열등감에 대한 반응 척도

〈타인비교 열등감 반응 척도〉

❖ 다음 문항은 자기 자신에 대해서 평소의 생각이나 느낌을 묻는 것이다. 각 문항을 읽고 해당하는 곳에 체크하시오.

	문항	전혀 그렇지 않다				항상 그렇다
1	나는 얼굴이 다른 사람보다 잘생기지(예쁘지) 않지만 사람들은 나를 얼굴로만 평가하지는 않는 것 같다.	1	2	3	4	5
2	나는 다른 사람과 달리 신체적 결함이 있어서 사람들 앞에 나서는 것이 불편하다.	1	2	3	4	5
3	나는 다른 사람에 비해 사교성이 떨어져서 모임에 잘 나가지 않는 편이다.	1	2	3	4	5
4	나는 체형(키, 몸무게)이 다른 사람보다 못하지만 이러한 사실이 사람들과 사귀는 데 방해가 되지 않는다.	1	2	3	4	5
5	나는 이성교제 대상으로 다른 사람보다 좋은 조건을 가지고 있지 않아 이성친구에게 다가가기가 꺼려진다.	1	2	3	4	5
6	나는 다른 사람과 달리 신체적 결함이 있지만 이것 때문에 사람들 앞에 나서는 것이 두렵지는 않다.	1	2	3	4	5
7	나는 학과에서 동기들에 비해 학업능력이 부족해서 동기들은 나의 능력을 믿지 않는 것 같다.	1	2	3	4	5
8	나는 다른 사람에 비해 건강하지 못하지만 함께 할 수 있는 활동에 적극 참여한다.	1	2	3	4	5
9	나는 또래에 비해 낙오되어 가는 것 같아 어떠한 일도 해낼 수 없을 것 같다.	1	2	3	4	5
10	나는 동성의 또래에 비해 성적인 매력이 부족하지만 사람들에게 나의 다른 매력을 보여줄 수 있다.	1	2	3	4	5
11	나는 또래에 비해 능력이 부족해서 아무리 노력해도 내가 원하는 직장을 갖지 못할 것이다.	1	2	3	4	5

	문항	전혀 그렇지 않다			항상 그렇다
12	나는 이성교제 대상으로 다른 사람보다 좋은 조건을 가지고 있지 않지만 이성친구는 나 자체를 인정해 줄 것이다.	1	2	3	4	5
13	나는 체형(키, 몸무게)이 다른 사람보다 못하기 때문에 사람들이 나를 무시하는 것 같다.	1	2	3	4	5
14	나는 다른 사람에 비해 사교성이 떨어지지만 모임에 나가는 것이 즐겁다.	1	2	3	4	5
15	나는 얼굴이 다른 사람보다 잘생기지(예쁘지) 않아서 인정을 덜 받는 것 같다.	1	2	3	4	5
16	나는 학과에서 동기들에 비해 학업능력이 부족하지만 동기들은 나를 인정해 준다.	1	2	3	4	5
17	나는 다른 사람에 비해 건강하지 못해서 함께 활동할 수 있는 경우에도 피하는 편이다.	1	2	3	4	5
18	나는 또래에 비해 낙오되어 가는 것 같다고 생각될 때도 있지만 언젠가는 성공할 수 있음을 믿는다.	1	2	3	4	5
19	나는 동성의 또래에 비해 성적인 매력이 부족해서 사람들과 함께 있으면 위축된다.	1	2	3	4	5
20	나는 또래에 비해 능력이 부족하지만 열심히 노력한다면 내가 원하는 직장에서 일할 수 있을 것이라고 생각한다.	1	2	3	4	5

〈형제비교 열등감 반응 척도〉

❖ 다음 문항은 자신의 어렸을 때 생각이나 느낌을 묻는 것이다. 각 문항을 읽고 해당하는 곳에 체크해 보시오.

	문항	전혀 그렇지 않다				항상 그렇다
1	어렸을 때 나는 얼굴이 형제·자매보다 잘생기지(예쁘지) 않았지만 사람들은 나를 얼굴로만 평가하지 않았다.	1	2	3	4	5
2	어렸을 때 나는 형제·자매에 비해 건강하지 못해서 함께 놀기보다는 혼자 노는 것이 더 좋았다.	1	2	3	4	5

	문항	전혀 그렇지 않다				항상 그렇다
3	어렸을 때 나는 체형(키, 몸무게)이 형제·자매보다 못했지만 사람들을 만나는 것이 즐거웠다.	1	2	3	4	5
4	어렸을 때 나는 형제·자매에 비해 부모님의 사랑을 많이 받지 못해서 가족들과 함께 있는 것이 싫었다.	1	2	3	4	5
5	어렸을 때 나는 형제·자매와 달리 신체적 결함이 있었지만 이것 때문에 사람들 앞에 나서는 것이 불편하지 않았다.	1	2	3	4	5
6	어렸을 때 나는 형제·자매에 비해 능력이 부족해서 가족들은 나를 별로 인정해 주지 않았다.	1	2	3	4	5
7	어렸을 때 나는 형제·자매에 비해 건강하지 못했지만 형제·자매와 함께 하는 놀이에 적극 참여했다.	1	2	3	4	5
8	어렸을 때 나는 형제·자매에 비해 능력이 부족해서 내가 뭔가를 잘 할 것이라고 생각하지 않았다.	1	2	3	4	5
9	어렸을 때 나는 형제·자매에 비해 사교성이 떨어졌지만 사람들과 잘 지냈다.	1	2	3	4	5
10	어렸을 때 나는 얼굴이 형제·자매보다 잘생기지(예쁘지) 않아서 인정을 덜 받았다.	1	2	3	4	5
11	어렸을 때 나는 형제·자매에 비해 능력이 부족했지만 가족들은 나를 인정해 주었다.	1	2	3	4	5
12	어렸을 때 나는 체형(키, 몸무게)이 형제·자매보다 못해서 사람들과 만나는 것을 피하곤 했다.	1	2	3	4	5
13	어렸을 때 나는 형제·자매에 비해 능력이 부족했지만 어떤 일이든지 열심히 노력하면 해낼 수 있으리라고 믿었다.	1	2	3	4	5
14	어렸을 때 나는 형제·자매와 달리 신체적 결함이 있어서 사람들 앞에 나서는 것이 불편했다.	1	2	3	4	5
15	어렸을 때 나는 형제·자매에 비해 부모님의 사랑을 많이 받지 못했지만 가족들과 함께 있는 것이 즐거웠다.	1	2	3	4	5
16	어렸을 때 나는 형제·자매에 비해 사교성이 떨어져서 사람들과 잘 지내지 못했다.	1	2	3	4	5

본 척도는 대학생의 열등감에 대한 반응을 측정하기 위하여 정민과 노안영(2010)이 개발한 '열등감 반응 척도'이다. 이 척도의 하위요인 및 문항은 타인비교-긍정적 반응(10문항), 타인비교-부정적 반응(10문항), 형제비교-긍정적 반응(8문항), 형제비교-부정적 반응(8문항)으로 총 36문항으로 구성되어 있다. 척도는 Likert식 5점 척도로, 긍정적 반응의 점수가 높을수록 열등감에 대해 더욱 긍정적으로 반응하는 것이며, 부정적 반응의 점수가 높을수록 열등감에 대해 더욱 부정적으로 반응하는 것을 나타내는 것을 의미한다.

1. 타인비교-긍정적 반응: '나는 얼굴이 다른 사람보다 잘생기지(예쁘지) 않지만 사람들은 나를 얼굴로만 평가하지는 않는 것 같다'와 같이 타인과의 비교에서 열등감을 갖고 있지만 긍정적인 반응을 보이는 문항으로 구성되어 있으며, 타인비교-부정적 반응은 '나는 다른 사람에 비해 사교성이 떨어져서 모임에 잘 나가지 않는 편이다'와 같이 타인과의 비교에서 열등감을 갖고 있어 부정적으로 반응을 보이는 문항으로 구성되어 있다.
2. 형제비교-긍정적 반응: '어렸을 때 나는 형제에 비해 능력이 부족했지만 가족들은 나를 인정해 주었다'와 같이 어렸을 때 형제비교에 의한 열등감을 갖고 있지만 긍정적으로 반응을 보이는 문항으로 구성되어 있으며, 형제비교-부정적 반응은 '어렸을 때 나는 형제에 비해 부모님의 사랑을 많이 받지 못해서 가족들과 함께 있는 것이 싫었다.'와 같이 어렸을 때 형제비교에 의한 열등감을 갖고 있어서 부정적으로 반응을 보이는 문항으로 구성되어 있다.

	하위요인	문항	평균(표준편차) 대학생
타인비교-긍정 부정반응척도	타인비교-긍정적 반응	1, 4, 8, 10, 12, 14, 16, 18, 20	2.98(.50)
	타인비교-부정적 반응	2, 3, 5, 7, 9, 11, 13, 15, 17, 19	2.12(.59)
형제비교-긍정 부정반응척도	형제비교-긍정적 반응	1, 3, 5, 7, 9, 11, 13, 15	2.53(.45)
	형제비교-부정적 반응	2, 4, 6, 8, 10, 12, 14, 16	2.11(.67)

출처: 정민, 노안영(2010). 열등감 반응 척도의 개발 및 타당화.

활동 4

❖ 열등감 척도와 열등감에 대한 반응 척도를 작성하고 결과를 산출한 후에 생각해 보시오.

1. 열등감을 더 많이 느끼고 있는 영역은 어디인가? 이 검사를 통해 나에 대해서 새롭게 알게 된 사실은 무엇인가?

2. 열등감에 대한 나의 반응은 어떠한가? 열등감에 대한 반응이 영역에 따라 어떻게 다른가? 자신의 열등감 반응을 분석해 보시오.

3. 나의 열등감을 나의 성장의 자원으로 사용하기 위해서 해야 할 과제를 세 가지 이상 구체적으로 적으시오.

04 가상적 목적과 인간관계

1. 가상적 최종목적

Adler는 인간의 모든 행동에는 목적이 있다고 하였다. 그래서 누군가의 행동을 이해하기 위해서는 그들이 무의식적으로 추구하는 행동의 목적을 알아야 한다고 하였다. 설명하기 어려운 행동들도 일단 우리가 그들의 목표나 목적을 알게 되면 이해할 수 있게 된다고 하였다.

Adler는 인간을 자신에게 중요하다고 지각된 목표를 향해 나아가는 존재로 보았다. 그는 과거의 원인이 현재의 행동에 많은 영향을 미친다는 사실을 부정하지는 않지만, 목적론적인 시각에서 궁극적으로 달성하려는 목적이 현재 행동하는 방향을 제시하고, 행동하는 궁극적인 이유를 설명해 준다고 하였다.

Adler(1927: Lundin, 1989 재인용)는 인간의 사고, 감정, 의지, 꿈들이 궁극적인 목표를 향하여 결정되고 지속되며 수정 및 지향되지 않는다면 어떠한 사람도 생각하고 느끼며 의지를 갖고 꿈꿀 수 없다고 하였다. 또한 만약 어떤 한 사람의 목표를 안다면 심리학적인 현상들이 우리에게 말하고 싶어 하는 것, 그것이 창조된 이유, 한 사람의 타고난 성질을 만들어 낸 것, 그렇게 만들거나 혹은 다르게 만든 이유, 그의 성격의 특성, 그의 감정과 느낌들, 논리, 도덕성 등을 설명하고 이해할 수 있다고 하였다(Dinkmeyer & Sperry, 2000).

Adler에게 있어서 최종목적은 인간의 성격을 통합해 주며 모든 행동을 이해하게 해 주는 지침이다. 최종목적은 아동기 초기부터 발달한다. 한 개인이 선택하는 행동의 최종목적은 유전이나 환경의 산물이라기보다는 개인에 의해 창조된 산물로서, 인간의 창조적 자아의 능력에 의해 형성된 것이다. 인생초기부터 형성되는 최종목적에는 Adler의 주요개념인 열등감, 열등감의 보상기능, 우월추구의 노력, 무의식, 창조적 자아의 요소들이 다 포함되어 있다.

Adler(1973b)에 의하면 인간은 자신이 열등감을 자각하는 순간부터 환경에 보다 더 잘 적응하고 현재의 어려움을 극복하고자 하려는 의도로 가상적 최종목적을 만들어 낸다. 가상적 최종목적을 달성하기 위해 노력하면서 개인은 자신의 열등감을 극복하고 우월의 경지로 발달하여 나가게 된다. 이때 개인이 만들어 낸 최종목적은 열등감을 보상하는 수단으로 행동의 길잡이 역할을 한다.

최종목적은 무의식적으로 작동한다. 개인이 목적을 만들지만 대부분은 그 목적에 대해서 알지 못한다. 최종목적에서 알아야 할 중요한 요소는 개인이 만든 최종목적이 가상(fiction 또는 허구)적이라는 것이다. 개인이 추구하는 궁극적인 목적은 현실에서 검증될 수 없는 가상적인 것이며, 개인 고유의 목적은 각 개인의 환경과 태도에 따라 설정된 것이며 완전한 허구의 것이다(Schulz & Schulz, 2012).

우리가 진실이라고 알고 있는 많은 생각들이 사실은 허구이다. 예를 들어, "모든 사람은 도덕적으로 평등하다." "정직이 최선의 길이다."라고 믿고 그에 따라 살아가는 사람이 있다. 그러나 그것은 사실이 아니다. 그러나 그와 같은 허구는 현실보다도 더 효과적으로 그 사람을 움직이게 한다. 많은 사람들은 "내가 완전해야만 나는 안전할 수 있다." "내가 중요한 인물이어야만 나를 수용할 수 있다." "인생은 위험한 것이고 나는 나약하다." 혹은 "다른 사람을 신뢰할 수 없다."라는 허위적 사실을 믿고, 그에 따라 행동한다. 이런 허구들은 진실과는 다르더라도 인간의 삶을 지배하는 개념이 된다. 명백히 진술되고 훌륭한 것으로 믿어지는 개념도 있지만, 무슨 뜻인지 알아차리기 힘들면서도 행동에 강력한 영향을 미치는 개념도 있다. Adler는 그러한 것을 가상적/허구적 개념(fictive notion)이라고 칭했다. 가상적/허구적 개념들은 보조적 구성개념이나 가정인 것이지 검증을 통해서 확인될 수 있는 가설은 아니다. 그 유용성이 없더라도 생활하는 데 불편은 조금도 없는 것이다(김춘경, 2006; Lundin, 1989).

가상의 개념은 Adler가 Vaihinger(1911)의 가상의 철학, '마치 ~인 것 같은 철학(philosophy of as if)'을 자신의 목적론에 접목시킨 것이다. Vaihinger는 사람들은 그동안 배워 온 특정 가치 및 이상에 부합되는 허구를 만들어 내는데 그럼에도 불구하고 이러한 허구는 실제 이상으로 일상생활에서 커다란 실제적 가치를 갖는다는 점을 강조하였다. 가상적 목적은 현실 불가결한 이상일 수도 있지만, 인간의 노력에 박차를 가해 줄 수 있고, 그의 행위에 대한 궁극적인 설명을 제시한다. Adler는 정상인은 필요하면 이러한 허구의 영향에서 벗어나서 현실을 직시할 수 있는 반면, 정신증적인 사람은 그렇게 하지 못한다는 점을 지적하였다.

2. 사적논리

가상적 목적론에서 꼭 알아야 할 개념이 사적논리(private logic)이다. Adler는 누군가의 행동을 이해하기 위해서는 그 사람의 행동의 무의식적 목적을 알아야 한다고 하였다. 일례로 약속시간에 항상 늦게 오는 사람이 있다고 하자. 그 사람이 항상 지각하는 목적은 무엇일까? 세 가지 정도 생각해 볼 수 있다(Clifford & Baumer, 2004). 첫째, 본인이 늦게 오더라도 사람들이 자신을 수용할지 안할지를 시험해 보기 위해서일 수 있고, 둘째, 자신이 바쁜 사람임을 보여주기 위해서일 수 있으며, 셋째, 자신은 자신이 원하는 대로 행동할 수 있는 사람임을 보여 주기 위해서 또는 다른 사람이 자신을 통제할 수 없음을 나타내기 위해서 늦게 오는 것으로 볼 수 있다.

물론 항상 늦게 오는 사람이 의식적으로 이러한 목적을 갖고 지각하는 것은 아니다. 잘못된 행동을 이해하기 위해서는 그 사람의 무의식에서 작동하는 잘못된 신념을 알아야 한다. Adler 학자들은 사람들의 행동의 목표를 뒷받침하는 신념을 사적논리 또는 개인적 논리라고 하였다. 이는 일반 논리(common logic)와 반대되는 개념이다. 자신에게는 그 신념이 이해되고 논리적이지만, 다른 사람들에게는 그 신념이 논리적이거나 상식적인 것이 아니다. 바쁜 사람임을 보여주기 위해서 약속시간보다 늦게 가야한다고 생각하는 사람을 정상으로 보기는 힘들다.

사적논리(private logic)는 목표를 추구하는 데 도움이 되는 개인의 인지구조를 말하는 것이며, 개인을 인도해 주는 일련의 '개인적 진리(personal truths)'를 의미한다. 또 다른 예로 "나는 이번 생일에 남자친구에게 어떤 선물도 받지 못했어. 그는 나에게 관심을 가지고 있지 않아. 나를 사랑하지도 않는 게 틀림없어. 나는 가치가 없는 존재야."라는 진술은 개인의 사적논리로는 이해가 되겠지만 소위 '일반 논리' 또는 상식적으로는 이해되지 않는 말이다. 많은 행동들은 사람들이 스스로 인식하지 못하지만 사적논리에 기초하여 행해진다. 그들의 사적 논리가 일반적인 사회문화적인 논리와 맞지 않을 때 심리문제가 발생한다.

Adler는 사람들은 자신의 목적을 달성하기 위해서 정서, 감정까지도 사적논리에 맞추어 사용한다는 사실을 발견하였다. 자기가 바라는 것을 얻을 때까지 울어대는 아이를 보면서 아이도 이미 어른을 통제하고 목표를 이루기 위해 눈물을 도구로 사용하는 것을 본 것이다. 이 역시 목적이 있는 무의식적인 행동이다. 또한 청각장애 부모를 둔 영아가 울 때 소리를 내지 않고, 얼굴을 붉히며 눈물을 뚝뚝 떨어뜨리는 것을 보면서 이 또한 큰 소리를 내 봤자 아무런 소용이 없다는 것을 알고 있는 영아의 목적추구 행동이라고 해석하였다.

사례

Corsini가 Dreikurs가 운영하는 Adler 연구소에서 한 가족과 초기 면담을 하게 되었다. 부모가 치료실에 어린아이를 안고 들어 왔다. 그 아이는 여섯 살쯤 되어 보였고 머리통이 크고, 커다랗고 멍한 푸른 눈에 사지가 빼빼마른 모습을 하고 있었다. 축 늘어진 채 아버지의 팔에 안겨서 입을 벌리고 멍하게 쳐다보는 그 아이의 모습에서 Corsini는 분명히 정신적으로나 신체적으로 이상이 있다고 생각했다. 아이는 의자에 앉히자 머리를 약간 떨군 채로 인형처럼 면접시간 내내 꼼짝도 하지 않았다. 선천적인 정신지체일 것이라고 생각하고 있었던 Corsini의 진단은 아이의 아버지의 설명으로 확인되었다.

아버지는 검사였고, 어머니는 공인회계사였다. 그들은 아들을 지체아를 위한 주립 시설에 보내려던 참이었으며 마지막으로 찾아온 전문의사가 Dreikurs였다.

그 아이는 독자였다. 어렸을 때부터 부모는 아이가 정상적으로 발달하지 않는 것 같았으나 소아과 의사는 너무 지나치게 걱정을 하고 있다고 했다. 첫 돌이 되어도 아이가 말하지도, 혼자서 먹지도 걷지도 못하자 부모는 소아신경과 의사를 찾기로 마음을 먹었다. 의사가 아이의 발달이 지체되었다고 말하는 것을 듣고 그들의 걱정이 검증되었다. 그들은 메이오 클리닉(Mayo Clinic)을 포함해서 미국의 유명한 병원을 찾아다니기 시작했다. 많은 신경과 의사, 정신과 의사, 그리고 심리학자와 상담을 하였다.

모든 사람들이 그 소년의 발달이 지체되었음에 동의했으며 어떤 방법도 그에게 도움이 되지 않을 것이라고 결론 내렸다. 어떤 의사는 전기치료를 해 보라고 제안했고, 또 어떤 의사는 실험적인 뇌수술을 해 보라고 권하기도 했다. 그러나 모두들 이것은 유전 인자의 잘못으로 인한 자연의 실수라고 결론을 내렸다는 것이다. 이 이야기를 듣는 Corsini도 그렇게 생각했다. 그리고 최고의 해결책은 이 아이를 정신지체아를 위한 기관에 보내는 것이라는 결론을 내렸다.

그러나 Dreikurs는 이 설명을 들은 후 무릎을 꿇고 그 아이를 똑바로 쳐다보면서 질문하기 시작했다. Dreikurs는 그 아이에게 똑같은 네 가지 질문을 순서를 바꾸어 가면서 5분 정도 계속 물어보았다. 머리도 잘 못 움직이고 말도 전혀 못하는 이 아이가 강한 악센트로 말하는 선생님의 질문을 이해할 수 없으리라는 것은 분명해 보였다. 이때 Dreikurs는 일어서서 말했다. "당신의 아들에게는 아무런 이상이 없습니다. 이 아이는 정상입니다." 그리고 나서 그는 부모에게 그 아이에 대해 무엇을 해야 할지를 분명하게 충고하기 시작했다.

그때 Corsisni는 그 오만방자한 돌팔이 의사를 당장 떠나고 싶었다고 한다. "대체 이 거만한 정신과 의사는 그 아이를 어떻게 생각하고 있단 말인가?" 많은 전문가들이 그 아이는 정신지체이며 발달 장애라는 것에 동의했으며 누구도 그가 정상이 될 수 있다는 희망을 갖지 않았다. 아이를 격리시키든가, 방 안에 가두어야 할 것이라고 생각했다.

그리고 6주 후 Corsini는 초기면접을 했던 같은 방에서 그 아이가 위태위태하지만 걷는 것을 보았고, 불완전하지만 말하기 시작하는 것을 들었다. Corsini는 그때의 심정을 전기충격을 받은 것처럼 전율을 느꼈다고 표현한다. "사실상 나는 이 아이를 죽음으로 몰아넣을 뻔했다. 나를 포함해서 다른 전문가들은 모두 틀렸던 것이다. Dreikurs만이 옳았다! Adler의 이론과 실제에는 무언가 특별한 점이 있음이 분명해졌다."

부모가 나간 후 Corsini는 Dreikurs에게 어떻게 그 아이가 정상인지 알아낼 수 있었는지 물었다. 그는 말하길, "네 가지 질문을 통해서 그 아이가 꾀병을 부리고 있었고 못하는 체 했음을 알아냈다."고 했다. 그러고 나서 부모에게 논리적인 충고를 정당하게 해 주었다. 이 하나의 사건으로 Corsini는 Adler 학파의 이론과 철학에 친근감을 느끼게 되었고 Adler 학파의 일원이 되었다(Corsini et al., 1991).

3. 성격우선순위

성격우선순위는 행동의 무의식적 목적을 알려주기 위해서, 삶에서 우선적으로 해야 할 것과 회피하고 싶은 경향성이 어떤 것인지를 찾기 위해서 개발된 이론이다(김난예, 김춘경, 2003; Kutchins, Curlette, & Kern, 1997). 개인의 창조적 자아와 독특성을 강조하는 Adler가 성격유형론을 따로 만든 것은 아니지만, 그의 주요 개념인 사회적 관심과 활동성의 높고 낮음이 조합되면 4가지 성격유형이 형성된다. Adler는 그의 성격유형론을 Hippocrates와 Galen의 체액론과 연결시키는 노력을 하였으나(Lundin, 1989), 어느 유형도 한 사람의 성격을 정확하게 묘사할 수 없다는 사실을 강조하였다. Adler는 성격유형론을 적극 지지하지는 않지만 성격유형론이 인간의 행동을 이해하는 데 도움이 된다는 점은 인정하였다(Hjelle & Ziegler, 1981; Langenfeld, 1983; Lundin, 1989).

Adler는 4가지 생활양식 유형에 따라 4가지 우선순위(Priority) 유형으로 지배하기(ruling), 획득하기(getting), 회피하기(avoiding), 그리고 사회적 유용함

(socially useful) 유형을 제시하였다. Adler는 이변이 없는 한 각각의 우선순위들이 개인을 지속적으로 특징지어 가고, 그에 따라 각 개인의 독특성이나 생활양식이 결정된다고 하였다. Adler는 개인적 특성이 너무나 복잡해서 사람을 몇 가지의 기본적인 유형으로 분류할 수 없으므로 우선순위 개념은 사람을 범주화하는 데 사용되는 것이 아니라고 하였다. 이들의 유형은 개인의 단기목표와 장기목표를 이해하고, 그 사람의 핵심 욕구 및 신념을 파악하고 이해하는 데 사용될 수 있다고 하였다.

Kefir(1972)는 Adler의 우선순위 개념을 성격우선순위 개념으로 발전시켰다. 그는 모든 사람은 성격우선순위라고 명명한 4가지 이론적 구조—편안함, 기쁘게 하기, 우월성 그리고 통제— 중 하나로 분류될 수 있다고 했다. 성격우선순위 이론에 따르면 각각의 성격우선순위는 개인이 소속감을 성취하기 위해 자신이 취하는 고정된 목적을 나타낸다. 모든 사람에게는 4가지 특징이 보편적으로 있지만, 개인에 따라서 좀 더 가치 있게 여기는 것이 있다. 즉, 인간은 이미 주어진 성격우선순위에 따라 자신의 특성을 연출하는 경향이 있다.

성격우선순위는 각 개인이 중요하게 추구하는 목적과 그가 회피하고자 하는 것이 무엇인지를 밝히고 있다. Kefir(1972)에 따르면 사람들이 최우선적으로 추구하는 것은 편안함, 기쁘게 하기, 우월성, 통제이다. 그 우선순위에는 잘못된 신념, 각 우선순위가 가지고 있는 사적논리가 있다. 우선순위를 앎으로써 각 개인이 지니고 있는 잘못된 신념과 사적논리를 파악하면, 그릇된 논리에 따라 살지 않아도 그들은 가치 있는 존재이며 소속감을 느낄 수 있다는 사실을 깨닫게 할 수 있다. 편안함을 제1순위로 추구하는 사람은 “단지 내가 편안할 수 있을 때에만 나는 진정으로 존재한다.”와 같은 잘못된 신념을 가지고 있다. 이들은 “나에게 가장 나쁜 것은 스트레스를 받는 것이다. 그래서 될 수 있는 한 나는 스트레스를 피해야 한다.”라고 생각하며 회피전략을 사용한다. 스트레스는 우리가 사는 어디에나 있는 것이기에 스트레스 없는 편안함을 추구하는 사람들은 스트레스 많은 세상에서 그것을 이리저리 피해 다니다가 무기력해지고, 무책임하고 비효율적인 생활을 하게 될 것이다. 이와 같이 잘못된 신념과 목표를 평가하여 그들이 좀 더 합당한 대안을 가지고 살아갈 수 있게 돕는 것이 성격우선순위를 알아야 하는 목적이다. 다음에서 4가지 성격우선순위를 한 가지씩 살펴보자.

■ 편안함

편안함 추구자는 일반적으로 성격이 여유롭고 느긋하며 다른 사람에게 요구사항이 적은 편이다. 또한 예측하기 쉽고 자신의 일만 신경 쓰며 다른 사람에게 공감을 잘한다. 이들은 불편함을 참지 못하고, 즉각적인 즐거움과 만족을 추구한다. 이들은 일을 떠맡거나 책임을 지는 일을 피한다. 그 결과 자신의 능력을 발휘하지 못하며 성취결과도 낮다. 경쟁적이지 않고 편안함을 추구하기에 주위 사람들은 이런 유형의 사람을 좋아한다. 그러나 의욕이 없고, 해야 할 일을 미룰 수 있을 때까지 미루는 성향이 있어서 동료들을 답답하게 한다. 또한 일을 할 때 협력하지 않고 일의 생산성과 효율성이 떨어져서 함께 일하기를 꺼려한다.

■ 기쁘게 하기

기쁘게 하기 추구자는 다른 사람들을 즐겁게 해 주려고 하고, 상대방의 기분을 잘 알아차려서 상대의 비위를 맞춰 주려고 애쓰는 사람이다. 이들은 타인의 의견을 우선적으로 존중하고 수용하기 때문에 자신의 의견은 무시하는 경향이 많고, 자신의 선호와 감정, 욕구를 자주 무시한다. 이들은 자신을 존중하지 않고 타인으로부터도 존중받을 것을 기대하지도 않으며 타인으로부터 좋은 사람이라는 인정을 받기를 추구한다. 또한 이들은 일을 할 때도 친절하고 공격적이지 않고 타협적이며, 무슨 일이 있을 때 자진해서 나서길 좋아하고 다른 사람들의 기대를 충족시키려 한다. 이들은 타인을 기쁘게 하기를 원하고 주변 사람에게 즐거움을 주지만, 정작 자신은 그런 성향들로 인해 타인들로부터 거부, 좌절, 자포자기 그리고 분노 같은 부정적인 반응을 불러일으키기도 한다.

■ 우월성

우월성 추구자는 항상 다른 사람의 행동과 환경을 무시하는 쪽으로 행동한다. 자신의 우월성을 드러내려는 시도를 지속적으로 하기 때문에 상대적으로 그들과 함께 있는 사람들은 열등감과 죄책감을 느끼게 된다. 이들은 많은 경우 다른 사람들보다 능력이 좋고 뛰어나다. 이들은 최고를 지향하기 때문에 높은 목표를 세우고, 이를 이루기 위해 상대적으로 매우 부지런하고 최선을 다해 산다. 리더십도 있고, 타인이나 조직을 이끌어 가는 능력도 크다. 지식이 풍부하고 이상적이며 완벽 추구자라고 할 수 있다. 이 유형의 사람들은 자신이 너무 많은 부담을 가지고 있고 책임져야 할 일이 많다고 느낄 수 있다. 이들은 일반적으로 자신에게 지워진 짐이 무겁다고 느끼며 다른 사람들에게 불평을 잘 한다. 그래서 주변사람들은 우월감에 우선순위를 두고 있는 사람들과 소통이 잘 안 된다고 불평하기도 한다. Adler는 개인의 우월목표가 때로는 개인의 발전과 공동체감을 고갈시키기도 한다고 했다(Adler, 1979).

■ 통제

통제 추구자는 자신이나 특정 상황 또는 타인들을 통제하려고 하는 경향이 있다. 통제 추구자들은 외부통제유형과 자기통제유형으로 나눌 수 있다. 외부통제에 최우선순위를 두는 사람은 지속적으로 성취하거나, 적어도 그들의 목적을 향해 전진한다. 그러나 이러한 행동이 그들 주위의 사람들에게 도전감과 저항감을 불러일으킨다. 통제의 방법들은 폭넓게 다양하지만, 우월성에 최우선순위를 두는 것은 동일하다. 우월성의 대가는 타인들과의 거리감이다. 자기통제에 최우선순위를 두는 사람은 초조해 하거나 긴장한 사람이 될 수 있다. 자기통제자는 자발성과 창조성이 줄어드는 부가적인 대가를 치룰 수 있다. 이들은 리더의 역할을 선호하거나 자기 관리를 잘하고 생산적인 사람들로, 주관이 뚜렷하며 규칙을 잘 따른다. 통제에 우선순위를 두고 있는 사람들은 자신이 창조력이나 임기응변력이 부족하다고 느낄 수 있다. 이들은 때때로 다른 사람들에게 소외당하여 불평을 하거나 다른 이들과 좀 더 가깝게 지내고 싶어 한다. 그러나 그 주변 사람들은 통제에 우선순위를 두고 있는 사람들과 상호작용할 때면 도전을 받는다고 느껴며 긴장하고 저항적인 태도를 가지게 된다.

활동 1

1. 본인의 열등감을 감소시키고, 우월감을 추구하기 위해 세운 가상적 최종목적은 무엇인가?

2. 내가 어릴 적 세운 가상적 최종목적은 긍정적이고 생산적인가? 아니면 부정적이고 파괴적인가?

3. 본인이나 주변 사람들의 이상행동이나 문제행동 중 하나를 선정하여, 그 행동의 가상적 목표에 대해 생각해 보고, 조원과 함께 의견을 나누어 보시오.

4. 여러분의 인생목적은 무엇인가? 궁극적으로 인생에서 이루고자 하는 것 또는 미래에 바라는 삶의 모습은 어떤 것인가?

5. 5년 후, 그리고 10년 후에 여러분은 어떠한 삶을 살고 싶은가?

6. 그 목적을 이루기 위해서 당신은 지금 무엇을 해야 하는가?

7. 미래의 명함을 만들어 보자.

8. 10년 후 자신이 쓰게 될 이력서를 미리 만들어 보시오.

활동 2

성격우선순위 검사

❖ 각 문항을 읽고 해당하는 곳에 체크하시오.

	문항	전혀 그렇지 않다				항상 그렇다
1	나는 다른 사람을 언짢게 하지 않으려 열심히 노력한다.	1	2	3	4	5
2	나는 다른 사람이 나를 좋아하지 않을 때 자주 불안감을 느낀다.	1	2	3	4	5
3	나는 다른 사람들이 나에게 만족하는지 알고자 한다.	1	2	3	4	5
4	나는 다른 사람의 요구를 만족시켜 주고자 하는 강한 욕구가 있다.	1	2	3	4	5
5	나는 사람들이 나의 행동을 좋아하는지 싫어하는지 보기 위해 그들의 반응을 본다.	1	2	3	4	5
6	나는 다른 사람들을 실망시키지 않도록 노력할 것이다.	1	2	3	4	5
7	나는 다른 사람들의 기대에 굉장히 민감한 편이다.	1	2	3	4	5
8	나는 일반적으로 다른 사람들을 즐겁게 해 주려고 한다.	1	2	3	4	5
9	나는 일을 하면, 다른 사람들보다 좋은 결과를 얻고자 노력한다.	1	2	3	4	5
10	나는 학교나 직장에서 다른 사람보다 뛰어나길 원한다.	1	2	3	4	5
11	나는 다른 사람들보다 더 성취하고자 하는 욕구가 있다.	1	2	3	4	5
12	내 인생의 목표는 최고가 되는 것이다.	1	2	3	4	5
13	나는 다른 사람들보다 더 많은 목표 및 수준을 성취하고자 하는 욕구가 있다.	1	2	3	4	5
14	나는 너무 많은 일을 하는 것을 피하는 편이다.	1	2	3	4	5
15	나는 할 일이 많지 않은 것을 선호하는 편이다.	1	2	3	4	5
16	나는 해야 될 일을 마지막까지 미루는 경향이 있다.	1	2	3	4	5
17	나는 어떤 일이 힘들고 어려울 경우, 다른 것을 한다.	1	2	3	4	5
18	나는 스트레스를 많이 받는 일은 피한다.	1	2	3	4	5

	문항	전혀 그렇지 않다				항상 그렇다
19	다른 사람들이 나를 권위적이라고 생각할 수도 있다.	1	2	3	4	5
20	대부분의 상황에서 나는 책임자가 되는 것을 좋아한다.	1	2	3	4	5
21	나는 내가 책임을 맡을 때 가장 편안함을 느낀다.	1	2	3	4	5

본 측정도구는 Taylor와 Ray(2012)가 개발하고 조진희와 전미경이 번안 및 타당화한 '성격우선순위 검사(APPA)'이다. 이 척도는 기쁘게 하기, 우월성, 편안함, 통제의 4개의 하위요인으로 구성되어 있으며, 총 21문항으로 이루어져 있다. 각 문항의 응답방식은 Likert식 5점 척도로, 각 하위요인의 평균평점을 산출하여 가장 높은 점수가 나온 요인이 그 사람의 성격우선순위로 해석된다.

하위요인	문항
기쁘게 하기	1, 2, 3, 4, 5, 6, 7, 8
우월성	9, 10, 11, 12, 13
편안함	14, 15, 16, 17, 18
통제	19, 20, 21

출처: 조진희, 진미경(2017). 한국판 Adler 성격우선순위검사(K-APPA)의 신뢰도와 타당도 연구.

05 공동체감과 인간관계

1. 공동체감 및 사회적 관심

일찍이 열등감을 인간의 기본 특성으로 간파한 Adler는 인간이 취약한 상황을 잘 극복하고 불편하고 불쾌한 느낌을 초래하는 열등감의 문제를 지혜롭게 해결하는 방법은 공동체감과 사회적 관심에 있음을 알아차렸다.

신경생리학적 관점에서 볼 때, 연약한 인간은 생존을 위해 자신의 연약함을 다른 사람에게 노출하고, 연약한 인간끼리 협동하여 자신들의 필요를 채워 나가는 방식으로 진화해 왔다. 자신의 취약함을 사회적 소통을 통해 극복한 것이다. 인간이 맹수들을 지배할 수 있게 된 점에 대해서도 과학자들은 인간이 사회적으로 협력하도록 진화하였기 때문에 가능했다고 주장한다(김명찬, 2016). 자연과학자들은 큰 집단을 구성하는 종일수록 진화와 생존에 유리하다고 한다. 인간의 뇌 발달적 측면에서도 인간의 뇌는 더 큰 집단을 구성하고 사회적으로 협력하기 위해서 진화해 왔다. 다른 사람의 도움과 협조를 구하고 함께 협력함으로써 삶의 어려움과 난제를 해결하는 것이 인간의 진화와 발전에 있어서 바람직한 것이다.

이와 같이 Adler는 인간을 다른 어떤 생명체보다 생존에 부적합한 존재라고 보았고, 생존을 위한 가장 좋은 방법이 '공동체(Gemeinschaft) 안에 있는 것'이라고 하였다. 공동체감은 인간의 모든 자연적인 약점을 보상하는 데 반드시 필요한 것이고, 또 올바른 해결의 방법이라고 하였다(Adler, 1963). 또한 인간은 생리적인 것보다 사회적인 것에서 더 영향을 많이 받는다고 하면서 공동체감은 본능적인 것이라고 강조하였다. 공동체감에 대한 본능적 잠재력은 인간이 생애 초기에 생존하기 위해서 다른 존재에게 의존할 수밖에 없다는 사실에서 찾아볼 수 있다.

Adler는 인성발달에 가장 중요한 것이 공동체감이라고 강조했다. 사회적 기여와 유익에 관심이 없는 사람은 신경증적인 정신병리 현상을 보이거나 심지어 범죄자가 될 수도 있다고 하였다(Shultz & Shultz, 2005). Adler는 사회적 관심을 세 단계의 발달적 측면에서 기술하고 있다(권석만, 2012; Ansbacher, 1968)

첫 번째 단계는 타고난 기질로서의 사회적 관심이다. 다른 사람과의 관계를 추구하고 협동하는 기질적 측면을 의미하며 선천적인 개인차를 나타낼 수 있다.

두 번째 단계는 개인적 능력으로서 타인을 이해하고 공감하며 협동과 기여를 할 수 있는 사회적 능력이다. 이러한 능력은 교육과 훈련을 통해서 함양할 수 있는 협동의 기술을 뜻한다.

세 번째 단계는 일반적인 태도로서 다른 사람과의 협동을 소중하게 여기고 사회적 이익을 위해 헌신하려는 의지이다.

Adler가 제시한 성공적인 삶과 건강한 성격의 기준은 개인이 자신의 생활과제에 접근하는 방식 속에 얼마나 높은 수준의 사회적 관심을 포함하고 있는가의 여부이다. 공동체감은 개인의 내면적 인식체계를 사회적인 환경적 요구에 맞추어 조화를 이루도록 조절하는 심리적 태도를 의미한다(권석만, 2012). Adler에 의하면 모든 아동은 사회적 관심을 개발할 수 있는 잠재력을 가지고 태어나고 적절한 양육을 통해 개발된다. 정상 아동은 학교나 가정에서 별 어려움 없이 잘 지내고 사랑과 인정을 얻으며, 학업뿐 아니라 자신의 문제와 어려움을 해결할 수 있는 힘과 용기를 가지고 있다. 그러나 부적응 아동은 우선 학습을 위주로 하는 학교생활에 잘 적응하지 못할 뿐만 아니라, 그들의 삶의 과제도 잘 해결하지 못한다. 그들은 일반적으로 관계 맺기의 어려움과 사회적 친목과 협동심의 부족, 나아가 주변 인물과 많은 갈등을 지니고 있다. 그들의 자아관, 타인관 및 세계관은 매우 부정적이다. 이들은 모든 상황에서 무시당한다고 생각하며, 심지어 태어날 때부터 불이익을 받고 있다고 믿고 있다(Adler, 1966). 이들의 세계관은 황량하고 비관적이고, 친구나 어른들에게 접근하기가 쉽지 않아서 항상 전투상황과 비슷한 처지에 있고, 타인을 염두에 두지 않고 그들을 향해 적대감을 가진다. 열등감을 극복하기 위해서는 공동체감을 발휘하여 다른 사람의 도움과 지지를 수용하는 것이 필요한데, 부정적인 타인관과 세계관은 공동체적 노력을 하는 것을 방해한다. 이들은 삶의 문제를 해결하기 위해 새로운 것을 탐구하려는 시도를 하지 않을 뿐만 아니라 삶의 문제해결을 회피한 결과 더 깊은 좌절과 낙담을 경험하게 된다.

O'Connell(1991)은 정신 질병은 개인으로 하여금 형제애적인 사랑을 형성하려는 움직임을 방해하는 행동에서 나오는 것이라고 암시하였고, 그에 따르면 정신병리란 타인을 고통스럽게 하는 행동, 인지, 감정이다.

2. 공동체감의 수준

공동체감이란 보다 큰 공동체, 더 나아가 인류와 우주 그리고 신과 자기 자신을 동일시하는 자연 발생적인 능력을 의미한다. 공동체감 또는 사회적 관심은 두 가지 측면에서 생각해 볼 수 있다. 첫째는 다른 사람들이나 사회적 환경과 조화롭게 지내기 위해 함께 타협하고 협동하려는 노력을 의미하고, 둘째는 사회적 발전과 이익을 위해서 자신을 헌신하고 희생하려는 노력을 의미한다. 사회적 관심은 개인이 타인이나 사회적 집단을 넘어서 자연세계나 우주 전체와의 연결성 속에서 자신의 삶을 영위하려는 이상적인 태도로 확장될 수 있다(권석만, 2012). Adler에 의하면 공동체감/사회적 관심은 8가지의 수준으로 분류되며 이러한 수준들의 변화는 자아심리학과 성인발달의 인본주의적 이론을 연결시켜 주는 교량 역할을 한다. 공동체감/사회적 관심은 생활양식을 토대로 개인의 관심이 확장된 것으로 개인의 자아의 확장된 개념은 결국 가족, 공동 사회, 모든 인류와 전세계, 온 우주, 심지어 신에게까지 이르는 전 영역을 아우르고 있다. 이러한 맥락에서 제한된 공동체감/사회적 관심은 다분히 병리적이며, 개인이 자아를 넘어서서 사람, 제도, 사상, 자연현상 등에 대한 관심을 증대시키면서 사회 환경에 참여하게 되면 될수록 개인은 더 건강해질 것으로 받아들여진다. 공동체감/사회적 관심의 8가지 수준은 다음과 같다(김춘경 외, 2010; 양명숙 외, 2013).

■ 수준1: 어머니

어머니와 아동의 관계는 사회적 관심의 가장 초기의 표현이다. 유아는 모든 기본적인 신체적 욕구를 제공해 주는 어머니에게 전적으로 의존하기 때문에, 초기에는 어머니로부터 자아를 분리해 낼 수 없다. 점차적으로 유아는 어머니로부터 부분적인 분리감을 유발하게 되는 자아의 개념을 발달시키게 된다(Tronick & Weinberg, 1997). 그럼에도 불구하고 유아의 사회적 관심은 기본적 요구에 대해 부모에게 반응하는 것을 주로 포함하기 때문에 아직까지는 아주 작은 것에 불과하다.

■ 수준2: 가족

사회적 관심의 두 번째 수준은 어머니와의 관계를 넘어서서 아버지, 형제, 조부모, 친척들 등의 확장된 가족 구성원과 관계를 맺을 수 있는 능력을 포함하고 있다. 아동은 부모를 자아정체감의 확장으로 보기 시작하면서 점점 더 부모로부터의 분리감을 증대시키게 된다. 이 수준에서 사회적 관심의 주요 특징은 아동이 자아를 넘어선 맥락, 확장된 가족 구성원과 관계 맺는 것을 배우게 된다는 것이다.

■ 수준3: 지역 공동체

아동은 학교에 가기 시작하고 친구와의 관계를 형성하게 되며 이웃이나 지역 공동체와의 활동을 통해 점점 더 많은 사람들과 관계를 맺게 된다. 이들이 공동체감을 발달시킬 수도 있고, 없을 수도 있다. 공동체감은 이웃과의 사회적 상호작용을 통하여 점점 더 발달하게 되면서, 개인은 전문가 집단, 조직, 자원봉사, 종교집단 등의 지역사회의 이익에 봉사하게 되는 활동들과 관심을 포함하게 된다. 진정한 공동체감을 발달시키는 개인은 자신이나 자신의 가족의 복지는 공동체의 건강함과 밀접하게 관련되어 있음을 이해하게 된다. 그러나 이러한 지리적 개념을 뛰어 넘는 공동체에 대한 가치와 중요성을 인식하지 못한다면 타인을 희생시키면서 자기 자신의 지역사회에 대한 가치를 과대평가하게 됨으로써, 잠재적으로 역작용을 하게 된다.

■ 수준4: 사회

사회적 관심의 네 번째 수준은 가족, 문화, 사회 등을 포함하는 지역사회로 관심이 확장된다. 개인은 이 사회가 지리학적으로 다른 지역, 인종, 종교집단(직업, 사회경제적 집단) 등으로 구성되어 있음을 알게 된다. 사회 모든 사람들의 안녕이 가장 중요한 가치로 간주되면서 진정한 민주사회란 선택 받은 특정 소수가 아니라 모두에게 유익이 되는 사회임을 깨닫게 된다. 이 단계의 사회적 관심을 가진 개인은 인류 문화의 협력적인 결실이 개인의 복지에 얼마나 기여하는지를 깨닫게 된다.

■ 수준5: 인류

5수준의 사회적 관심은 모든 인류 혹은 인류와의 동일시와 관련된 관심을 의미한다. 이때 개인은 어떤 인간도 모든 인류에 대한 책임으로부터 자유로울 수 없다는 사실을 깨달으며, 성, 계층, 출신 국적, 교육수준 등에 관계없이 공통된 본성을 공유하고 있음을 알게 된다. 모든 인간은 사회 속에서 태어나며, 모든 인간은 기본적으로 열등한 존재이며, 모든 인간은 고통, 상실, 외로움 등에 노출되어 있으며, 모든 인간은 죽는다는 사실을 알게 되는 것이다. 따라서 이 수준에서 개인은 과거와 현재와 미래의 모든 인간 존재와의 동일시가 가능해지며, 또한 국가적, 종교적 기원의 경계를 극복하고 인간 개개인을 그 자체로 사랑과 존중과 기본적인 권리를 지닌 가치 있는 존재로 바라볼 수 있게 된다.

■ 수준6: 지구

개인이 동물과 식물을 가리지 않고 지구상의 모든 살아있는 대상 모두에게 관심을 가지게 되는 수준으로, 모든 생물체와 지구상의 생태의 균형과 다양성에 대해 관심을 가진다. 전 지구를 살아있는 유기체로 간주하는 것은 사회적 관심이 지구적인 수준에서 어떻게 드러나는지를 보여주는 실례이다. 살아있는 유기체로서 모든 생명체는 존중받을 만하며 경외의 대상이 된다. 모든 개인은 이러한 자연을 지배해야 되는 대상으로서가 아니라, 자연 환경과 조화롭게 협력하며 살아갈 것을 추구한다.

■ 수준7: 우주

7수준은 정의하기 어려운 수준으로, 이때의 사회적 관심은 모든 생명체에게 있는 우주적 질서와의 동일시가 이루어진다. 인간은 과학문명의 발달로 이미 지구가 유일한 생명체의 온상지가 아님을 알게 되고, 더 큰 우주에 대한 인식을 가지게 되면서 자신을 아주 미미한 존재로 받아들이고 우주적인 질서의 중요성을 깨닫게 된다. 이러한 우주적 질서에 대한 주의 깊은 인식은 개인으로 하여금 사회적 관심과 협력을 증대시킬 수 있도록 도와준다.

■ 수준8: 신

사회적 관심의 마지막 8수준은 개인이 모든 존재, 힘, 창조성 등의 원천인 신과의 동일시가 이루어지는 수준으로, Adler는 신이 인간의 가장 최상의 목표임을 언급한 바 있다. 인간은 종교적이며 신념을 지닌 영적인 존재로서 이 수준의 사회적 관심은 특정 교리, 교의, 의식에 얽매이지 않고 인간과 신과의 관계, 선과 악의 본성, 창조의 신비 등에 대해 정직하게 이해하고자 애쓰게 된다. 이때의 개인은 인간과 신이 어떻게 관계되어 있으며, 이러한 관계가 인간의 사고와 행동을 통해 어떻게 표현되는지에 대한 이해를 하고자 하며, 또한 사랑, 창조성, 민주성 등의 원리에 토대를 두고 본질적 인간 공동체의 이상을 현실화하기 위해 헌신하게 된다.

Adler에 의하면 사회적 관심은 인간이 사회적 존재로 살아가면서 해결해야 할 삶의 과제를 해결할 수 있는 동기를 제공해 준다. 삶의 과제와 관련하여 Adler는 모든 인간은 세 개의 인연을 가지고 있고, 이와 관련하여 세 가지의 삶의 과제를 지니게 된다고 한다(Adler, 1966). 세 가지 인연이란, 첫째, 약한 육체를 지닌 인간이 지구라는 환경과 관계하고 있다는 사실이고, 둘째는 자신의 약함과 불완전성 그리고 한계성 등에 의해 다른 인간과 맺는 인연, 셋째는 인류의 생명을 지속한다는 점에서 두 이성의 만남, 즉 다른 성과의 인연을 말한다. 이 세 가지 인연은 세 가지 삶의 과제, 즉 직업, 우정(사회) 및 이성교제/결혼의 과제를 제시한다. Mosak과 Dreikurs(1967)는 Adler가 암시한 네 번째, 다섯 번째 과제를 확인했다. 네 번째 과제는 우주, 신(神)과 유사한 개념에 대한 반응으로 인간의 영적인 자기(self)를 다루는 것이다. 다섯 번째 과제는 주체로서의 자기(I)와 객체로서의 자기(me)에 성공적으로 대처하는 것과 관련된다.

Adler는 한 사람이 성공적으로 다른 사람과 함께 지내고, 일을 하고 그리고 이성과 만족스러운 관계를 형성하는 범위는 개인의 전반적인 성격과 성숙도를 드러내는 지표라고 믿었다.

마더 테레사 효과

미국 미시간대학교의 심리학 교수 스테파니 브라운 박사는 볼티모어에서 432쌍의 장수부부를 대상으로 5년간 조사한 결과, 이들에게서 한 가지 공통점을 발견했다. 그것은 여성의 72%와 남성의 75%가 아무런 대가 없이 베푸는 삶을 살고 있었다는 것이다. 이 연구를 통해 브라운 박사는 다음과 같은 결론을 내렸다. "남을 위해 나누고 베푸는 삶을 사는 사람은 그렇지 않은 사람보다 오래 살 확률이 두 배가 높다."

마더 테레사가 1997년 87세의 나이로 사망한 이듬해, 미국 하버드대학교의 의대 교수가 발표한 논문에 '마더 테레사 효과(Theresa effect in Calcutta)'란 용어가 등장한다. 일평생 봉사와 사랑을 베푼 마더 테레사 수녀의 이름을 따 붙여진 것으로 자신이 직접 봉사를 하는 것 경우뿐 아니라 마더 테레사와 같은 다른 사람들이 행하는 선한 일을 생각하거나 보기만 해도 우리 신체 내에 바이러스와 싸우는 면역물질 IGA가 증가한다는 것이다. 이것을 슈바이처 효과라고도 한다. 테레사 수녀의 일대기를 담은 영상물을 보여 준 후 침과 땀 같은 타액의 항생체인 IGA를 측정하는 실험 결과, IGA가 50% 이상 일제히 증가함을 볼 수 있었다. 이 항생체는 나쁜 병균, 나쁜 세포를 물리치는 항생체이다.

출처: 미상

활동

사회적 관심 척도

❖ 다음은 살면서 누구나 달성해야 할 과제인 일(직업, 진로, 학업 등)과 관련된 문항이다. 각 문항을 읽고, 평소 자신의 행동과 가장 가까운 항목에 체크하시오.

	문항	전혀 그렇지 않다					항상 그렇다
1	나는 다른 사람들과 함께 일/공부하는 것을 좋아한다.	1	2	3	4	5	6
2	나는 일/학업에서 동료의 불만이나 요구에 대해 상대방과 협의하여 해결책을 찾는다.	1	2	3	4	5	6
3	나는 다른 사람들과 같이 일/공부할 때, 내가 맡은 일을 성실하게 완수한다.	1	2	3	4	5	6
4	나는 일/학업에서 같은 팀의 동료에게 사정이 생겼을 때, 그의 일을 대신한다.	1	2	3	4	5	6
5	나는 다른 사람들과 함께 일/공부할 때, 타인의 의견을 듣기보다는 내 주장을 하는 편이다.	1	2	3	4	5	6
6	나는 직장/학교에서 다른 사람을 이기기 위해 온 힘을 기울인다.	1	2	3	4	5	6
7	나는 내가 속한 집단에 도움이 되는 일을 적극적으로 찾아서 한다.	1	2	3	4	5	6
8	나는 사회의 발전을 위해 일/학업에서 꾸준히 연구하고 노력한다.	1	2	3	4	5	6
9	나는 타인을 위해 나의 강점이나 재능을 살려서 일/학업에 적용한다.	1	2	3	4	5	6
10	나는 직업/전공을 선택할 때 돈을 벌기 위한 목적보다는 사회에 대한 공헌도를 염두에 두고 선택한다.	1	2	3	4	5	6
11	나는 일/학업과 관련하여 인정이나 보상이 없을 때는 열심히 하지 않는다.	1	2	3	4	5	6
12	나는 일/학업을 열심히 함으로써 사회에 이바지하려고 한다.	1	2	3	4	5	6

❖ 다음은 살면서 누구나 달성해야 할 과제인 사회관계(친구, 동료, 이웃 등)와 관련된 문항이다. 각 문항들을 잘 읽고, 평소 자신의 행동과 가장 가까운 항목에 체크하시오.

	문항	전혀 그렇지 않다					항상 그렇다
13	나는 힘든 일이 생기면, 다른 사람들(친구, 동료, 이웃)과 상의하여 해결하는 편이다.	1	2	3	4	5	6
14	나는 나와 삶의 방식이 다른 친구/동료들과도 기꺼이 함께 하는 것을 즐긴다.	1	2	3	4	5	6
15	나는 다른 사람들의 이야기를 잘 듣고 공감해 준다.	1	2	3	4	5	6
16	나는 친구/동료의 경조사(결혼, 장례, 문병 등)에 최대한 빠지지 않고 참석한다.	1	2	3	4	5	6
17	나는 친구/동료 간에 갈등이나 의견 충돌이 있을 때 중재하는 역할을 한다.	1	2	3	4	5	6
18	나는 다른 사람과 대화할 때 내 의견을 고집하는 경우가 많다.	1	2	3	4	5	6
19	나는 다른 사람들을 위해 자원봉사를 한다.	1	2	3	4	5	6
20	나는 유머/격려 등으로 집단의 분위기를 살린다.	1	2	3	4	5	6
21	나는 유익한 정보를 얻으면 주위 사람들에게 전달한다.	1	2	3	4	5	6
22	나는 친구나 동료에게 무언가를 받기보다는 주는 것을 더 좋아한다.	1	2	3	4	5	6
23	나는 힘든 상황에 있는 친구/동료를 돕기 위해 노력한다.	1	2	3	4	5	6
24	나는 모임이나 집단을 위해 어떤 역할/직책을 맡아 봉사하는 것을 좋아하지 않는다.	1	2	3	4	5	6

❖ 다음은 살면서 누구나 달성해야 할 과제인 사랑(이성친구, 연인, 부부)과 관련된 문항이다. 각 문항들을 잘 읽고, 평소 자신의 행동과 가장 가까운 항목에 체크하시오. 단, 현재 미혼이거나 이성교제를 하고 있지 않은 경우에는 이성친구/연인/부부 관계를 가정하여 어떻게 행동할 것인지를 생각하고 답하시오.

	문항	전혀 그렇지 않다					항상 그렇다
25	나는 이성(연인/부부) 관계에서 문제가 발생하면 시간이 걸리더라도 상대방과 대화를 통해 해결하려고 노력한다.	1	2	3	4	5	6
26	나는 이성(연인/부부) 관계에서 상대가 원하는 것을 할 수 있도록 돕는다.	1	2	3	4	5	6
27	나는 각종 행사가 있을 때, 이를 이성(연인/부부) 파트너와 같이 의논하여 대처한다.	1	2	3	4	5	6
28	나는 자녀에 관한 사항은 배우자와 같이 이야기하여 결정한다.	1	2	3	4	5	6
29	나는 이성(연인/부부) 관계에서 상대가 싫어하는 것을 바꾸기 위해 노력한다.	1	2	3	4	5	6
30	나는 이성(연인/부부) 관계에서 취미나 운동 등을 함께 하는 것을 좋아한다.	1	2	3	4	5	6
31	나는 이성(연인/부부) 관계에서 성적인 부분에 대해서도 상대방과 솔직하게 이야기를 나눈다.	1	2	3	4	5	6
32	나는 이성(연인/부부) 관계에서 상대의 잘못된 행동을 지적하는 편이다.	1	2	3	4	5	6
33	나는 이성(연인/부부) 관계를 개선하기 위해 독서, 교육, 상담 등에 참여한다.	1	2	3	4	5	6
34	나는 이성(연인/부부) 관계에서 상대를 즐겁게 해 줄 수 있는 이벤트나 선물을 준비한다.	1	2	3	4	5	6
35	나는 이성(연인/부부) 관계에서 상대방이 아프면 최선을 다해 상대를 돌본다.	1	2	3	4	5	6
36	나는 이성(연인/부부) 관계를 좋게 유지하기 위해 신체(외모/체력)를 가꾸는 데 힘쓴다.	1	2	3	4	5	6

	문항	전혀 그렇지 않다				항상 그렇다
37	나는 이성(연인/부부) 관계에서 문제가 발생했을 때, 시간이 지나면 나아질 거라 생각하고 그냥 지나가는 편이다.	1	2	3	4	5	6

본 척도는 김천수(2017)가 개발한 '사회적 관심 척도'이다. 각 문항들은 일, 사회, 사랑이라는 인생과제의 세 영역에서 협동과 기여라는 사회적 관심 행동에 관한 자기 보고형식의 문항으로 구성되어 있다. 문항은 총 37문항으로, 각 문항의 응답방식은 Likert식 6점 척도로 이루어져 있다.

[사회적 관심 척도의 잠정적 구성요인]

인생과제	사회적 관심	
	협동	기여
일/직업	일과제 협동	일과제 기여
사회/우정	사회과제 협동	사회과제 기여
사랑/결혼	사랑과제 협동	사랑과제 기여

1. 사회적 관심: 다른 사람의 눈으로 보고, 다른 사람의 귀로 듣고, 다른 사람의 마음으로 느끼는 것
   - 협동: 공동체의 일원으로서 타인과 함께 주고받는 것
   - 기여: 공동체의 일원으로서 타인을 돕기 위해 개인적으로 노력하는 것
2. 인생과제
   - 일/진로: 지구라는 환경과의 관계에서 제기되는 과제로, 인간은 분업을 통해 공동의 복리에 기여하고 협동함으로써 기적적인 발달을 이루어야 하므로, 일 과제를 성공적으로 해결하기 위해서는 사회적 관심이 필수적임.
   - 사회/우정: 다른 사람과의 관계에서 제기되는 과제로, 개개의 인간은 혼자서 살아갈 수 없으므로 타인과의 더불어 살아가는 삶에 대해 고려해야 함.

• **사랑/결혼**: 이성과의 관계에서 제기되는 과제로 두 사람 사이에 존재할 수 있는 가장 강력하고 가장 친밀한 정서적 관계를 의미하며, 두 사람이 잘 협동하기 위해서는 자기 자신보다는 상대방에게 더 관심을 기울여야 하며, 이를 위해서는 평등이라는 조건이 필요함.

하위요인	문항
일과제 협동	1, 2, 3, 4, 5*, 6*
일과제 기여	7, 8, 9, 10, 11*, 12
사회과제 협동	13, 14, 15, 16, 17, 18*
사회과제 기여	19, 20, 21, 22, 23, 24*
사랑과제 협동	25, 26, 27, 28, 29, 30, 31
사랑과제 기여	32*, 33, 34, 35, 36, 37*

*역채점

출처: 김천수(2017). 개인심리학 이론에 근거한 사회적 관심 척도 개발 및 타당화.

06 출생순위와 인간관계

1. 가족구도

Adler는 어린 시절의 가족구도(Family Constellation) 내에서 어떠한 위치에 있었으며 어떤 경험을 했는가를 아는 것이 그 사람의 성격을 이해할 수 있는 가장 신뢰할 수 있는 방법이라고 하였다. '가족구도'는 가족의 사회심리학적인 배치를 말한다. 가족구성원들 각자의 성격 특성, 가족 구성원들 간의 감정적인 유대, 출생순위, 다양한 구성원들 간의 우세와 복종, 나이, 성, 그리고 가족의 규모가 모두 가족구도의 요인이 된다.

사람의 성격을 이해하기 위해서는 한 사람이 다른 가족원들과 어떤 역학관계에 있었는지, 다른 가족들이 무슨 역할을 하는지, 그리고 자신의 삶을 어떻게 해석하고, 그 속에서 도출된 삶의 결론이 무엇인지를 알아야 한다. 어릴 적 가족구도 내에서 개인의 심리사회적 위치에 대한 해석은 그 사람이 어른이 되었을 때 세상과 상호작용하는 방식과도 큰 관련이 있다. 아동기에 타인과 관계하는 자신만의 독특한 생활방식은 성인이 되어서도 대부분 그대로 답습된다.

한 가족의 자녀들이 같은 환경에서 자라는 것 같지만 출생순위에 따라 매우 다른 심리적 환경에서 성장한다. 가족구도와 형제의 출생순위가 인성발달에서 중요한 요인이 됨을 처음 지적한 학자가 Adler이다. 그는 출생순위에 따라 열등의 경험이 다르고, 우월추구의 노력의 정도 및 노력의 방향이 다르고, 가족구도 내에서 자신의 위치와 소속감, 관심과 사랑을 받으려는 노력, 경쟁적 상황이 모두 다르다고 하였다. 출생순위의 차이가 이렇게 중요한 심리사회적 환경을 제공하기 때문에 가족구도 내에서의 출생순위는 성격과 생활양식 발달에 막강한 영향력을 미치게 된다(Adler, 1972).

Adler는 한 가정의 형제들 간의 개인적 차이를 형제들 간의 경쟁으로 설명한다. 태어났을 때 이미 경쟁상대가 있느냐 없느냐에 따라 서로 다른 상황에서 태어난 아이는 다른 형제를 제치고 부모의 사랑을 차지하는 데 있어서나, 가정에서 자신의 위치와 세력을 확실히 하기 위해서 서로 경쟁하게 된다. 형제간의 권력다툼의 과정에서 겪은 실패와 성공, 기대와 실망, 가능성과 장해 등의 경험이 아동의 생활양식을 설정하는 데 영향을 준다. 개인심리학에서는 가족역동 특히 형제간의 관계를 다루는 것을 매우 중요시한다. 개인을 어떤 유형으로 정형화 하는 것은 피해야 하지만, 아동기에 형제간 경쟁의 결과로 생겨난 성격 특성이 개인의 남은 삶을 통해서 어떻게 재현되는가를 살피는 것은 큰 도움이 될 것이다.

Adler가 말하는 출생순위는 심리적(psychological) 서열을 말한다. 실제로 맏이로 태어나도 어린 시절 오랜 기간 아파서 병석에 있었다면 그 사람은 맏이의 특성을 형성하지 않고, 도리어 둘째가 더 맏이로서의 특성을 발달시키며 성장했을 수 있다. 두 형제의 나이 차이가 10살 이상이라면, 그 둘은 맏이와 둘째의 특성을 갖기보다는 두 명의 외동이의 특성을 가진 사람으로 성장했을 가능성이 높다. Shulman(1973)은 맏이가 첫째의 지위를 내어주고 중간아이의 역할을 하고, 둘째는 첫째를 압도함으로써 사실상 맏이의 역할을 할 수도 있다는 예를 들면서, 순서의 지위는 연대순보다도 '심리적인 논리'라고 강조하였다. 예를 들면, 맏이가 심한 정신지체라면 둘째 아이가 첫째를 대신하여 맏이의 역할을 할 것이다. 또한 손윗 형제가 사산된 이후에 태어난 아동의 경우는 보통의 경우보다 더 특별한 맏이로 키워질 수 있다.

출생순위는 아동이 가족 구성원에게 얼마나 많은 영향을 주느냐와 가족들이 아동에게 어떠한 영향을 얼마나 주느냐에 따라서 역동적으로 설명되어야 한다. 모든 아동이 소속감을 갖기 위해 노력한다는 것은 매우 중요한 사항이다. 출생서열에 따른 심리적 위치 이외에도 아동은 출생할 때의 가족의 상황과 환경에 따라 다른 심리 사회적 영향을 받게 된다(김춘경, 2004). Pepper(1971)는 어떤 자녀들도 같은 가족 상황에서 태어나지는 않는다는 사실을 강조하면서 그 이유로 부모의 나이, 경제적 형편의 변화, 거주지의 변동, 이혼이나 사별을 통한 가족 형태의 변화 등을 제시하였다. 한 가정의 자녀들이라 해도 출생순위에 따라 심리 사회적 · 문화정서적 환경에 많은 차이가 있고, 이에 따라 자녀들의 성격 특성은 다르게 발달한다.

Adler 학파의 가족구도 이론을 지지하는 흥미로운 연구결과들이 있다. Herrill(1972: Lundin, 1989 재인용)의 조사연구에 따르면 육군 장성과 해군 제독들 중에서 맏이의 비율이 전체 집단에서 상당히 높게 나타났고, 우수한 해군 비행조종사의 67%와 성공한 공군 조종사의 80%가 맏이였다. 그리고 군대 정신병원에 가장 많이 입원한 환자가 맏이였다. Rychman(1985: Lundin, 1989 재인용)의 보고에서도 대학생, 대학원생, 대학교수 그리고 과학과 정부에 근무하는 사람들 중에도 맏이가 많았다고 한다. 한편 27개의 연구를 검토한 Barry와 Blane(1977: Lundin, 1989 재인용)은 20개의 연구에서 알코올 중독자 중 가장 높은 비율을 차지한 사람이 막내였고, 막내의 응석과 의존적 성향이 알코올 중독과 관계가 있다는 결론을 내렸다. Stewart는 영국의 부통령, 낙선한 대통령 및 부통령 입후보자들 그리고 수상 64명의 출생순위를 연구하여 모든 대통령의 52%가 장남이었고 32%가 3남이었다고 보고했으며, 대통령의 45%가 아들이 4명(이상)인 가정 출신이라는 연구결과를 발표하였다.

2. 출생순위

Adler는 심리적인 위치에 따른 형제간 서열을 맏이, 두 형제 중 둘째, 중간 아이, 막내, 외동이의 5가지로 목록화 하였다. 출생순위가 성격발달에 많은 영향을 미치는 것은 사실이지만 절대적인 것이라 보긴 어렵다. 출생순위뿐 아니라 형제자매 간의 나이차, 성차 등 다른 가족구도의 요소들도 형제들 간의 역동에 큰 영향을 미치기 때문이다. 맏이부터 순서대로 살펴보도록 하자.

■ 맏이

맏이는 새롭게 이룬 가정에 첫 번째 태어난 어린 새 생명으로 부모에게는 물론 친인척에게도 '보배'보다 더 소중한 존재로 여겨진다. 이들은 부모와 친척들의 사랑과 관심을 한 몸에 받으며 '왕'과 같은 대접을 받으며 어린 시절을 보낸다. 그러나 아쉽게도 이런 대접은 동생이 태어나기 전까지 만이다. 동생이 태어나면 부모의 관심이 동생에게 옮겨가기 때문이다. Adler는 이런 처지에 있는 맏이를 '폐위 당한 왕'이라고 부른다. 폐위의 경험은 아이에게는 고통스러운 것으로, 맏이들의 다양한 상황과 성향에 따라 서로 다른 특성을 나타낸다.

동생에게 빼앗긴 사랑을 다시 차지하려고 또는 동생보다는 우월의 위치를 차지하고 싶어 하는 맏이는 부모님의 말을 잘 듣고, 다른 어른들과도 관계가 좋고, 어른들의 기대와 가치에 순응하며, 책임감이 강하다. 부모님의 기대와 요구가 많아서 부담이 많다. 폐위의 경험 때문인지 권위에 대해 높은 가치를 두고 있으며, 동생보다 우월하려는 욕구가 강해 높은 부담과 압박감을 느끼며 산다. 동생을 돌보고 책임지는 일이 나이에 비해 과중하거나 부당하게 요구될 수 있는 위험성도 감수한다. 맏이가 자신의 적극적 노력 또는 부모님의 협조로 폐위의 고통을 극복하려고 노력하고, 그 노력이 성공하면 이러한 성격적 특성을 지니게 된다.

그러나 맏이의 왕좌 탈취의 노력이 성공하지 못하면 아이는 흔히 난폭하고, 비판적이고, 불순종적으로 행동하게 된다. 아주 나쁜 경우에는 인간에 대한 적대감을 갖기도 한다(Adler, 1958). 동생과 나이차가 적고, 동생의 능력이 매우 뛰어나서 부모님은 물론이고 주변 사람들의 특별한 사랑을 받게 되면, 맏이의 폐위의 경험은 비극적으로 흘러갈 수 있다. 그런 상황 속에서 맏이는 자신은 연약하고 무기력하다고 생각하고, 삶에 대한 위축감과 좌절감을 기본정서로 간직하며 살기도 한다.

■ 둘째

둘째는 태어날 때부터 첫째와는 전혀 다른 환경에 태어난다. 둘째의 초기 어린 시절 환경에는 사랑과 관심을 주는 부모만 있는 것이 아니라, 자신을 미워하고 자기에게 오는 사랑을 뺏으려고 하는 형제가 있다. 둘째는 부모의 사랑과 관심도 첫째와 나눠야 하고 첫째의 미움을 견뎌야 하며, 그와 경쟁까지 하며 자라야 한다. 그래서 둘째는 처음부터 경쟁 상황에 살기 때문에 항상 압박 받는 느낌을 갖고, 자기보다 나이 많은 형제를 이기려고 고군분투하며 어린 시절을 보내게 된다. 일반적으로 둘째 아이는 보다 독립적이고 반항적이며 민감하다. 공공연히 부모에게서 자신의 위치를 확인 받고 싶어 하여 요구를 더 많이 하고, 맏이가 추구하지 않는 분야 또는 맏이가 잘 하지 못하는 분야에 관심을 가져서 맏이를 이겨보려는 시도를 한다.

■ 중간 아이

셋째 아이가 태어날 경우, 둘째 아이는 '주위의 관심이 줄어든' 중간 아이가 된다. 종종 삼형제 중에서 중간 아이는 자신의 위치가 양쪽에서 압박을 받는다고 느끼고, 위로 아래로 치받으며 싸우는 아이라는 말을 듣는다. 이런 중간 아이의 상황을 사람들은 '샌드위치 상황'이라고 한다. 가정에서는 이리 치이고, 저리 치이다가 스스로 빨리 성숙해지는 길을 걷게 되는 경우가 많다. 그들은 집에서 자신만 불이익을 당한다고 생각한다. 그러나 밖에 나가면 어딜 가나 적응을 잘하고 자유롭게 잘 지낸다. 중간 아이는 혼자서 부모의 관심과 사랑을 독차지한 경험이 없기 때문에 객관적으로 더 적은 관심을 경험하여도 이것을 부족하거나 결핍으로 느끼지 않는 특징이 있다.

중간 아이 중에는 종종 형제들을 희생시켜서라도 우월의 지위를 차지하고, 형제 중에서 최고가 되려고 노력하는 아이가 있다. 가족의 분위기가 자녀간의 경쟁을 조장하는 분위기라면 형제간의 경쟁이 꽤 치열할 수 있다. 이런 분위기 속에서 중간 아이는 학교에서 남을 능가하려는 경향으로 인해 가장 부지런하고 성실한 학생이 될 수 있다.

중간 아이가 경쟁에서 형제를 이길 수 없다고 인식하면, 경쟁하기보다는 협력하는 방법을 취하기도 한다. 맏이가 협동적이고 동생을 잘 돌보고 돕는 경우, 중간 아이는 맏이를 통해 많은 이득을 본다. Adler는 중간 아이를 긍정적으로 평가하였다. 출생순위적 환경이 사회적 관심과 공동체감을 사용할 수 있는 형제와의 교류와 협동, 협력을 훈련해 볼 수 있기 때문이다. 일반적으로 중간 아이가 인생에서 쉽게 자신에게 주어진 과제를 잘 해결하게 되는데, 이는 어릴 적부터 협동과 자립심을 훈련할 기회가 많았기 때문이다. 경쟁적 태도가 너무 강한 중간 아이는 혁명가 또는 개혁가가 될 소지가 많다. 중간 아이는 일반적으로 옷이나 물건들은 형의 것을 물려받아서 쓰고, 자신의 것은 동생에게 양보하며 살아야 하는 경험을 하면서 뭔가 불공평하다는 느낌을 지니고 산다. 중간 아이는 늘 형보다 덜 대접받는다는 느낌과 늘 동생보다 덜 사랑받는다는 느낌을 가지고 살기 때문에 불만불평이 다른 유형보다 많다.

■ 막내

막내는 부모뿐 아니라 손위 형제자매의 관심과 보호를 받으며 자랄 수 있는 환경에서 태어난다. 이러한 환경은 긍정적으로 작용할 수도 있고 부정적으로 작용할 수도 있다. 먼저 긍정적인 면을 보면, 처음부터 사회적 맥락 속에서 성장할 수 있으므로 사회적 능력을 획득할 수 있는 좋은 조건 가운데 산다고 볼 수 있다. 형제들의 도움과 협조가 있으므로 든든한 지지 자원을 가지고 있고, 낙천적이고 심리적 안전감을 지닌다. 막내이기 때문에 부모의 기대가 적어 책임감과 부담감이 다른 형제보다 덜하다.

부정적인 면을 보면 막내는 부모뿐 아니라 형제, 친척에게마저 응석을 부릴 수 있는 상황에서 자란다. 그들은 다른 사람에게 쉽게 도움을 요청하고, 자기를 돌보게 하고, 노력 없이 누리게 되는 성취와 특권을 당연하게 여긴다. 받기만 하고 자라서 남을 배려하고 도와주려는 특성이 약하다. 막내들 중에는 다른 모든 형제들을 이기고 싶어 하는 아이들이 있다. 뛰어난 형제들 속에서 강한 열등감을 느끼고 싶지 않은 막내는 그 불쾌함을 없애려고 엄청난 우월추구의 노력을 하여 크게 성공하기도 한다. 어떤 막내들은 영원한 아이로 머물고 싶어서 "나는 어리다." "다른 사람들이 나를 도와줘야 한다."는 신념을 갖고 응석받이의 생활양식을 유지하며 살려고 하는 막내들도 있다. 가정의 영원한 아이로 과잉보호를 받으며 의존적으로 사는 막내도 있지만, 막내라는 이유로, 즉 가장 낮은 위치에서 존중받지 못하고, 자주 심부름이나 하거나 나이가 어리다고 무시당하는 경험을 많이 한 막내들은 강화된 열등감과 무력감을 느끼거나, 높은 반항심과 불만감을 표출하기도 한다. Adler(1958)는 응석을 부릴 확률이 가장 높은 막내가 문제아가 될 가능성이 맏이에 이어 두 번째로 높다고 하였다.

■ 외동이

외동이는 다른 아동과 나누어 가지거나 협동하는 것을 경험하지 못하고 자란다. 협력과 또래와의 관계맺음의 경험 결핍으로 가정을 벗어나면 외동이들은 어려움을 겪는다. 가정에서 관심과 사랑의 중심이 되었던 외동이는 성장해서도 어린 시절에 관심과 애정의 초점이 되었던 경험이 반복되기를 바란다. 항상 관심의 중심에 있었기 때문에 사회생활에서도 관심의 중심에 있지 않게 되면 자신의 위치가 도전 받았다고 생각하고, 그것을 불공평하다고 느낀다. 그들은 남들과 동등한 사람이라고 느끼려고 하지 않고, 함께 나누려는 노력도 하지 않는다. 자신의 의지대로 무엇인가가 되지 않을 때 크게 실망하고, 심지어 자신의 이기주의가 완전히 옳다고 여긴다.

외동이는 경쟁할 형제자매가 없이 자라서 가정에서 경쟁을 경험할 가능성이 거의 없다. 그들은 자신의 위치에서 쫓겨나지 않으며 경쟁자로 인해 압박을 느끼지도 않는다. 어머니의 과잉보호 속에서 자랄 위험이 크고, 지나치게 부모에게 의존적이기 쉽다. 응석의 정도에 따라 어머니와의 강한 고착 또는 공생관계를 형성할 수 있다. 이런 상황을 Adler는 '모성콤플렉스'라고 하였다. 어머니와 연합이 맺어지게 되면 아버지와 경쟁관계가 될 수도 있다(Adler, 1958).

외동이가 어른이 되어서 어느 정도로 공동체에 생산적으로 관여할 수 있는가는 그들의 사회적 위치와 유동성에 달려있다. 그들이 사회에서 높은 위치에 안정된 지위를 얻게 되면 일반적으로 협동적이고 유용한 사람이 된다. 그러나 그들의 우월적 입장이 성공하지 못하고, 사회적 위치가 내려가게 되면 그들은 쉽게 불평분자, 비평가, 불만가, 가정의 폭군이 되기 쉽고, 힘과 권위를 상실한 것을 거만함, 냉담함, 폭력이나 위세로 보상하고자 한다. Adler는 외동이에 대해서 매우 비관적이었다(Adler, 1958).

활동

심리적 출생순위 척도

❖ 다음은 가족 내에서 느끼는 자신의 모습에 관한 문항이다. 자신의 생각과 가장 일치하는 것에 체크하시오.

	문항	전혀 그렇지 않다				항상 그렇다
1	옳은 일을 하는 것은 중요하다.	1	2	3	4	5
2	좋은 성적을 받는 것은 중요하다.	1	2	3	4	5
3	최고가 되는 것이 중요하다.	1	2	3	4	5
4	다른 사람들도 옳은 일을 해야 한다.	1	2	3	4	5
5	어른들을 기쁘게 해 드리는 것은 중요하다.	1	2	3	4	5
6	옳고 나쁨에 대해 충고한다.	1	2	3	4	5
7	부모님은 나에 대한 높은 기대를 가지고 있었다.	1	2	3	4	5
8	내가 다른 사람보다 덜 중요하다고 느꼈다.	1	2	3	4	5
9	다른 사람보다 사랑을 덜 받는다고 느꼈다.	1	2	3	4	5
10	매우 불공평한 대우를 받았다.	1	2	3	4	5
11	부모님의 관심을 결코 받지 못했다.	1	2	3	4	5
12	다른 사람들이 나를 헐뜯었다.	1	2	3	4	5
13	진지한 대우를 받지 못했다.	1	2	3	4	5
14	다른 사람들로부터 고립되어 있음을 느꼈다.	1	2	3	4	5
15	가장 무능력하게 보였다.	1	2	3	4	5
16	부모님에게 많은 것을 요구해서 얻어냈다.	1	2	3	4	5
17	가족에게 응석받이였다.	1	2	3	4	5
18	다른 사람이 나를 위해 무엇인가를 해 주게 만들었다.	1	2	3	4	5
19	우리 집에서 대장이었다.	1	2	3	4	5
20	가장 매력적으로 보였다.	1	2	3	4	5
21	내 일에 대해 참견을 받았다.	1	2	3	4	5
22	부모님은 나를 통제하려 하셨다.	1	2	3	4	5
23	부모님은 나를 숨 막히게 하셨다.	1	2	3	4	5
24	부모님은 나에 대해 걱정하셨다.	1	2	3	4	5

본 측정도구는 Campbell과 White, Sterwart(1991)이 개발하고 정경용과 김춘경(2010)이 번안하고 타당화한 '한국판 심리적 출생순위 척도(Korean Psychological Birth Order Inventory: K-PBOI)'이다. 이 척도는 맏이, 중간 아이, 막내, 외동이의 4개의 하위요인으로 구성되어 있으며 총 24문항이다. 응답방식은 Likert식 5점 척도로, 각 하위요인의 평균평점을 산출하여 가장 높은 평점이 있는 하위요인을 각 개인의 심리적 출생순위로 볼 수 있다. 가장 높은 평점이 있는 하위요인이 2개 이상인 경우에는 생물학적 출생순위에 해당하는 요인을 선택하면 된다.

하위요인	문항
맏이	1, 2, 3, 4, 5, 6, 7
중간 아이	8, 9, 10, 11, 12, 13, 14, 15
막내	16, 17, 18, 19, 20
외동이	21, 22, 23, 24

출처: 정경용, 김춘경(2010). 심리적 출생순위 척도(K-PBOI)의 타당화 연구.

07 생활양식에 나타난 인간관계

1. 생활양식

생활양식(life style)은 Adler의 모든 주요 심리학적 개념이 통합된 핵심개념이다. 생활양식은 사람들이 행동하고 사고하고 느끼는 이유와 삶의 목적, 자아개념, 가치, 태도 등 개인의 독특성을 설명하는 개념이다. 생활양식은 인생의 초기에 개인의 경험을 조직하고 이해하고, 그것을 예언하고 통제하기 위해서 발달시켜 온 개인의 인지조직도이다. Adler는 생활양식이라는 용어를 '삶을 향한 개인의 기본적인 정향(person's basic orientations)'이라고 설명하였다(Dinkmeyer & Sperry, 2002). 생활양식은 창조적 자아의 힘, 주관적인 통각 경향, 무의식, 목적지향적인 전체성, 불변성, 예견성 등 개인심리학의 주요 개념들로서 그 구조를 설명하고 있다. 생활양식은 인간의 모든 행동이 목적지향적이고 일관성이 있으며, 단순하게 주위의 자극에 반응하는 존재가 아닌 자신만의 일관성 있는 세계관을 통해서 해석하고 주도적으로 행동하는 주체로서의 인간관을 표현하는 개념이다(Ansbacher & Ansbacher, 1972).

생활양식의 형성과정을 살펴보면, 아동은 어릴 때부터 자신의 열등감을 극복하고 우월성 또는 완전성의 목표를 이루는 과정에서 자신이 속한 가정이나 학교, 공동체에 소속감을 느끼고자 스스로 자신만의 계획을 만들어서 자기 나름의 독특한 생활양식을 창조한다. 보통 4~5세에 그 틀이 형성되고 그 후에는 거의 변하지 않고 유지되는 경향이 있다(Adler, 1956). 생활양식은 수동적으로 환경에 의해서 만들어지는 것이 아니고 사람들 각자가 가지고 있는 개인의 창조적인 힘으로 독특하게 만든 것이다. 사람은 사회문화적 영향을 받으면서 성장하지만, 단순하게 주위의 자극에 의해서 반응하는 것이 아니라, 자극에 자기만의 스타일로 창조적으로 반응하고 자신의 구별된 스타일을 형성한다. 사람은 환경에 자신의 방식으로 대처하면서 창조적인 삶을 만들어 가는 존재이다. 생활양식은 이러한 Adler의 미래지향적이고 목표중심적이며 각 개인의 독특한 가치를 중시하는 개인심리학의 철학을 종합하여 만들어진 개념이다.

어린 시절의 여러 경험이 생활양식 형성에 영향을 끼친다. 하지만 더 중요한 것은 어린 시절의 사건을 개인이 어떻게 지각하고 해석하는가이다. 즉, 주관적 해석, 주관적 의미가 더 중요하다. Adler는 인간이 유전과 환경의 영향을 받지만 궁극적으로 생활양식은 개인의 창조물로서, 환경에 대한 개인의 독특한 해석이라는 점을 강조한다.

개인의 생활양식은 그들의 사적논리에 달려있고, 스스로 정립한 가상적 목표에 의해 강화된다(Dinkmeyer & Sperry, 2002). Adler는 이를 통각도식(schema of apperception)이라고 표현하였는데, 종합적인 개인의 독특한 인지적 관점을 말하는 것이다. 통각은 자신과 세상을 종합적으로 이해하는 관점을 의미하는데, 통각도식이라는 주관적인 틀 안에는 개인의 사고, 감정, 가치관 등이 포함된다. 인간은 자신의 통각도식을 통해서 세상을 본다. 주관적으로 해석해서 이해하는 삶이 객관적인 삶보다 더 중요하다.

Adler는 인과론적 원인론을 거부하고, 인간이 목적지향적인 존재이며 창조적인 존재임을 강조한다(Adler, 1965, 1973a, 1973b). 이렇게 형성된 생활양식은 컴퓨터의 디폴트처럼 개인의 생활에 영향을 미친다. 생활양식은 변화될 수 있다. 그러나 확실히 결심을 하고 엄청난 노력을 해야지 변화가 가능하다. Adler는 생활양식의 변화가 생활양식 내에서의 변화를 만드는 것보다 훨씬 더 어렵다고 생각했다. 사람들은 생활양식을 무의식적으로 따른다. 그러나 무의식적이라 하더라도 생활양식의 모든 표현은 목적지향적이다.

2. 생활양식 유형

Adler는 각 개인의 독특성을 이해하는 것이 중요하다고 생각하기 때문에 생활양식 유형론을 적극 지지하지는 않지만 그것이 인간의 행동을 이해하는 데 도움이 된다는 점은 인정하였다(Hjelle & Ziegler, 1981; Langenfeld, 1981; Lundin, 1989). Adler의 생활양식 유형은 사회적 관심과 활동성 수준에 따라서 구분된다. 사회적 관심이 부족하고 활동 수준도 낮아서 자신은 물론 사회에 무익한 생활양식 유형으로는 지배형, 획득형, 회피형이 있고, 사회적 관심이 높으면서 높은 활동 수준을 보이는 생활양식 유형으로는 사회적 유용형이 있다(Ansbacher & Ansbacher, 1982; Hjelle & Ziegler, 1981). 각 유형별 특성을 간단히 살펴보면 다음과 같다.

- **지배형**(dominant 또는 ruling type)의 사람들은 사회적 자각이나 관심이 부족한 반면 활동성은 높은 편이다. 타인을 지배함으로 자신의 우월성을 증명하려는 경향이 강한 유형이다. 그들은 타인을 배려하지 않고 부주의하고 공격적이다. 그들의 공격성은 경우에 따라서 자신에게 향하기도 하여 알코올 중독, 약물중독, 자살의 가능성도 나타낸다.
- **획득형/기생형**(getting type)의 사람들은 자신의 욕구를 다른 사람에게 의존하여 충족시키는 이들로, 자신의 문제를 스스로 해결하려 하기보다는 남에게 의존하여 자신이 원하는 것을 얻으려는 유형이다. 그리고 그러한 기생의 관계를 유지하는 데 자신의 힘을 탕진한다.
- **회피형/도피형**(avoiding type)의 사람들은 사회적 관심과 활동성이 모두 결핍된 유형으로 삶의 문제를 회피함으로써 실패의 두려움에서 벗어나려고 한다. 그들은 문제에 대한 의식도 없고 타인에 대해 관심도 없다.
- **사회적 유용형**(socially useful type)은 사회적 관심과 활동성이 모두 높은 유형이다. 이 유형의 사람들은 삶의 과제에 적극적으로 대처하며, 자신의 삶의 문제를 잘 발달된 사회적 관심의 틀 안에서 타인과 협동하여 해결할 수 있는

능력을 갖추고 있고 적절한 행동을 한다(Schultz, 1990). 이들은 자신의 문제를 자신뿐 아니라 타인에게도 유익이 되는 방법으로 해결하려고 노력한다.

Mosak(1971)은 사람들에게서 자주 관찰되는 생활양식을 다음과 같이 제시하였다.

- **획득자**: 삶과 타인을 이용하고 조정하는 사람
- **욕망자**: 지나치게 야망적이고 결백적이고 집념적인 사람
- **통제자**: 삶을 통제하고 삶이 자발성이나 감정을 통제하지 못하도록 지키기 위해 자발성과 감정을 점검 상태로 유지하는 사람
- **좋은 사람이길 원하는 사람**: 그들이 나쁘다고 생각하는 사람들에 비해 우월하다고 느끼는 사람
- **우월감을 느끼고 싶어 하는 사람**: 최고가 되지 못할 때, 자신을 가장 못난 사람이라고 받아들이는 사람
- **인정추구자**: 모든 이를 즐겁게 해 주기를 원하는 사람, 자존감이나 가치에 대해 항상 다른 사람의 인정과 평가에 의존하는 사람
- **도덕적 우월자**: 자신을 다른 사람보다 고양시키는 높은 기준치 때문에 도덕적으로 우월하다고 느끼는 사람
- **변화기피자**: 삶의 기대와 요구에 전적으로 반대하는 사람으로, 그들이 싫어하는 것을 알 것 같은 사람 외에는 그들 자신이 어떤 사람인지조차도 잘 모르는 사람
- **희생자**: 고난을 추구하고 다른 사람에 대한 동정과 연민을 끌어내는 사람으로 희생은 매우 창조적이라고 생각한다. 단순히 어떤 목적을 위해서가 아니라 순교자들이 하는 것처럼 모든 일에 기꺼이 고난당한다. 그들은 상당한 융통성과 영감을 드러낸다.
- **순교자**: 희생자와 같이 고난당하지만 특별한 목적을 위해 죽는 사람으로 흔히 부정수집가로 언급되는 그들은 조용히 감내하든지 고통 받는 것을 가시화한다.

- **미숙자**: 자신의 매력과 귀여움을 통해 다른 사람을 이용함으로서 자신의 위치를 발견하는 사람
- **적당주의자**: 모든 일을 정확히 할 수 없는 것처럼 행동해서 다른 사람의 도움이 지속적으로 필요한 사람
- **합리주의자와 지적주의자**: 감정과 자발성을 피하고 지적 재능이 가치화되는 상황에서만 안정적인 사람
- **흥미추구자**: 일상적이고 반복적인 활동을 싫어하고 흥미를 창출하고 돋우는 사람

생활양식은 자신에게 나타나는 잘못됐거나 자기패배적 지각과 다양한 삶의 문제에 대한 사람들의 대처방식 등을 알려준다. 우리는 생활양식 분석을 통해서 그 사람의 자아관, 타인관, 세계관을 포함한 생활양식을 체계화할 수 있다.

3. 초기기억

개인의 생활양식에 대한 평가방법으로는 행동관찰, 가족구조 분석, 초기기억 조사 등이 있다(Sonstegard, 1978). Adler(1956)는 개인의 초기기억(Early Recollections: ER)이 그 사람의 세계관을 말해주는 계시적인 정보가 된다고 하였다. 그는 사람들의 초기 기억들 가운데 '우연한 기억'은 존재하지 않는다고 하였다. 그 이유는 인간의 모든 기억은 우연히 생각나는 것이 아닌 기억하기로 선택한 것들이기 때문이다(Adler, 2015a).

사람들은 자신의 세계관에 부합하는 기억들을 선별적으로 선택하기 때문에 기억이 정확한지는 중요하지 않으며 기억이 무엇을 상징하는가와 초기 경험을 어떻게 해석했느냐가 중요하다. 다시 말해, 초기기억을 통해 어릴 때 자신, 타인, 세상을 보는 관점을 파악하는 것이 중요하다. 현재 그 사람의 세상과 자신을 보는 관점을 이해할 수 있는 정보를 기억에서 찾을 수 있기에 초기기억을 활용하

는 것이다. 개인의 생활양식이 달라지면, 그 사람의 초기기억도 바뀌게 된다. 또한 동일한 초기기억이라도 기억에 대한 감정과 생각이 달라진다.

Adler는 초기기억(초기 6개월부터 8세까지 선별된 기억들)이 한 개인이 자신과 타인, 삶을 어떻게 지각하는지, 그가 삶에서 무엇을 갈구하는지, 그의 삶에서 무엇이 일어날 것이라고 예견하는지에 대한 간략한 틀을 제시해 준다고 믿었다. 사람들은 그 과거의 사건들을 선택적으로 기억하고 있기 때문에 선택적으로 회상할 수 있는 인간관계와 그때의 상황은 대개 그들에게 중요한 것들이다. 초기기억은 한 개인의 생활방식, 잘못된 신념, 사회적 상호작용, 행동목표에 관해 가치 있는 단서를 준다(Clark, 2002).

초기기억은 Adler 학파 상담자들이 생활양식의 규정과정에서 모으는 또 다른 중요한 정보유형이다. 초기기억은 유아기로부터 회상되는 명확한 사건, 마치 볼 수 있는 것처럼 명확한 세부 상태에서 기억해 낼 수 있는 사건이다. 그리고 그것이 발생했을 때의 감정과 생각을 포함한다. 그것들은 단지 개인의 유년 시절에 대한 기술이 아니다. 그것은 신념, 잘못된 태도, 자기패배의식, 심리적 행동에 대한 특별한 법칙들을 드러낸다. Adler 학파의 성격이론에 따르면, 초기기억은 현재의 태도, 신념, 동기(Mosak, 1958; Gushurst, 1971a: Clark, 2002 재인용)의 표현물이다. Adler 학파는 인간은 오로지 자아와 세계에 대한 현재의 관점과 일치하는 유아기의 일들을 기억해 낸다고 믿기 때문에 초기기억은 가치가 있다(Adler, 1958). Gushurst(1971: Clark, 2002 재인용)에 따르면, 초기기억은 사람들이 어떻게 자아, 타인, 삶과 세상을 바라보는지, 생활 속에서 무엇을 위해 애쓰는지, 어떤 일이 일어나기를 기대하는지에 대한 간단한 심상을 부여한다. Christie(1977: Clark, 2002 재인용)도 "한 사람의 기억은 내적 자기를 내보이며, 가장 진실한 자기를 파악하는 순간들—비록 그것이 겉보기에는 사소한 것처럼 보일지라도—을 재현한다고 생각한다."고 하였다.

개인은 전에 일어났던 수많은 경험들 중에서 특정 사건만 선택하여 각 기억의 특정 측면만 강조하고 다른 것들은 무시하거나 완전히 생략한다. 기억은 선택적이고 평가적인 과정의 산물이다. 그렇기 때문에 신념과 목표 같은 현재의 생활양식의 기본요소를 추론할 수 있는 것으로부터 예상할 수 있는 정보를 제공한다.

Kopp과 Dinkmeyer(1975)는 초기기억을 사용할 수 있는 표준화된 절차를 제시해 주었다.

"당신이 할 수 있는 한 당신이 아주 어렸을 적, 최초의 기억으로 거슬러 올라가 보세요. …… 당신이 가장 어렸을 때 어떤 일이 있었나요? (당신은 일곱 살 혹은 여덟 살이었을 수도 있어요.) 그것은 좋은 것일 수도 있고, 나쁜 것일 수도 있습니다. 혹은 중요할 수도 중요하지 않을 수도 있는 사건입니다. 그러나 그것은 당신 생애에 단 한번 일어났던 유일한 사건이어야 하며, 그것은 당신 마음에 그림처럼, 영상처럼 매우 명확하게 기억해 낼 수 있어야 합니다. 자, 이제 당신에게 일어났던 어떤 사건이나 사실을 이야기해 보세요. 그것은 당신이 그림으로 그려 낼 수 있는 어떤 것으로, 또는 무엇인가 특별한 어떤 것으로, 그것이 일어났던 그 순간을 분명히 기억할 수 있는 것이어야 합니다."

학생들이 그 기억을 말하기 시작하면, 기억에 대한 시각적이고 특별한 부분을 잘 경청한다. 약간의 배경설명이 필요할 수도 있다. 그러나 그 사건 주변적인 것에 너무나 많은 시간들은 허비하지 마라. 대신에 실제로 일어났던 것을 집중적으로 다루어라.

"우리는 항상…… 했어요. 항상 …… 하곤 했지요." 혹은 "일어나곤 했어요."라는 문장들은 반복적으로 일어났던 사건임을 시사한다. 학생에게 다른 것들보다 더 확실하게 두드러진 기억을 선택해서 그때 일어났던 것을 말해 보라고 요구하라. 만약 특별히 어떤 사건이 다른 것에 비해 두드러지게 기억되지 않는다면, 그 사건을 무시하고 단독 사건으로 설명될 수 있는 다른 초기기억을 선택하게 하라.

다음 기억으로 넘어가기 전에, 다음의 질문들을 해 보고 그 반응을 기록하라.

"당신은 그때 느낌이 어땠는지 혹은 일어나는 일에 대해 당신이 해야 한다고 여긴 반응이 무엇이었는지 기억할 수 있나요? (만약 기억할 수 있다면) 그것을 설명해 보세요. 왜 당신은 그런 식으로 느꼈나요? (혹은 왜 그렇게 반응했나요?)"

"나머지 것들 중에서 마치 당신이 기억 속의 스냅사진을 보듯이 가장 생생하고 분명하게 기억할 수 있는 한 순간, 그 순간의 기억에서 가장 뚜렷이 드러나는 부분은 어떤 것입니까? 그 순간에 당신은 무엇을 느꼈습니까? 당신은 어떻게 반응했습니까?"

우리의 경험들은, 비록 우리가 그 첫 기억 속에서 학생 때의 기초적인 신념과 동기들을 보기 시작할 수 있다 하더라도, 이러한 해석의 정확도는 부가적인 기억들이라도 일치할 때 더욱 증가한다. 그러므로 상담사의 평가는 적어도 세 가지 정도의 기억들에 기초해야 한다. 전형적으로 세 개에서 여섯 개의 기억을 수집한다(p.24).

Sweeney(1975)는 초기기억을 분석하는 방법에 대해 추가적인 안내지침을 제안하였다.

- 능동적인가 수동적인가?
- 그/그녀는 방관자인가 참여자인가?
- 주는 쪽인가 받는 쪽인가?
- 그/그녀는 나아가는가 후퇴하는가?
- 주변 상황에 관련한 그/그녀의 신체적 태도와 위상은 무엇인가?
- 그/그녀는 혼자인가 다른 사람과의 관계가 있는가?
- 그/그녀는 사람, 일, 사고에 대해 관심이 있는가?
- 그/그녀가 자신을 다른 사람에게 두는 관계는 무엇인가?
- 열등한가 우월한가?
- 그/그녀가 사용하는 감정은 무엇인가?
- 사건이나 결과에 결부된 감정은 무엇인가?
- 세부사항이나 성향은 언급되는가?
- 상사, 부하, 남자, 여자, 노인, 젊은이의 다양한 유형의 사람들 스스로를 드러내는가?

- 사건의 본질을 포착하는 첫 줄을 작성하라.
- 주제와 전반적인 패턴을 찾아라.
- 가족자리 정보에서 확증을 찾아라.

초기기억을 기초로 생활양식(믿음, 신념, 태도의 패턴)을 파악해 볼 수 있다. 생활양식은 삼단논법의 용어로 표현될 수 있다.

나는 .... 이다.
타인은 .... 이다.
세상은/ 또는 인생은 .... 이다.
그러므로 나의 행동은 .... 해야 한다.
또는 나는 .... 처럼 행동해야 한다.

우리는 초기기억 작업을 통해 자신의 신념, 기본적인 오류, 자기패배감의 지각, 심리적 움직임의 독특한 법칙을 파악할 수 있게 된다.

4. 자기 패배적인 기본적 오류

Mosak과 Dreikurs(1973)는 초기기억의 분석 또는 생활양식 분석을 통해서 다음과 같이 자기 패배적인 기본적 오류를 발견할 수 있다고 하였다. 그들이 제시한 사람들의 잘못된 자기패배적인 오류는 다음과 같다(Corsini, & Wedding, 2000; Mosak & Dreikurs, 1973).

- 과잉일반화: "사람들은 모두 적대적이다." "인생은 언제나 위험하다."
- 그릇되거나 불가능한 '안전'의 목표: "한 발만 잘못 디디면 당신은 죽어요." "나는 모든 사람을 기쁘게 해야만 한다."
- 인생과 인생의 요구들에 대한 잘못된 지각: "인생은 나에게 결코 어떤 기회도 주

지 않는다." "사는 건 너무 힘든 일이다."

- 개인의 가치의 과소평가 또는 부정: "나는 어리석다." "나는 가치가 없다." "나는 기껏해야 주부일 뿐이야."
- 그릇된 가치: "남을 짓밟아서라도 최고가 되어야 한다."

Adler가 말한 기본적 오류의 개념은 Beck의 인지행동치료에 와서 인지적 오류 또는 인지왜곡 개념으로 발전되었다. 인지적 오류는 생활사건의 의미를 해석하는 정보처리과정에서 범하는 체계적인 잘못을 말하는 것으로 Beck은 심리적 고통을 가진 사람들이 보이는 인지왜곡을 다음과 같이 제시하고 있다(권석만, 2012).

- 임의적 추론: 지지하는 증거가 없거나 반대 증거에 직면하면서도 특정한 결론을 이끌어 내는 것이다. 예를 들면, 직장생활로 바쁜 하루를 보낸 엄마가 저녁에 집에 와서 "나는 나쁜 엄마야."라는 결론을 내리는 것이다.
- 선택적 추상화: 사건과 관련된 전체 맥락을 무시하고, 사건과 관련된 세부적 일부의 정보만을 근거로 하여 상황 전체를 개념화하는 것이다. 예를 들면, 발표를 한 후 긍정적인 반응을 보인 대다수 사람의 반응은 무시하고, 극소수의 사람이 부정적인 반응을 보인 것에만 신경을 쓰면서 자신이 발표를 제대로 하지 못했다고 낙심하는 경우이다.
- 과잉일반화: 하나 또는 몇 개의 고립된 사건에서 일반적인 규칙을 추출해 내고, 그것을 관련이 없는 상황에까지 너무 광범위하게 적용하는 것이다. 예를 들면, 학생이 노력에 상관없이 항상 실패할 것이라고 믿거나, 실망스러운 데이트를 하고 나서 여자가 '남자들을 다 똑같아. 나는 항상 거절 당할 거야.'라고 결론을 내리는 것이다.
- 의미확대와 의미축소: 사건의 의미나 중요성을 실제보다 훨씬 더 중요하게 또는 훨씬 덜 중요하게 보는 것이다. 예를 들면, "내가 교실에서 아주 조금이라도 신경이 예민해지면 그것은 곧 재난을 의미한다."라고 확대해석 하는 것과, 엄마가 말기 암에 걸렸다는 사실에 직면하지 않고 '감기'에서 곧 회복될

것이라고 믿는 것과 같이 의미축소하는 경우가 있다.

- **개인화**: 자신과 관련이 없는 사건을 인과적 연결을 지지하는 증거도 없이 자기 자신에게 귀인시키는 것이다. 예를 들면, 사람이 많은 곳에서 반대편에 있는 아는 사람에게 인사를 했는데 그 사람이 대응하지 않을 때 '내가 저 사람에게 무슨 잘못을 한 게 있는 게 확실해.'라고 생각하는 것이다.
- **흑백논리적 사고/이분법적 사고**: 두 가지 극단 중 하나로 경험을 범주화하는 것으로 흑백논리라고도 하는데, 성공 아니면 실패, 칭찬을 받지 않은 것은 비난을 받은 것이라고 생각하는 것이다.

활동 1

생활양식

❖ 다음은 나의 생활양식에 관한 검사지이다. 가장 가까운 곳에 표시하시오.

	문항	전혀 그렇지 않다			항상 그렇다
1	나는 친한 친구를 위하는 일이라면 내가 손해를 보더라도 오히려 떳떳하게 생각한다.	1	2	3	4
2	나는 여러 사람들과 같이 일하기를 싫어한다.	1	2	3	4
3	나는 내가 좋아하는 일이라면 수단과 방법을 가리지 않고 꼭 하고야 만다.	1	2	3	4
4	나는 사소한 일도 남에게 물어서 처리한다.	1	2	3	4
5	나는 사회나 국가 그리고 가정을 위하여 무엇을 할 것인가를 늘 생각하고 있다.	1	2	3	4
6	나는 작은 실수를 했더라도 몹시 창피하다고 느낀다.	1	2	3	4
7	나는 다른 사람을 희생하더라도 잘 돼야 한다고 생각한다.	1	2	3	4
8	나는 내가 성공하려면 나의 노력보다는 다른 사람으로부터 많은 도움을 받아야 한다고 믿는다.	1	2	3	4
9	나는 내게 맡겨진 일은 전체를 위한 일이라고 생각하고 최선을 다해 봉사한다.	1	2	3	4
10	나는 성공을 위한 일이라도 어려운 일이면 피하고 대부분 편리한 방법을 선택한다.	1	2	3	4
11	나는 다른 사람이 의견을 발표해도 내가 주장하는 의견은 굽히지 않는다.	1	2	3	4
12	나는 대개 쉬운 일이라도 남이 도와주지 않고서는 할 수 없을 때가 있다.	1	2	3	4
13	나는 남의 잘못을 탓하지 않고 서로 도우면서 일한다.	1	2	3	4
14	나는 다른 사람의 일이나 내 인생에 대하여 별로 관심을 가지지 않는다.	1	2	3	4
15	나는 어떤 결정을 내릴 때 남에게 묻지 않고 나의 생각대로 결정한다.	1	2	3	4
16	나는 내게 어렵다고 생각되면 다른 사람의 도움을 바로 구한다.	1	2	3	4

	문항	전혀 그렇지 않다			항상 그렇다
17	나는 내가 좋아하고 보람을 찾을 수 있는 일이라면 내가 좋아하지 않는 사람들과 같이 하는 일이라도 선택할 것이다.	1	2	3	4
18	나는 다른 사람과의 경쟁은 대부분 피하고 싶다.	1	2	3	4
19	나는 친구들 사이에서 대표 역할을 자주 한다.	1	2	3	4
20	나는 대개 숙제를 하려면 친구나 부모님께 물어보아야만 할 수 있다.	1	2	3	4
21	나는 일상생활에서 개인적인 손해를 보더라도 여러 사람의 이익을 지키는 일을 우선한다.	1	2	3	4
22	나는 어려운 일을 해야 할 때 성공에 대한 기대보다는 실패에 대한 두려움이 앞선다.	1	2	3	4
23	나는 다른 사람과 경쟁하면 반드시 이기려고 노력한다.	1	2	3	4
24	나는 내 능력이 부족한 경우 부모나 친척의 도움을 받아서라도 출세하고 싶다.	1	2	3	4
25	나는 내 친구들이 나의 의견에 따라서 행동할 것을 고집하지는 않는다.	1	2	3	4
26	나는 어떤 일을 하다가 어려움이 생기면 쉽게 포기하는 편이다.	1	2	3	4
27	나는 여러 친구들을 대표해서 의견을 선생님께 전달하는 역할을 좋아한다.	1	2	3	4
28	나는 친구들이 내 의견에 따르도록 하기 위해 여러 가지로 생각하고 행동한다.	1	2	3	4
29	나는 나보다 나이가 어리거나 나이가 많은 사람과도 어울리기 좋아한다.	1	2	3	4
30	나는 길에서 아는 사람을 우연히 만나면 모르는 체하고 그냥 지나가는 편이다.	1	2	3	4
31	나는 내가 말하고 싶은 것이 있으면 서슴지 않고 말하는 편이다.	1	2	3	4
32	나는 운동경기를 할 때, 우리 팀이 이기려면 어떻게 하든 잘하는 친구를 우리 편이 되도록 해야 한다고 생각한다.	1	2	3	4
33	나는 나의 행동에 대해 양해를 구하거나 사과할 필요성을 느끼면 서슴지 않고 그렇게 한다.	1	2	3	4
34	나는 잘 모르는 사람이 나에게 말을 걸어오면 피해 버린다.	1	2	3	4

	문항	전혀 그렇지 않다			항상 그렇다
35	나는 친구나 가족이 나에게 할 일을 시키기보다는 내가 친구나 가족에게 할 일을 시키는 편이다.	1	2	3	4
36	청소를 할 때 다른 친구들이 청소를 열심히 하여 빨리 끝나기를 바란다.	1	2	3	4
37	내가 배운 일에 대해서는 배운 대로 실천하려고 노력한다.	1	2	3	4
38	나는 별로 친하지 않는 사람들과 함께 어울리는 자리를 피하는 경향이 있다.	1	2	3	4
39	나는 친구들이 나의 의견을 잘 따라야 마음이 편하다.	1	2	3	4
40	나는 내가 미워하는 친구를 다른 사람이 좀 혼내 주었으면 하는 생각이 들 때도 있다.	1	2	3	4

이는 생활양식을 측정하기 위해 조정자(2003)가 사용한 검사로 4개의 하위유형, 즉 유용형, 회피형, 지배형, 기생형으로 구성되어 있다. 생활양식은 사회적 관심과 활동수준이라는 두 가지 차원으로 구성되는데 지배형, 기생형, 회피형 등 세 가지 유형은 사회적 관심이 부족하다는 공통점이 있으나 활동성에서는 차이가 있으며, 사회적으로 유용한 형은 사회적 관심과 활동성이 모두 높은 유형이 된다. 문항은 총 40문항으로 구성되어 있으며, 각 문항의 응답방식은 Likert 식 4점 척도로 이루어져 있다(조정자, 2003).

1. 사회적 유용형: 그들의 활동은 타인들에게 도움이 된다. 현실과 대응하고 실수로부터 교훈을 얻고 가능한 선에서 목적을 추구한다. 인생의 모든 측면에서 중요한 사람과 잘 유대도 맺고 협력함으로서 성공을 이루기도 한다. 용기, 이타심이 사회적 문제를 해결하는 데 필요하다는 것을 안다.
2. 회피형: 삶의 문제들을 위해 열심히 노력하는 대신에 그것들을 회피한다. 인생을 적극적으로 살지 않고 성공을 바라기보다는 실패를 두려워하여 책임을 회피하거나 해탈하기를 원한다.
3. 지배형: 현실에 대한 접근이 초기 어린 시절부터 인생 전반에 걸쳐 지배적인

태도를 보이는 사람들이다. 자신의 목적을 추구하는 데는 정력적이고 공격적이다. 남을 희생해서라도 자신의 목적을 달성하려고 시도한다.

4. 기생형: 자신의 욕구를 충족하기 위하여 남에게 기생적이고 의존한다. 주는 것이 아니라 받는 데 관심을 기울이고 기생적 관계를 유지하기 위하여 신체적 매력이나 힘을 십분 발휘한다. 가능한 한 타인으로부터 많은 것을 얻어내려고 하고 타인 지향적이고 실제로 남으로부터 사랑을 받기도 한다(노안영 외, 2011).

하위유형	문항
유용형	1, 5, 9, 13, 17, 21, 25, 29, 33, 37
회피형	2, 6, 10, 14, 18, 22, 26, 30, 34, 38
지배형	3, 7, 11, 15, 19, 23, 27, 31, 35, 39
기생형	4, 8, 12, 16, 20, 24, 28, 32, 36, 40

출처: 조정자(2003). Adler 집단상담 프로그램이 중학생의 생활양식과 학교생활적응에 미치는 효과.

활동 2

초기기억들

이름: ....

나이: ....

날짜: ....

당신의 형제/자매들의 이름과 나이들을 열거하시오.

....

....

- 만일 당신의 형제/자매들 중 어느 누구라도 더 이상 생존해 있지 않다면 명시하고, 만일 그러하다면 사망 당시 당신의 나이, 사망 당시 당신 형제/자매의 나이, 사망 원인 그리고 이 사망이 당신의 모든 가족 구성원들에게 미친 영향을 서술하시오. 또한 어떠한 임신, 유산 그리고/혹은 임신 중절들도 포함하여 명시하시오.
- 당신의 가장 어린 시절의 초기기억들을 5개 이상 서술하시오. 각각의 회상은 당신에게 지금 일어나고 있는 것처럼 마음속으로 그려볼 수 있는 단일되고, 구체적인 사건(일)이다. 당신이 기억할 수 있는 한, 먼 옛날 가장 어렸을 적 회상부터 시작하고, 각각의 회상을 가능한 한 아주 상세하게, 그 사건의 상황들과 그 사건 당시의 생각과 감정들을 함께 묘사하시오.
- 당신이 생각할 때 그 사건을 기반으로 당신이 아이로서 받아들였을 법한 결론이나 인상들에 대하여 각각의 회상 끝부분마다 질문들에 답하고 문장들로 완성하시오.

1. 첫 번째 회상

대략적 나이: ....

1) 당신의 초기 회상과 관련된 다음 질문들에 답하시오.

- 이 기억에서 무엇이 가장 두드러졌는가(생생한 순간)?
- 다음의 문장을 완성하시오.

  나는 .... 때문에 .... 하다고 느꼈다.
- 이 기억과 함께 나타나는 어떠한 신체 감각을 알아차렸는가?
- 현재 당신의 삶에서 어떠한 연관들 또는 매우 유사한 점들이 보이는가?

2) 어린 시절의 관점이라는 것을 다시 한 번 염두에 두고 다음 문장들을 완성하시오.

나는 .... 이다.

다른 사람들은 .... 이다.

이 세상 또는 인생은 .... 이다.

그러므로 나는 .... 해야 한다. 또는 나는 .... 처럼 행동해야 한다.

2. 두 번째 회상

대략적 나이: ____________

1) 당신의 초기 회상과 관련된 다음 질문들에 답하시오.

- 이 기억에서 무엇이 가장 두드러졌는가(생생한 순간)?
- 다음의 문장을 완성하시오.

  나는 __________ 때문에 __________ 하다고 느꼈다.
- 이 기억과 함께 나타나는 어떠한 신체 감각을 알아차렸는가?
- 현재 당신의 삶에서 어떠한 연관들 또는 매우 유사한 점들이 보이는가?

2) 어린 시절의 관점이라는 것을 다시 한 번 염두에 두고 다음 문장들을 완성하시오.

나는 ______________________________ 이다.
다른 사람들은 ______________________________ 이다.
이 세상 또는 인생은 ______________________________ 이다.

그러므로 나는 __________ 해야 한다. 또는 나는 __________ 처럼 행동해야 한다.

3. 세 번째 회상

대략적 나이: ....

1) 당신의 초기 회상과 관련된 다음 질문들에 답하시오.

- 이 기억에서 무엇이 가장 두드러졌습니까(생생한 순간)?
- 다음의 문장을 완성하시오.

  나는 .... 때문에 .... 하다고 느꼈다.
- 이 기억과 함께 나타나는 어떠한 신체 감각을 알아차렸는가?
- 현재 당신의 삶에서 어떠한 연관들 또는 매우 유사한 점들이 보이는가?

2) 어린 시절의 관점이라는 것을 다시 한 번 염두에 두고 다음 문장들을 완성하시오.

나는 .... 이다.
다른 사람들은 .... 이다.
이 세상 또는 인생은 .... 이다.

그러므로 나는 .... 해야 한다. 또는 나는 .... 처럼 행동해야 한다.

4. 3가지 초기기억의 공통점 찾기

나는 ER 1) ....

ER 2) ....

ER 3) ....

다른 사람들은 ER 1) ....

ER 2) ....

ER 3) ....

이 세상은 ER 1) ....

ER 2) ....

ER 3) ....

그러므로 나의 행동은 ER 1) .... 해야 한다.

ER 2) .... 해야 한다.

ER 3) .... 해야 한다.

이 3가지의 초기기억을 종합한 것을 기초로 생활양식(믿음, 신념, 태도의 패턴)을 파악해 보시오.

제3부 인생과제와 인간관계

08 친구관계-우정

1. 우정과 공동체 과제

Adler는 이웃 사랑을 가장 중요한 과제로 제시한다. 그는 한 어린 아이가 이웃 사랑이 담긴 메시지를 듣고 “왜 나의 이웃을 사랑해야 합니까? 내 이웃이 나를 사랑합니까?”라고 반문한 일화를 소개하면서, 이것이 전형적인 이기적이고 자기중심적인 응석받이들의 이웃에 대한 태도라고 말하였다. 이웃에 대한 사랑과 관심이 없는 사람은 다른 사람과의 협동 능력이 없고, 공동체에 어떤 기여를 하기보다는 공동체를 이용해 자신이 어떠한 이익을 보기를 원하는 관계에 실패한 사람이 된다고 하였다.

어릴 적부터 협동과 공동체 교육을 받아서 훈련이 잘 되어야 친구관계와 공동체에서의 과제를 잘 수행할 수 있다. 마마보이, 마마걸로 자라서 엄마에게만 의지하여 자신의 삶의 문제를 해결했던 아이는 학교와 사회에 나가서도 친구 사귐과 공동체에서의 과제를 잘 수행하지 못한다. 이기적이고 자기중심적인 성격을 지닌 아동은 자율성과 책임감, 공동체감이 강조되는 학교에서 적응하기가 어렵다. 그들에게 학교는 긴장과 불안을 유발하는 곳이고, 매우 낯설고 불편한 장소이다. 좋은 인간관계가 인생의 성공의 잣대가 된다는 사실을 부인할 사람은 없다. 인생의 영원한 동반자, 지지자, 위로자가 될 친구관계를 맺을 능력을 훈련받지 못했다는 것은 학교 교육의 중대한 과실이다. 친구를 만들고 우정을 쌓을 기회를 줘야 하는 학교가 우정의 장(場)이 아니라 경쟁의 장(場)이 되어 버린 우리

교육의 현실은 매우 안타까운 일이다. 최근 심각해져 가는 학교폭력과 청소년 자살 등의 문제도 같은 맥락에서 생각해 볼 수 있는 문제이다. 어려서부터 공동체감과 협동의 능력을 키워 인생의 성공, 인간관계의 성공을 누리며 살 수 있게 돕는 인성교육이 매우 시급한 현실이다.

2. 친구관계의 특징

우정을 나누는 친구들은 혈연관계나 직접적인 이해관계보다는 개인적인 친근감과 신뢰에 바탕을 두고 긍정적인 정서를 교류하는 소중한 대상이다. 친구는 서로에 대한 호감과 공통적 관심사에서 출발하여 서로의 개인적 정보를 공유하면서 서로를 더 깊이 알아가고 이해해 감으로써 편안함과 친밀감을 쌓아가는 존재이다. 이런 관계는 하루아침에 형성되는 것이 아니다. 이들은 생활 속에서 경험하는 즐거움을 공유하고 괴로움도 함께 나누며 긴 인생의 여정을 서로 도우며 사는 인생의 중요한 동반자이다(Schmidt & Semat, 1983). 다른 인간관계와는 다른 친구관계의 특징으로는 다음과 같은 것이 있다(권석만, 1997; 조선화 외, 2007).

첫째, 친구관계는 자발적 상호의존적 관계이다. 자발적 상호의존적이란 어떤 목적을 추구하기 위해 상호작용하는 것이 아니라 함께 상호작용한다는 그 자체에서 만족을 얻는다는 의미이다.

둘째, 친구관계는 함께 공유할 수 있는 삶의 영역이 넓고, 즐거움을 함께하는 관계이다. 친구들은 대부분 나이, 학력, 성장배경, 사회경제적 위치 등이 비슷한 경우가 많아 공유할 수 있는 삶의 영역이 넓다. 또한 친구들과는 함께 식사를 하고, 이야기를 하고, 운동과 여행 등의 취미생활을 하는 등 즐거운 행동을 함께 하는 경우가 많아 즐거움을 함께 하는 것을 특징으로 한다.

셋째, 친구관계는 가장 순수한 인간관계 또는 관계지향적인 관계이다. 친구관계에서 서로 유익을 주고받을 수는 있지만, 관계에서의 실리적인 목적은 부수적인 것이고, 상대방의 개인적 속성이 관계 형성 및 유지에 핵심요소가 된다.

넷째, 친구관계는 대등한 위치에서 맺는 수평적인 관계이다. 부모-자녀, 형제-자매, 스승-제자, 직장 상사-직원 등 살면서 맺고 사는 다양한 인간관계 중에서 친구관계는 가장 수평적인 동등한 위치에서 관계맺음이 가능하다. 대등한 위치는 편안함을 주고, 편안한 관계에서는 자기개방이 잘 이루어진다. 또한 다른 관계에서 말할 수 없는 내용도 편안하게 이야기하는 경향이 많다.

다섯째, 친구관계는 개인 대 개인의 자격으로, 긍정적인 감정적 유대를 기본적으로 추구하는 관계이다. 친구관계에서는 개인과 개인의 친밀감이 매우 중요하며 친구관계에서는 그 기저에 친밀감에 대한 기대가 있게 된다고 하였다. 친밀감과 같은 긍정적인 감정적 유대는 자발적인 상호의존의 특징을 가진 친구관계를 유지시키는 데 반드시 필요한 요소이다.

여섯째, 친구관계는 의무나 구속력이 적어 해체되기 쉬운 관계이다. 가족관계, 직장관계, 교우관계 등과 달리 자발적 상호의존적으로 구성된 관계이기에 외부의 강제적 요인이 적어 관계의 해체 역시 자발적이며 쉽게 이루어진다.

3. 친구의 소중함

갈수록 인간의 소중함이 무시되고 있는 현대사회에서 의무감도 구속력도 없는 친구관계는 더욱 소중하게 여겨진다. 평생에 우정 깊은 친구 셋만 있으면 성공한 인생이라는 말이 있다. 친구가 어떤 역할을 하기에 인생의 성공을 측정하는 잣대로 평가되는 것일까? 친구는 인간의 안정된 소속감의 욕구를 채워주는 존재이고, 필요할 때 삶에 현실적인 도움을 주며, 힘들고 어려운 일이 있을 때 삶의 어려움을 공감해 주고 지지해 주는 역할을 한다. 또한 즐거움도 함께하면 배가 된다고 즐거운 체험과 활동을 함께 하는 존재이다(권석만, 2014; 김종운, 2017).

함석헌 님의 '그대, 그런 사람을 가졌는가'라는 시에서 말하는 '그 사람'이 우리의 인생을 가치 있고 의미 있게 하는 소중한 친구일 것이다. 그런 소중한 사람을 그대는 친구로 가졌는가? 그대는 그대의 친구에게 소중한 바로 그 사람으로 살고 있는가?

그대, 그런 사람을 가졌는가

함석헌

만 리 길 나서는 길
처자를 내맡기며
맘 놓고 갈 만한 사람
그 사람을 그대는 가졌는가

온 세상 다 나를 버려
마음이 외로울 때에도
'저 맘이야' 하고 믿어지는
그 사람을 그대는 가졌는가

탔던 배 꺼지는 시간
구명대 서로 사양하며
'너만은 제발 살아다오' 말할
그 사람을 그대는 가졌는가

불의의 사형장에서
'다 죽여도 너희 세상 빛을 위해
저만은 살려 두거라' 일러 줄
그 사람을 그대는 가졌는가

잊지 못할 이 세상을 놓고 떠나려 할 때
'저 하나 있으니' 하며
빙긋이 웃고 눈을 감을
그 사람을 그대는 가졌는가

온 세상의 찬성보다도
'아니' 하고 가만히 머리 흔들 그 한 얼굴 생각에
알뜰한 유혹을 물리치게 되는
그 사람을 그대는 가졌는가

4. 친구 맺기와 친구관계 유지하기

친구를 사귀는 것도, 사귄 친구와의 우정을 잘 유지하는 것도 쉽지 않은 일이다. Wentzel과 Erdley(1993: 정옥분, 1997 재인용)는 친구를 사귈 때 효과적인 전략과 비효과적인 전략을 소개하였다. 효과적인 전략으로는 상호작용 시작하기, 친절하게 행동하기, 친사회적 행동하기, 사회적지지 제공하기 등이 있고, 비효과적인 전략으로는 심리적 공격, 부정적인 자기표현, 반사회적 행동 등이 있다. 이에 대한 자세한 전략은 〈표 8-1〉과 같다.

〈표 8-1〉 친구를 사귈 때 적합한 전략과 적합하지 않은 전략

적합한 전략	상호작용 시작하기	• 친구에 대해 알고(이름, 나이, 좋아하는 활동 등) 자신을 소개하고 대화를 시작한다. • 무슨 일을 함께 하자고 제안한다.
	친절한 행동	• 친절하고 상냥하고 사려 깊게 행동한다.
	친사회적 행동	• 다른 사람에 대한 존경과 매너 및 공손하고 정중한 태도를 보이고, 다른 사람의 말을 경청한다. • 긍정적인 태도와 성격으로 솔직하고 자연스럽게 행동한다. • 좋은 평판을 얻도록 노력하고 단정한 차림을 한다.
	사회적 지지 제공	• 도움을 준다. • 친구에게 조언을 하고, 관심을 보이고, 공부나 놀이 등의 활동에 함께 참여한다. • 옆자리에 앉고, 같은 집단에 소속되고, 다른 사람을 칭찬한다.
부적합한 전략	심리적 공격	• 나쁜 매너, 편견, 사려 깊지 못하고, 다른 사람을 이용하고, 욕하고 무례하게 행동한다. • 비협동적이고, 친구를 무시하고, 따돌리고, 도와주지 않고, 배타적으로 행동한다. • 친구를 나쁘게 말하고 감정을 상하게 한다. • 험담하고, 나쁜 소문을 퍼뜨리고, 난처하게 만들고 비판한다.
	부정적인 자기표현	• 거드름을 피우고, 샘내고, 자랑하고, 자기중심적이고, 심술궂고, 잔인하고, 적의를 보이고, 토라지고, 까다롭고, 항상 화를 내고, 어리석게 행동하고, 성질을 부리고, 문제를 만들고, 자기 평판을 나쁘게 만든다.

부적합한 전략	반사회적 행동	• 신체적 공격(싸우고, 침 뱉고, 몸에 상처를 나게 한다). • 언어적 공격(고함지르고, 괴롭히고, 싸움을 걸고, 조롱하고, 욕을 하고, 으스대고, 부정직하다). • 배신(거짓말하고, 훔치고, 속이고, 약속을 지키지 않고, 남의 비밀을 이야기한다).

출처: 정옥분(1998). 청년발달의 이해.

좋은 친구를 사귀고 그 관계를 잘 유지하는 것은 인생에서 중요한 과제이다. 가깝고 소중한 관계일수록 예의를 지켜야 하고 관계를 유지하기 위해 노력을 해야 할 것이다. 강문희와 이광자, 박경(1997)은 친구관계에서 지켜야 할 사항을 다음과 같이 제시하였다.

첫째, 필요할 때는 자발적으로 돕는다. 흔히 '풍요로울 때는 친구가 나를 알아보고, 어려울 때는 내가 친구를 알아본다.'고 한다. 친구가 나의 도움을 필요로 할 때 친구를 도와주는 일은 스스로에게도 기쁜 일이 되고 친구에게는 더 없이 고마운 경험으로 남게 된다.

둘째, 친구의 사생활을 존중한다. 아무리 가까운 사이일지라도 친구의 사생활에 지나치게 간섭하고 개입하려 드는 것은 무례한 일이다. 친구의 사생활에 지나치게 간섭하여 친구관계가 불편해지고 멀어지는 경우가 있다. 이런 경우 자신의 불편함을 솔직하게 친구에게 이야기하는 것이 도움이 된다.

셋째, 신뢰를 지킨다. 때때로 친구가 나의 생각과는 다르게 행동하거나 남들이 나의 생각과는 다르게 친구를 보더라도 친구에 대한 신뢰를 지키는 모습은 친구에게 매우 감동을 준다. 신뢰를 받은 친구는 거기에 상응하는 반응을 보일 것이다.

넷째, 허심탄회하게 흉금을 터놓고 마음을 나눈다. 아마도 가장 쉽게 고민을 털어놓을 수 있는 사이는 친구사이일 것이다. 마음 놓고 얘기할 수 있다는 것은 이를 통해 답답한 문제를 서로 나누고 불편한 감정을 정화할 수 있다는 것을 의미한다.

다섯째, 서로의 장점을 칭찬하고 본받는다. '칭찬은 고래도 춤추게 한다'고 한다. 칭찬을 통해 친구를 격려하고 좋은 점을 본받는 것은 공자가 말한 유익한 벗을 사귀는 것이 된다.

여섯째, 감정적인 지지를 보여준다. 만나면 기분 좋고 자주 보고 싶은 친구는 상대방의 말을 잘 경청해 주고 마음이 따뜻하며 배려하는 친구이다. 상대방의 기분을 잘 알아차리거나 감정에 적절하게 공감하는 능력은 상대 친구로부터 힘과 용기를 얻게 해 준다.

일곱째, 개인적인 조언을 구한다. 친구에게 개인적인 조언을 구하는 일은 자신의 모습을 친구를 통해 객관적으로 바라볼 수 있게 하고 고민 해결의 실마리를 푸는 데 도움이 된다. 뿐만 아니라 친구관계에서 더욱 깊은 신뢰감을 형성하는 계기가 되기도 한다.

여덟째, 나에게 베푼 친절이나 고마움에 꼭 보답한다. 가까운 사이일수록 작은 고마움이나 사소한 감사라도 꼭 전할 필요가 있다.

아홉째, 친구에게 개인적인 감정이나 문제를 개방한다. 친구관계에서 야기되는 갈등 중의 하나는 서로 자신을 솔직히 개방하지 않는 데서 비롯된 오해에 근거하는 경우가 적지 않다. 그러므로 상대방이 어떤 생각을 가지고 있으며, 어떤 기분인지 알 수 있어야 내가 어떻게 행동을 취할지 결정할 수 있게 된다.

열째, 나와 친구의 차이점을 인정한다. 아주 오래된 친구들을 보면 생활습관이나 태도에서 비슷한 면도 많지만 상당히 다르면서도 잘 맞고 서로를 존중하는 모습을 볼 수 있다. 이러한 친구관계는 서로의 개성을 인정하는 데서 비롯된다.

열한째, 갈등을 인정하고 솔직한 태도를 갖는다. 관계를 유지하기 위해서 기분이 상해도 아닌 척하며 별 문제 없다는 듯이 평온하게 지낼 수도 있다. 그러나 시간이 지날수록 결국 표정이나 태도로 드러나 더 큰 갈등을 유발할 수 있다.

열두째, 필요하다면 다른 사람의 도움을 받는다. 친구와의 갈등 관계를 혼자서 고민하고 괴로워하기보다는 두 사람 사이에 중재 역할을 해 줄 수 있는 사람이 있다면, 도움을 받을 필요가 있다.

친구관계를 잘 유지하기 위해서 하나씩 곱씹으며 점검해 봐야 할 내용이다. 본인이 잘 하고 있는 항목과 그렇지 못한 항목을 살펴보면 도움이 될 것이다.

활동 1

1. 나는 어떤 친구를 가졌는가?

1) 친한 또는 자주 접하는 친구들의 이름을 적으시오.

2) 그 친구들의 특징을 적으시오.

3) 나와의 관계의 질을 잘 설명할 수 있는 형용사를 적으시오.

4) 그 친구와 어떤 관계를 유지하고 싶은지를 적으시오.

5) 관계를 개선하기 위해서 내가 노력해야 할 사항들을 적으시오.

2. 나는 나의 친구들에게 어떤 사람인가?

1) 친한 친구들의 이름을 적으시오.

2) 그 친구들이 보는 나의 특징을 적으시오.

3) 나와 그 친구들의 관계의 질을 잘 설명하는 형용사를 적으시오.

4) 나는 그 친구에게 어떤 사람이고 싶은지를 적으시오.

5) 관계개선을 위해 필요한 사항들을 적으시오.

활동 2

자기노출 척도

❖ 다음 문항의 내용이 본인의 모습과 얼마나 일치하는지 그 정도를 잘 판단하여 자신에게 가장 적합하다고 생각하는 곳에 체크하시오.

	나는 친한 친구에게	전혀 그렇지 않다			항상 그렇다
1	나는 나만의 특이한 습관들을 말한다.	1	2	3	4
2	내가 한 일들 중에서 죄책감을 느끼는 일들을 말한다.	1	2	3	4
3	여러 사람 앞에서 하고 싶지 않은 일들을 말한다.	1	2	3	4
4	나의 가장 깊은 감정들을 표현한다.	1	2	3	4
5	내 자신에 대해 내가 좋아하는 것과 싫어하는 것을 말한다.	1	2	3	4
6	인생에서 나한테 가장 중요한 것을 말한다.	1	2	3	4
7	나 자신에 대해서 말한다.	1	2	3	4
8	나의 가장 큰 걱정거리를 말한다.	1	2	3	4
9	내가 한 일들 중에서 자랑스러운 일들을 말한다.	1	2	3	4
10	다른 사람들과의 가까운 관계에 대해서 말한다.	1	2	3	4

본 측정도구는 친한 친구에게 나의 속 깊은 이야기를 얼마나 하고 있는지 측정하기 위해 Miller와 Archer(1983)이 개발한 '자기노출 척도'이다. 친한 친구에게 나를 노출하고 개방하는 정도에 따라, 친구와의 우정의 깊이가 달라지게 된다. 솔직하게 자기의 노출 수준을 체크하고 점수를 합산한다. 나는 얼마나 좋은 친구가 될 준비가 되어 있는가?

채점 및 평가

점수	평가
0 ~ 10	나는 다른 사람에게 개방하자! 내가 나를 꺼내어 놓지 않으면 나를 이해하고 나에게 다가오는 사람은 없다.
11 ~ 30	조금만 더 솔직해진다면 나는 좋은 친구!
31 ~ 40	가장 친한 친구와 나는 비밀이 없는 사이! 서로 어려운 점을 나눌 수 있는 좋은 친구

출처: 조선화, 김혜진, 김현주, 이영나, 이지항, 정유진, 조유진, 허미선(2007). 인간관계론 재인용.

활동 3

우정의 질 척도

❖ 다음 문항의 내용이 본인의 모습과 얼마나 일치하는지 그 정도를 잘 판단하여 자신에게 가장 적합하다고 생각하는 곳에 체크하시오.

	문항	전혀 그렇지 않다				항상 그렇다
1	나는 친구와 늘 점심을 함께 먹는다.	1	2	3	4	5
2	나는 친구에게 화를 많이 낸다.	1	2	3	4	5
3	친구는 내가 잘 하는 것에 대해 칭찬해 준다.	1	2	3	4	5
4	친구는 다른 사람들이 내 욕을 해도 내 편이 되어준다.	1	2	3	4	5
5	친구와 나는 서로가 중요하고 특별하다고 느끼게 해 준다.	1	2	3	4	5
6	친구와 나는 늘 서로를 친한 친구로 선택한다.	1	2	3	4	5
7	친구는 내 기분을 상하게 하면 "미안해." 하고 말을 한다.	1	2	3	4	5
8	친구는 때때로 다른 친구들에게 나에 대해 안 좋게 말한다.	1	2	3	4	5
9	친구는 함께 게임에 대해 좋은 생각을 해 낸다.	1	2	3	4	5
10	나는 친구와 서로에게 화났을 때 어떻게 풀지에 대해 함께 이야기한다.	1	2	3	4	5
11	친구는 다른 친구들이 나를 별로 좋아하지 않더라도 나를 좋아해 준다.	1	2	3	4	5
12	친구는 내가 무척 똑똑하다고 말해 준다.	1	2	3	4	5
13	나는 친구와 늘 우리 사이에 일어난 문제에 대해 서로 이야기한다.	1	2	3	4	5
14	친구는 내 생각을 기분 좋게 받아들여 준다.	1	2	3	4	5
15	나는 기분이 나쁜 일이 생기면 친구에게 말한다.	1	2	3	4	5
16	나는 친구와 서로 여러 가지 일들을 도와준다.	1	2	3	4	5
17	나는 친구와 서로 특별한 부탁을 들어준다.	1	2	3	4	5
18	나는 친구와 함께 재미있는 일을 많이 한다.	1	2	3	4	5
19	나는 친구와 말다툼을 많이 한다.	1	2	3	4	5
20	나는 친구가 약속을 지킬 거라고 믿을 수 있다.	1	2	3	4	5

	문항	전혀 그렇지 않다				항상 그렇다
21	친구와 나는 서로의 집에 간다.	1	2	3	4	5
22	나는 친구와 쉬는 시간에 늘 함께 논다.	1	2	3	4	5
23	친구는 어떤 모르는 것을 이해하도록 내 옆에서 충고를 해 준다.	1	2	3	4	5
24	나는 친구와 우리를 슬프게 하는 것에 대해 이야기한다.	1	2	3	4	5
25	나는 친구와 싸우면 쉽게 화해한다.	1	2	3	4	5
26	나는 친구와 많이 싸운다.	1	2	3	4	5
27	나는 친구와 물건을 서로 같이 사용한다.	1	2	3	4	5
28	나는 만약 친구에게 화가 난다면, 그때 어떻게 할지에 대해 서로 함께 이야기한다.	1	2	3	4	5
29	친구는 내 비밀을 다른 친구에게 말하지 않는다.	1	2	3	4	5
30	나는 친구와 서로를 많이 괴롭힌다.	1	2	3	4	5
31	친구는 어떤 일을 해 내는 방법에 대해 좋은 생각을 해 낸다.	1	2	3	4	5
32	친구와 나는 항상 필요하면 서로의 물건을 빌려준다.	1	2	3	4	5
33	친구는 내가 일을 빨리 끝내도록 도와준다.	1	2	3	4	5
34	나는 친구와 말다툼을 해도 빨리 화해한다.	1	2	3	4	5
35	친구와 나는 어떤 일을 해결하려고 할 때 좋은 생각을 가지고 있을 거라고 서로 믿는다.	1	2	3	4	5
36	친구는 내 말을 귀 기울여 듣지 않는다.	1	2	3	4	5
37	나는 친구와 서로 개인적인 일에 대해 이야기한다.	1	2	3	4	5
38	나는 친구와 서로 학교 공부에 관해 많이 도와준다.	1	2	3	4	5
39	나는 친구와 서로 비밀을 말한다.	1	2	3	4	5
40	친구는 내 감정을 잘 살핀다.	1	2	3	4	5

본 측정도구는 Parker와 Asher(1989)가 제작하고 이은해와 고윤주(1999)가 개발한 '우정의 질 척도(Friendship Quality Questionnaire: FQQ)'이다. 본 척도의 하위요인은 인정과 관심, 갈등과 불신, 교제와 오락, 도움과 인내, 상호친밀, 갈등해결로 구성되어 있으며, 총 40문항으로 이루어져 있다. 각 문항의 응답방식은

Likert식 5점 척도로, 점수가 높을수록 우정관계가 좋음을 나타낸다.

1. 인정과 관심: '친구는 내가 잘 하는 것에 대해 칭찬해 준다.'와 같은 문항으로 이루어진 것으로, 서로의 관계에서 나타나는 관심, 지지, 흥미의 정도를 의미한다.
2. 갈등과 불신: '나는 친구에게 화를 많이 낸다.' 등의 문항으로 구성된 것으로, 서로의 관계에서 갈등, 불신, 불일치, 괴롭힘 등이 나타나는 정도이다.
3. 교제와 오락: '나는 친구와 늘 점심을 함께 먹는다.'와 같은 문항으로 구성되어 있으며, 서로가 함께 학교 안팎에서 즐거운 시간을 보내는 정도를 나타내는 것이다.
4. 도움과 인내: '나는 친구와 서로 여러 가지 일들을 도와준다.' 등의 문항으로 이루어져 있으며, 서로가 일상적인 일이나 도전적인 일에 대해서 도와주고 노력하는 정도를 의미한다.
5. 상호친밀: '나는 친구와 늘 우리사이에 일어난 문제에 대해 서로 이야기한다.' 등의 문항으로 구성된 것으로, 서로가 사적인 비밀 이야기나 자신의 감정 상태에 대해 이야기하는 정도를 나타낸다.
6. 갈등해결: '나는 친구와 서로에게 화났을 때 어떻게 풀지에 대해 함께 이야기한다.' 등의 문항으로 이루어져 있으며, 서로의 관계에서 발생한 문제를 효율적으로 공정하게 해결하는 정도를 의미한다.

하위요인	문항
인정과 관심	3, 4, 5, 7, 9, 11, 12, 14, 29, 40
갈등과 불신	2*, 8*, 19*, 20, 26*, 30*
교제와 오락	1, 6, 18, 21, 22
도움과 인내	16, 17, 23, 27, 31, 32, 33, 35, 38
상호친밀	13, 15, 24, 28, 37, 39
갈등해결	10, 25, 34

*역채점

출처: 이은해, 고윤주(1999). 학령기 아동을 위한 친구관계의 질 척도 개발에 관한 연구.

09 이성관계-사랑과 결혼

1. 사랑과 결혼의 과제

평생을 살면서 수많은 관계를 맺으며 살아가지만, 가장 긴밀한 친밀감을 나누는 인간관계는 사랑을 나눌 수 있는 연인이나 애인, 부부관계일 것이다. 이성관계는 낭만적인 사랑에 대한 욕구와 성적인 욕구를 충족시킬 수 있는 관계이다. Adler는 인생의 주요과제 3가지 중 한 가지로 사랑과 결혼의 과제를 제시하였다.

Adler는 사람들은 생애 초기부터 사랑과 결혼을 위한 준비를 한다고 하였다. 가장 중요한 준비는 협력의 준비일 것이다. 이성과의 협력이 이루어지기 위해서는 상대방에 대한 관심과 평등이 전제되어야 한다. 그렇지 않을 때 참된 사랑과 협력, 자녀 출산과 자녀 양육 등의 공동작업을 해 나갈 수 없게 된다. 이성과의 관계를 잘 맺으려면 평등한 관계에서 동반자와의 협력을 잘 해 나가야 한다. 서로에게 충실하고 정직하며 신뢰감을 주어야 인생의 동반자가 될 수 있다.

거창하게 인류의 발전을 위해서 결혼을 한다고 생각하는 사람은 거의 없다. 그러나 가정을 꾸리고 자녀를 낳아 다음 세대를 키우면서 인류의 생존을 가능케 하는 것만으로도 인류의 발전에 자연스럽게 기여하는 것은 사실이다. Adler는 사랑하는 사람과 협력하여 자녀를 키우고, 그 자녀가 사회의 일원으로 평등하고 책임감 있는 인류의 구성원이 되도록 의무를 다하는 것을 인생의 주요과제로 선정하였다. 결혼을 통해서 자신이 해야 할 책임과 의무를 다하는 수고를 회피하는 사람들은 결혼 후 많은 갈등과 어려움을 겪을 것이 자명하다.

결혼 전에 이미 결혼생활의 파탄을 예고할 수 있는 사람들이 있다. 자신의 이익만을 위해 살아온 사람들에게 행복한 결혼을 보장할 수 없다. 사랑에는 수고와 헌신이 뒤따른다. 수고와 헌신 없는 결혼이 성공할 수 있겠는가? Adler는 타인과 사회에 공헌할 수 있는 능력을 갖춘 사람이 사랑과 결혼에서도 성공할 수 있다고 말한다. 공동체감을 발달시키지 못한 응석받이는 이성친구나 결혼 파트너를 선택하는 데서부터 문제에 봉착한다. 그들에게는 다른 사람과 협동 작업을 할 수 있는 능력이나 다른 사람을 배려하려는 마음이 매우 빈약하다. 사랑을 받기만 원하고 베풀고 나눠 주는 것을 배우지 못한 사람들은 사랑의 파트너를 사랑을 나눌 대상이 아니라, 자신을 지지하고 보호해 줄 제2의 부모나 형제자매 아니면 자신을 위해 봉사해 줄 하인쯤으로 인식한다(Dreikurs, 1932). 이런 사람들은 사랑과 결혼을 가볍게 생각하는 경향이 있어서 결혼조차도 반품이 허용되는 상품 같은 것으로 간주한다. 그래서 결혼생활에 어려움이 있게 되면 언제든지 반납 처리할 수 있다고 생각하여 쉽게 헤어지거나 이혼을 한다. 따라서 상대방에 대한 관심과 평등, 협력과 협동의 능력이 성공적인 사랑과 결혼을 위한 기본 조건이라 할 수 있다.

2. 사랑의 유형

사람들은 다양한 형태의 사랑을 한다. 사랑의 삼각형 이론에서 제시하는 8가지 사랑의 유형을 통해 사랑의 유형의 특징과 각 유형의 부족한 점과 보충할 점 등을 살펴보겠다.

예일대학교의 심리학자인 Sternberg(1999)는 사랑의 유형에 대한 연구를 하였다. 그는 사랑의 3요소를 제시하고, 이들 3요소가 조합을 이루어 8가지 사랑의 유형이 있음을 발표하였다. Sternberg에 따르면, 사랑은 친밀감(intimacy), 열정(passion), 헌신(commitment)으로 구성된다. 친밀감은 서로 가깝고 편안하게 지내는 사람들 사이에서 서로 좋아하는 감정이다. 열정은 이성 간에 서로를 사로

잡는 매력을 말하는 것으로 이성 간의 성욕이 바탕에 깔려있다. 헌신은 상대방의 복지와 안녕에 대한 책임감이나 상대방과의 관계를 유지할 결심을 내포하고 있다. 이 3요소가 어떤 조합을 이루는가에 따라 8가지 사랑의 유형이 생긴다.

- 친구 같은 우정적 사랑: 두 사람 사이에 열정이나 헌신은 없지만 친밀감은 강하게 느끼는 상태이다. 오랫동안 사귀어 온 친구 같은 친밀감을 느끼고, 서로 잘 이해하고 협조적인 관계이다.
- 홀딱 반한 사랑: 첫눈에 반한 사랑을 하는 사람들에게서 나타나는 열정이 넘치는 사랑으로 친밀감이나 헌신하는 마음이 없는 상태에서 순간적으로 찾아온 사랑이다. 이런 사랑은 오래가지 않는 것이 특징이다.
- 허전한 사랑: 열정이나 친밀감 없이 서로에게 책임을 느끼고 헌신하는 사랑이다. 중매로 결혼한 부부에게 해당하는 사랑이라고 할 수 있다.
- 낭만적 사랑: 친밀감과 열정이 있는 사랑으로 좋은 친구관계로 시작했다가 어느날 정욕에 이끌려 열정적인 사랑을 하게 되는 경우인데 낭만적 사랑에는 헌신이 결여되어 있다. 한평생 살겠다는 결단이나 약속, 상대방에 대한 헌신과 책임감 등이 결여된 사랑이다.
- 동반자적 사랑: 서로 잘 알아 친밀한 관계를 맺고 있던 이성친구가 결혼하기로 약속하여 결혼한 경우로, 친밀감과 헌신은 있으나 열정적인 사랑이 결여된 사랑이라 할 수 있다.
- 얼간이 사랑: 한순간에 반해서 사랑에 빠지고 곧장 결혼을 약속하는 사랑으로 상대방에 대해 아는 것도 별로 없고, 또 알고 싶은 마음도 지니지 않은 채 결혼을 하는 것으로 이런 사랑은 깨질 가능성이 높다.
- 온전한 사랑: 친밀감, 열정, 헌신이 다 포함되어 있는 사랑으로 성취하기가 어렵지만, 성취했다고 하더라도 지속적으로 온전한 사랑을 유지하기는 더욱 어렵다.
- 무사랑: 친밀감, 열정, 헌신이 다 빠져있는 사랑으로 사랑이라 할 수 없는 형식적인 유형이다.

3. 결혼

결혼이 주는 유익은 많다. 개인의 건강과 행복의 측면뿐만 아니라 자녀양육과 사회의 안정적인 측면에서도 결혼은 사람들의 삶에 긍정적인 영향을 미친다. Olson과 Olson-Sigg, Larson(2008)이 제시한 결혼이 주는 유익을 정리하면 다음과 같다.

- 결혼한 사람의 생활양식이 더 건강하다. 결혼한 사람은 독신이나 이혼한 사람, 사별한 사람보다 위험한 행동을 피하려는 경향이 있다. 또한 규칙적인 식사와 운동을 하여 건강한 생활양식을 가진다.
- 결혼한 사람은 더 오래 산다. 건강한 생활양식을 가지고 있고 배우자로부터 정서적 지지와 건강관리를 받기 때문에 장수하는 경향이 있다.
- 결혼한 사람은 성관계에 더 만족한다. 동거 중이거나 연애 중인 커플에 비해 결혼한 부부들이 성관계를 갖는 횟수도 많고, 성관계 만족도도 높다.
- 결혼한 사람이 더 행복하다. 결혼한 사람은 독신이나 이혼자, 사별자보다 우울이나 불안을 훨씬 적게 느낀다. 부부간의 갈등이 있겠지만 결혼한 여성은 결혼하지 않은 여성에 비해 갈등이 적고, 사랑과 친밀감을 더 많이 느낀다.
- 결혼한 사람이 더 많은 재산을 소유하게 된다. 결혼한 사람은 부부가 경제적 자원을 함께 모을 수 있기 때문에 독신이나 이혼자, 사별자보다 더 많은 재산을 소유하는 경향이 있다.
- 자녀는 양부모가정에서 더 잘 자란다. 한부모가정의 자녀들보다 양부모가정의 자녀들이 정서적 안정성이나 학업성취도 수준이 더 높은 경향이 있는 것으로 보고된다.
- 아이들이 가족의 테두리에서 양육될 때 사회는 안정된다. 양부모가정이 많은 공동체일수록 청소년의 약물남용과 범죄율이 낮아진다는 연구가 있다. 안정된 가정에서 양육된 자녀가 심리정서적으로 안정되고 건강한 성격을 가진 성인으로 자랄 가능성이 높고, 이는 건강하고 안정된 사회를 형성하는 데

도 기여하게 된다.

결혼이 주는 유익은 상당히 많다. 반면 실패한 결혼이 가져다 주는 불행도 상당히 많다. 결혼의 유익을 누리기 위해서는 배우자를 신중하게 선택해야 한다.

Hanna(Lehman, 2005 재인용)는 결혼을 생각하는 파트너들이 결혼을 결정하기 전에 꼭 생각해 봐야 하는 사항을 다음과 같이 정리하여 제시하였다. 결혼을 결정하기 전에 예비부부는 다음의 질문을 반드시 고려해 볼 것을 권장한다.

- 두 사람은 서로 얼마나 오랫동안 알고 지냈는가? (비교적 오랫동안 알고 지냈을 경우 성공적인 결혼을 하는 경우가 많다.)
- 결혼하려는 동기는 무엇인가? 잘못된 동기로 결혼하려고 하는 것은 아닌가?
- 사랑과 결혼에 대해 현실적인 기대를 가지고 있는가?
- 당신과 배우자는 결혼생활에서 서로가 하게 될 역할에 대해 동의하는가?
- 당신과 배우자는 직업과 개인적 목표에 대해 양립할 수 있는 믿음을 가지고 있는가? 두 사람 다 직장을 가질 것인가? 맞벌이 부부가 가질 수 있는 잠재적인 문제(스케줄, 관계를 위해 시간을 내는 것, 자녀양육)는 무엇인가? 성(gender)에 관련된 문제가 생겼을 때, 부부가 한 팀으로서 협동하고 일할 수 있는가?
- 당신과 배우자는 돈과 경제적인 문제에 있어 동의하는가? 경제적 재원을 동등하게 사용할 것인가? 어느 정도의 돈을 쓸 것인지를 어떻게 결정할 것인가?
- 종교적 가치에 대해 어느 정도 유사한가? 만약 종교적 신념과 가치가 다르다면 이러한 차이를 어떻게 조정할 것인가?
- 스포츠나 취미생활, 여가 시간에 있어 흥미를 공유하는가?
- 당신과 배우자는 양립할 수 있는 생활 패턴을 가지고 있는가? 배우자의 친구들을 좋아하는가? 같은 곳을 가고 같은 일을 하는 것을 좋아하는가?
- 두 사람 다 원가족으로부터 충분히 분화되었는가? 두 사람 다 원가족과 친구들로부터 건강하게 분화될 만큼 성숙한가?
- 두 사람 모두 자신들의 가족 의식을 형성하고자 하는가? 생일이나 공휴일, 기념일 등을 어떻게 보낼 것인가?

- 자녀를 갖기로 한다면 자녀양육에 대한 철학이 같은가? 자녀를 양육할 때 응집성 있는 팀으로서 자녀를 양육할 수 있는가?
- 성(sexuality)에 관련된 문제에 동의하는가? 이 영역에 대해 당신의 느낌을 개방적으로 이야기할 수 있는가? 두 사람 사이에 문제를 야기하는 차이점은 있는가?
- 배우자의 잘못이나 나쁜 습관, 문제 등을 찾으려고 노력하는가? 배우자는 분노조절이나 일중독 특성, 지나치게 지저분하거나 깔끔한 특성 등 문제를 야기할 수 있는 성격을 가졌는가? 지속적으로 자신을 괴롭히는 배우자와의 차이점을 받아들일 수 있는가?
- 열정적이지 않은 순간에도 배우자와 함께 있는 것을 즐기는가? 당신의 배우자는 당신이 가장 좋은 친구가 되고 싶어 하는 그런 사람인가?
- 위기가 닥쳤을 때, 서로를 어떻게 도와야 하는지 알고 있는가? 어떻게 편안하게 하고, 언제 경청하고 어떻게 배려해야 하는지 아는가?
- 갈등을 어떻게 다루는가? 당신의 패턴은 갈등을 해결하는 데 어려움이 있는가?

4. 부부관계

모든 인간관계가 그렇듯이 부부관계도 저절로 좋은 관계가 유지되지는 않는다. 친밀하고 편안한 관계이기에 오히려 소홀해지기 쉬운 관계이고, 조심해서 다루지 않으면 깨지기도 쉬운 관계가 부부관계이다. 복잡하고 어려운 절차를 거쳐 이루어진 결혼이기에 잘 유지하기 위해서는 헌신과 노력이 필요하다.

Shindler와 Hahlweg, Revenstorf(2007)은 가깝고도 먼 동반자인 부부에 관한 책에서 부부관계에서 꼭 지켜야 할 규칙 10가지를 제시하였다. 그들이 제시한 부부관계 10계명은 다음과 같다.

- 상대를 인정하고, 존중하고 좋아한다는 표현을 가능하면 자주 한다. 이런 표

현은 많이 하면 할수록 좋다. 세상에서 많으면 많을수록 좋고, 아낄 필요가 없는 단 한 가지가 바로 사랑이다.

- 솔선수범하여 좋은 아이디어를 내서 함께 할 수 있는 즐거운 것을 찾고, 적극적으로 사랑을 표현한다. 중요한 것은 직접적으로 표현한다는 것이다. 실천보다 더 좋은 것은 없다.
- 상대가 일상생활에서 당신의 처지, 감정, 삶의 역사, 생활관 등 당신의 모든 것을 알 수 있도록 한다. 당신이 이 모든 것을 말해 주어야 상대는 당신을 이해할 수 있다.
- 충족되지 않은 욕구나 관계에서 바라는 소망이 있다면 곧바로 표현한다. 그래야 욕구 좌절이 누적되는 것을 피할 수 있다. 당신은 욕구를 충족할 권리가 있지만, 모든 욕구가 다 충족될 수 없다는 점을 염두에 두어야 한다.
- 소망들이 서로 상반될 때는 해결책을 찾도록 한다. 상대와 대화를 시도하여 실제 실행 가능한 해결책이 나올 때까지 계속한다.
- 상대가 당신을 실망시킬 수도 있다는 것을 인정한다. 모든 사람은 장단점을 가지고 있다. 이상적인 부부일지라도 부부관계에서 문제가 생길 수 있다. 문제가 없으리라는 생각 자체가 착각이다. 문제 자체보다는 문제에 대한 잘못된 생각이 문제해결을 더 어렵게 만든다.
- "왜 또 내가 먼저야, 이번엔 당신 차례야."라는 생각을 버린다. 이런 생각은 강박 프로세스의 시작이다. 당신은 쉬운 것, 상대는 어려운 것을 한다고 생각한다. 부자가 더 많이 줄 수 있다. 당신은 부자이다.
- 대화가 싸움으로 발전하여 해결책 마련이 어려울 때는 대화를 중단한다. 대화를 다음 날로 미루고, 건설적인 대화가 가능할 때 다시 새롭게 시작하는 것이 좋다.
- 상대의 금기는 건드리지 않는다. 싸우지 않고 사는 부부는 없다. 상대를 무시하거나 언어적 폭력을 행하지 말아야 한다. 또한 어떤 형태의 폭력도 절대로 있어서는 안 된다.
- 부부 각자가 스스로 변할 수 있다고 마음만 먹으면 친밀한 부부관계를 새롭

게 만들 수 있다고 생각한다. 변화를 원한다면 당신이 먼저 변해야 한다.

5. 성공적 결혼원리

Gottman은 세계적인 유태인 부부치료사이다. 그는 원래 수학자였는데, 이혼을 한 이후 자신의 이혼의 원인을 찾고자 실험실에서 오랜 기간 수백 쌍의 부부들의 상호작용 행동, 지각, 생리적 영역을 반복적으로 관찰하여 7단계의 '건강한 결혼의 집(sound marital house)'이라는 성공적인 결혼 원리를 제시하였다. Gottman은 이것을 행복한 7층집이라고 불렀다. 기초가 되는 1, 2, 3층은 안정적인 결혼의 필수 요소인 견고한 관계의 우호감을 다지는 내용의 원리이고, 나머지 층(원리)은 결혼생활에서 생기는 갈등상황을 잘 조정하는 능력을 키우는 내용의 원리가 포함되어 있다(최규련, 2015; Gottman, 1999). 각 단계의 내용과 원리에 대해 설명하면 다음과 같다.

■ 1단계: 사랑의 지도 개발하기

부부는 서로에 대해 관심을 가지고 있어야 하며, 서로를 많이 알고 있어야 한다. 배우자의 취미, 선호하는 음식, 기쁨, 꿈, 친구, 내면 심리세계, 좋아하는 음악, 영화, 배우 등 될 수 있는 대로 서로에 대해 많이 알고 있어야 한다. 성공적 결혼의 제1원칙은 배우자의 삶에 대해 상세한 부분을 잘 알도록 노력하는 것이다.

■ 2단계: 호감과 존중 발달시키기

부부는 상대 배우자에게 호감을 가지고 결혼을 하며, 서로 존중하며 잘 살 것을 결심한다. 호감과 존중은 한 번 생긴 것이 계속되는 것이 아니고, 지속적으로 유지 · 강화되도록 노력해야 한다. Gottman은 결혼생활 문제와 갈등에서 생기는 경멸과 혐오를 해독할 수 있는 해독제로서의 역할을 하는 것이 호감과 존중이라고 하였다. 성공적 결혼의 제2원칙은 서로에 대한 호감과 존중을 발달시키는 노력을 하는 것이다.

■ 3단계: 다가가는 대화를 통해 정서통장 잔고 늘리기

3번째는 일상생활을 할 때 부부가 서로에게 다가가는 대화를 하는 것이다. 말을 거는 배우자에게 다가가는 방식으로 반응을 할 수도 있고, 멀어지는 방식으로 반응을 할 수 있다. 다가가는 대화를 통해 부부는 그들의 '정서적 은행 통장'의 잔고를 늘려나갈 수 있다. Gottman과 Silver(1999)는 부부가 서로의 하루 생활에 대해 대화를 나누고 서로에 대해 이해하고 지지하면서 하루를 마무리하는 것이 서로에게 다가가는 좋은 방법이라고 하였다. 성공적 결혼의 제3원칙은 서로를 지지하며 다가가기 위한 대화를 하는 것이다.

■ 4단계: 긍정적인 감정의 밀물현상 일으키기

3단계에서의 부부관계가 우호적으로 잘 형성되었는가에 따라 4단계에서 긍정적 감정의 밀물현상이 일어날지, 부정적 감정의 밀물현상이 일어날지가 정해진다. 배우자 간에 긍정적인 감정에 빠져 있어야 가정의 행복은 물론이고, 가정에서 일어날 수 있는 크고 작은 문제들을 협력하여 효율적으로 잘 해결해 나갈 수 있게 된다. Gottman(1999)은 긍정적 감정이 부정적인 감정보다 5배 이상이 되어야 부부간의 문제를 효율적으로 해결해 나갈 수 있다고 하였다. 부부 사이에 긍정적인 감정이 많다는 것은 배우자의 입장이나 의견 등을 더 잘 수용하고 협조하여 살아간다는 것이다. 성공적 결혼의 제4원칙은 배우자의 영향력(influence)을 받아들일 때 결혼이 더 안정적일 수 있으므로 배우자의 영향력을 받아들이는 것이다.

■ 5단계: 갈등관리하기

관계에서 갈등이 생기는 것은 자연스러운 일이다. 부부 사이도 예외는 아니다. Gottman(1999)에 의하면 결혼생활에서 해결 가능한 문제는 31%에 지나지 않는

다. 나머지는 해결되지 않으면서 지속적인 갈등을 안겨다 주는 문제인 것이다. 이런 문제는 반드시 해결해야 할 문제가 아니기에 굳이 해결하려고 애쓰면서 긍정적 정서통장의 잔고를 소진하지 말아야 한다. 문제를 그대로 수용하고 문제의 영향력에서 벗어나도록 노력하고, 문제에도 불구하고 행복하게 살 수 있는 방법을 찾아야 한다. 해결 가능한 문제를 다룰 때는 상대를 배려하며 부정적인 감정을 일으키지 않으면서 대화하도록 노력한다. 그럼에도 불구하고 감정적으로 흥분되거나 화가 날 때는 서로가 진정될 때까지 기다렸다가 흥분이 가라앉으면 융통성 있고 개방적인 자세로 서로의 이야기를 경청하고, 인내심을 가지고 문제를 해결하도록 노력한다. 성공적 결혼의 제5원칙은 해결 가능한 문제를 해결하기 위해 성공적인 결혼생활을 하는 부부들이 사용하는 기술을 사용하는 것이다.

■ 6단계: 서로의 꿈을 이룰 수 있도록 돕기

부부가 함께 살면서 함께 노력해야 할 부분은 두 사람이 자신의 꿈, 가치관, 신념, 포부 등에 대해 솔직하게 이야기하고, 나아가 배우자의 꿈과 포부를 실현시키도록 돕는 것이다. 성공적인 결혼생활의 제6원칙은 지속되는 문제가 정체 상태에 빠지지 않도록 하여 서로의 꿈을 발견하고 존중하는 것이다.

■ 7단계: 함께 삶의 의미 만들어 가기

행복한 7층집의 맨 꼭대기 층은 부부와 가족의 중요한 꿈, 비전, 소망을 위한 의미를 함께 만들어 가는 공간이다. 자녀를 포함하여 한 가족을 이룬 부부는 그들 가족만의 문화를 형성해 나간다. 행복하고 건강한 부부들은 서로의 믿음, 가치, 전통, 꿈 등에 대해 지속적으로 이야기하면서 서로가 공유하는 의미를 만들어 나간다. 그들은 '우리(we-ness)'라는 공동 의식을 가지고 공유된 의식, 관습, 목표, 상징을 형성하게 되며, 이러한 공유된 의미가 많을수록 부부관계는 더 풍요로워진다(제석봉 외, 2015). 성공적 결혼의 제7원칙은 부부가 공유된 의미와 '우리'라는 공동의식을 형성하여 하나의 팀으로서 함께 행복한 결혼생활을 하도록 노력하는 것이다.

활동

Sternberg의 사랑의 삼각형 이론 척도

❖ 당신이 현재 사귀고 있는 이성을 생각하면서 다음의 질문들에 응답해 보시오. 만약 현재 사귀고 있는 이성이 없다면 가장 최근에 사귀었던 이성을 생각하면서 답하고, 사귀었던 경험이 없다면 '아마 이럴 것이다' 라고 생각되는 곳에 답하시오. 문항을 읽고 해당하는 곳에 체크하시오.

	문항	전혀 그렇지 않다				항상 그렇다
1	나는 실제로 ○○가(이) 잘 지내도록 돕고 있다.	1	2	3	4	5
2	나는 ○○를(을) 보면 설렌다.	1	2	3	4	5
3	나는 ○○가(이) 걱정된다.	1	2	3	4	5
4	나는 ○○와(과) 같이 있으면 따뜻하게 느껴진다.	1	2	3	4	5
5	나는 하루에도 몇 번씩 ○○를(을) 생각한다.	1	2	3	4	5
6	나는 필요할 때 ○○에게 의지할 수 있다.	1	2	3	4	5
7	나는 ○○와(과)의 관계를 유지하려고 애쓰고 있다.	1	2	3	4	5
8	필요할 때 ○○가(이) 나에게 의지할 수 있다.	1	2	3	4	5
9	○○에게 헌신하고 있기 때문에 우리 사이에 다른 사람이 끼어들게 하지 않을 것이다.	1	2	3	4	5
10	나와 ○○는(은) 열렬한 관계이다.	1	2	3	4	5
11	나는 나 자신과 내가 가진 것들을 ○○와(과) 기꺼이 나눌 수 있다.	1	2	3	4	5
12	나는 ○○에게서 정신적으로 많은 힘을 얻고 있다.	1	2	3	4	5
13	우리관계는 변하지 않을 것이다.	1	2	3	4	5
14	나는 ○○에게 헌신하는 중에 어떤 것도 개입시키지 않을 것이다.	1	2	3	4	5
15	나는 ○○에게 정신적으로 많은 힘을 주고 있다.	1	2	3	4	5
16	나는 ○○가(이) 아주 매력적이라고 생각한다.	1	2	3	4	5
17	나는 ○○와(과) 말이 잘 통한다.	1	2	3	4	5

	문항	전혀 그렇지 않다				항상 그렇다
18	나에게 ○○는(은) 내 이상형이다.	1	2	3	4	5
19	나는 남은 인생을 ○○와(과) 사랑하며 지내기를 바란다.	1	2	3	4	5
20	나는 ○○만큼 나를 행복하게 해 줄 수 있는 사람은 없다고 여긴다.	1	2	3	4	5
21	나의 생활에서 ○○가(이) 아주 많은 가치를 차지하고 있다.	1	2	3	4	5
22	나는 ○○에 대한 강한 책임감을 느낀다.	1	2	3	4	5
23	나는 다른 사람보다 ○○와(과) 더 같이 있고 싶다.	1	2	3	4	5
24	나는 ○○를(을) 가깝게 느낀다.	1	2	3	4	5
25	나는 ○○에 대한 헌신이 변함없을 것이라 본다.	1	2	3	4	5
26	나에게 ○○와(과) 있으면 편안하다.	1	2	3	4	5
27	나에게 ○○와의 관계보다 더 중요한 것은 없다.	1	2	3	4	5
28	나는 ○○를(을) 잘 이해한다.	1	2	3	4	5
29	나는 ○○와의 관계가 끝나는 것을 상상도 할 수 없다.	1	2	3	4	5
30	나에게 ○○을(를) 신뢰한다.	1	2	3	4	5
31	나는 ○○와(과) 손을 잡거나 팔짱을 끼는 등과 같은 신체적 접촉을 좋아한다.	1	2	3	4	5
32	○○에 대한 내 사랑은 확실하다.	1	2	3	4	5
33	나는 ○○와의 관계에 끌리는 무언가가 있다.	1	2	3	4	5
34	우리의 관계는 영원할 것이다.	1	2	3	4	5
35	나는 ○○를(을) 흠모한다.	1	2	3	4	5
36	나는 ○○와의 관계가 현명한 결정이라고 본다.	1	2	3	4	5
37	나에 대해서 ○○에게 숨김없이 털어놓는다.	1	2	3	4	5
38	나는 ○○가(이) 없는 인생은 생각할 수도 없다.	1	2	3	4	5
39	나는 ○○에 대해 책임감은 변함없을 것이다.	1	2	3	4	5
40	○○는(은) 나를 잘 이해해 준다.	1	2	3	4	5
41	우리 관계는 열정적이다.	1	2	3	4	5
42	나는 ○○와의 관계를 유지시켜 나갈 것이다.	1	2	3	4	5

	문항	전혀 그렇지 않다				항상 그렇다
43	나는 로맨틱한 영화를 볼 때나 책을 읽을 때 ○○를(을) 생각한다.	1	2	3	4	5
44	나는 ○○에 대해서 환상을 가지고 있다.	1	2	3	4	5
45	○○가(이) 어려울 때도 나는 우리의 관계를 계속 유지시켜 나갈 것이다.	1	2	3	4	5

본 측정도구는 Sternberg(1989)가 자신의 사랑의 삼각이론에 근거하여 개발한 척도를 정민아(2004)가 번안하고 재구성한 '사랑의 삼각형 이론 척도'이다. 본 척도의 하위요인은 사랑의 세 요소인 친밀감, 열정, 책임감으로 구성되어 있으며, 총 45문항으로 각 문항의 응답방식은 Likert식 5점 척도로 이루어져 있다.

1. 친밀감: 사랑하는 관계에서 가깝게 결합된 감정
2. 열정: 사랑하는 관계에서 낭만이나 신체적 매력, 성적 매력, 성적인 극치 등으로 이끄는 충동
3. 책임감: 단기적인 측면에서는 한 사람이 누군가를 사랑하겠다는 결심을 말하며, 장기적인 측면에서는 그 사랑을 계속 유지하려는 책임감을 의미

하위요인	문항
친밀감	1, 4, 6, 8, 11, 12, 15, 17, 21, 24, 26, 28, 30, 37, 40
열정	2, 5, 10, 16, 18, 20, 23, 27, 31, 33, 35, 38, 41, 43, 44
책임감	3, 7, 9, 13, 14, 19, 22, 25, 29, 32, 34, 36, 39, 42, 45

출처: 정민아(2004). 청소년기의 이성간 사랑 유형 분석 -Sternberg의 사랑의 삼각이론을 중심으로.

10 가족관계

1. 건강한 가족의 특성

사람은 한 가족의 구성원으로 태어나고, 가족 안에서 보호와 사랑을 받으면서 성장한다. 가족의 분위기와 건강상태가 좋을 경우 가족은 개인에게 삶의 터전이자 생활의 기반이 되고, 행복한 인생을 살아갈 수 있게 돕는 안전기지의 역할을 한다. 자녀의 출산, 자녀의 양육과 사회적 기능, 아동과 노인 및 장애인을 보호하는 기능, 경제적 기능, 정서적 기능 등 다양한 기능을 담당하는 가족이 그 기능을 건강하게 잘 담당할 때 개인의 성장과 발달은 물론이고, 사회의 안정과 발전도 기대할 수 있다.

Ponzetti와 Long(1989)은 건강하게 기능하는 가족은 일반적으로 서로의 관심을 나누고, 효과적인 의사소통 패턴을 가지며, 변화에 효과적으로 적응할 수 있고, 서로를 존중하고, 문제해결과 의사결정 과정에 참여할 수 있고, 기꺼이 집안일에 대한 책임을 공유하고, 서로 상대의 친구를 좋아하고 함께 즐긴다는 것을 발견하였다.

Curran(1983)는 잘 기능하는 가족의 구성원들은 경청하고 의사소통하고, 서로를 지지하고 확신하며, 타인을 존중하는 것을 서로에게 가르친다. 또한 다른 사람을 신뢰하고, 유머감각을 가지고 놀이를 하며, 공유된 책임감을 보인다. 옳고 그름을 서로에게 가르치고, 전통과 공유된 의식이 중요하다는 강한 자존감을 가진다. 그리고 서로 간의 상호작용에서 균형감을 가짐은 물론이고, 종교적 또는 영적 핵을 공유한다. 또한 가족 간의 사생활을 서로 존중하며, 타인을 위한 서비스를 높이 평가하고, 함께 나누고 대화하기 위해 함께 식사시간을 가지며, 여가활동을 공유한다. 마지막으로 그들은 서로로부터 그리고 가족 외의 자원으로부터 도움을 구하고 어려움을 인식하고 인정한다는 점을 특징으로 제시하였다(김춘경, 2004).

2. 가족분위기

Adler 학자들은 한 사람의 성격 형성에 가장 강력하게 영향을 미치는 요소를 가족이라고 하였다. 가족요인 중에는 가족구도와 가족분위기가 있다. 가족구도가 형제간의 서열을 중심으로 하는 가족구성원 간의 상호작용을 본 것이라면, 가족분위기는 부모들에 의해 형성되는 분위기를 말한다. Dewey(1971)는 성격 형성에 영향을 미치는 다양한 가족분위기와 그 특성을 다음과 같이 제시하고 있다(김춘경, 2006).

- **민주적인 분위기**는 가장 민주적인 것으로 부모는 합리적이고 애정적이며 존경할 만하다. 이러한 분위기에서 자란 아동들은 자기확신감, 자기신뢰감, 자발적이고 분명한 자기의식을 가지고 있다.
- **거부적인 분위기**는 부모가 어떤 일의 행위자와 행위를 분리하지 못하고 지속적으로 그들의 자녀를 비난하고 거부하는 가정의 분위기이다. 부모들은 부정적인 자기 지각을 가지고 있으며 자녀를 사랑하는 데 어려움을 가진다. 이런 환경에서 자란 아동은 가족의 희생양이 되거나 부모의 비난이나 거부에 상처를 갖게 되고, 자신이 무가치하다고 믿기 쉽다.
- **권위주의적인 분위기**에서 자란 아동은 극도로 순종하고 순응하는 자녀 또는 반대로 심하게 반항하는 행동패턴을 보인다. 순종적인 아동은 대개 예의 바르고 온순하나 불안감을 가지고 있다. 이런 불안감으로 신경증적 습관, 틱, 궤

양, 스트레스와 긴장을 지닌다. 반면, 반항적인 아동은 민감한 비난이나 칭찬을 헤아릴 줄 모른다. 이런 아동들은 약물, 알코올 등을 하며 거칠게 살아간다.

- **순교적인 분위기**에서는 고귀하게 고통 받는 것을 매우 가치 있게 여긴다.
- **일관성이 없는 분위기**에서 자란 아동들은 다른 사람에게 무슨 기대를 해야 하는지, 다른 사람들이 그들에게 거는 기대가 무엇인지 알지 못한다. 이들은 안전감과 편안함을 느끼지 않고 규칙이 없어 혼란스러워하며 세상은 힘 있는 자의 독단적인 곳이라고 가정하기 쉽다.
- **억제적인 분위기**는 사고와 감정을 표현하는 자유를 제한해서 가끔씩 과도한 공상을 자극하거나 '겉치레하는' 데에 능숙한 아이로 만들 수 있다. 억제적인 분위기에서 아동은 자신의 감정을 불신하는 것을 배우며 개인의 생각이나 솔직한 감정을 표현하는 데 어려움을 가진다. 이들 가족원은 유머가 없고, 가족 간에 거의 말을 하지 않거나 감정을 드러내지 않는다.
- **희망이 없는 분위기**에서 성장한 자녀들은 유머도 없고 친구도 없고 비자발적이며 지루하고 고루한 애어른 같이 보인다. 이들은 자신이 결코 어떤 것도 성취할 수 없고 성공할 수 없다고 느낀다.
- **과보호적인 분위기**는 자녀들이 그들의 행동에 스스로 책임지는 것을 배우는 기회를 박탈하여 자녀가 자기신뢰감과 확신, 용기와 책임감을 발달시키는 것을 방해한다.
- **동정적인 분위기**에서 자란 아동은 인생은 공정치 못하고, 비극적이고 비애와 고통으로 가득하다고 느낀다. 그들은 흔히 자신은 희생자이고, 다른 사람들이 자기를 불쌍히 여긴다고 생각하거나 다른 방법으로 자신을 학대할 것이라고 생각한다.
- **기대수준이 높은 분위기**에서 부모는 자녀에게 높은 기대를 걸고 완벽한 목표에 따라 생활하기를 요구한다. 아동이 그들 수준에 따르지 않으면 비난하거나 모욕한다. 이런 분위기에서 자란 아동은 자신은 결코 어떤 것에도 충분치 않다고 느끼고, 부적절감, 열등감 등을 느낀다.
- **유물론적인 분위기**에서 자란 아동은 인간관계보다는 물질적 소유에 더 많은

가치를 부여한다. 이들은 경제적 관념으로 모든 것을 판단하는 경향이 있어 다른 사람과의 우정적인 관계와 일상의 단순한 기쁨의 중요성을 이해하지 못한다.

- 비난하는 분위기에서는 비난과 욕설이 난무한다. 비난을 자주 하는 부모들은 그들 자신의 가치를 의심한다. 타인을 비난함으로써 타인을 가치 없게 여기고 자신을 우월하게 보이려고 하는 경향이 있는데, 이런 분위기에서 성장한 자녀들은 많이 낙담하고, 냉소적이고, 자기 자신이나 남을 신뢰하지 않는 비관적인 염세주의자가 되기 쉽다.
- 부조화하는 분위기는 자녀들이 적군의 캠프에서 살고 있는 느낌을 갖게 한다. 오래된 감정적 문제가 있는 가정에서는 아주 무질서하거나 또는 강박적으로 아주 질서 정연한 분위기를 보인다. 무질서한 가족에서는 가족들이 아침에 일어나서부터 밤에 잠자리에 들 때까지 항상 말다툼과 싸움이 계속된다. 지나치게 질서 정연한 가족에서는 아주 엄격한 규율 준수를 강조하는 사감 선생님 같은 부모 또는 계부모가 있는 경우로, 이런 가정의 자녀들은 가족 규율을 받아들이지 않고 부모와 관계를 맺지 않으려 한다.

3. 부모-자녀 간 갈등의 심화과정

갈등은 인간관계를 맺고 살면서 피할 수 없는 상호작용의 일부이다. 사춘기를 겪기 시작하는 초기 청소년들은 부모와의 갈등이 최고조에 달하고, 중기와 후기 청소년기까지 이어진다(Collins, 1990; Silverberg et al., 1992; Smetana et al., 1991). 갈등을 해결하는 과정을 통해 부모-자녀관계가 증진되고, 자녀들의 심리사회적 대인관계 기술이나 협상의 방법, 문제해결능력 등이 증진되는 좋은 결과가 나타날 수 있다. 그러나 대부분의 경우 청소년과 부모와의 갈등은 그들의 관계를 악화시키고, 나아가 심리정서 행동상의 문제를 초래한다. 갈등에는 건설적 측면도 있지만 문제가 되는 갈등은 파괴적 갈등이다. 파괴적 갈등은 협박과 강압이 사용되면서 처음 제기된 문제 이외로까지 확장되고 과열화되어 관계의 파괴로까지 이어진다(Deutsch, 1987).

부모와 청소년 자녀간의 파괴적 갈등관계의 진행과정을 아는 것은 부모-자녀 관계의 악화를 방지하고 예방하는 데 도움이 된다. Gothard(1997)는 자녀의 문제발생이 부모와의 상호작용과 긴밀하게 연결되어 있음을 파악하고, 청소년 자녀와 부모 간 갈등이 파괴적으로 심화되어 가는 과정을 8단계로 설명하였다(금명자, 송미경, 이호준, 이지은, 2005 재인용).

■ 1단계: 상처받은 영혼-대화 단절-무시

자녀가 마음에 상처를 받으면 우선 말이 줄어든다. 대화가 줄어들고 눈을 마주치는 일이 줄어든다. 그러나 부모는 '그럴 수도 있지.' 하면서 대수롭지 않게 넘긴다. 이런 상태가 지속되면 아이의 마음에서 부모에 대한 애정이 줄어들거나 없어지게 되어 냉랭해지고 자신을 가족으로부터 소외시킨다.

■ 2단계: 애정의 상실-감사의 소실-옛날과 비교

이렇게 소외된 감정은 감사하지 않는 행동으로 나타난다. 부모가 애써서 마련한 여러 가지 것들에 대해 전혀 감사하지 않는다. 아이들은 '당신들이 나에게 해주는 이런 것들은 내가 받은 상처와 맞먹는다. 그러니까 부모가 나에게 해 준 것들에 대해 전혀 감사할 이유가 없다.'라고 생각한다. 아이들은 부모의 모든 돌봄을 당연한 것으로 여기고, 부모는 아이들의 그런 행동을 보고 나무란다. 그러면 아이들은 부모의 권위의식에 신물을 느끼고 부모를 무시하려 한다.

■ 3단계: 권위의 거부-고집 부림-잔소리

부모의 권위를 무시하고 싶으나 노골적으로 드러낼 수 없을 때 아이들은 고집을 부린다. '싫어요.' '안 먹어요.' '신경 쓰지 마세요.' 등등 완곡하게 부모의 속을 건드린다. 자녀가 자신의 의무와 역할을 게을리 하면, 부모는 잔소리를 많이 하게 된다. 그러면 아이는 마음속으로 '나는 나예요. 나도 생각이 있다고요. 내 인생은 내가 사는 거예요.'라고 저항하며 자신의 권위를 주장하기 시작한다.

■ 4단계: 자신의 권위 주장–노골적 반항–규제와 요구

자신의 권위에 관심을 갖게 되고 이를 표현하면서 아이는 부모에게 대놓고 자기주장을 하고 따지고 반항한다. '이 문제는 내 문제이니 내 생각대로 할래요.' '상관하지 마세요.' 등등으로 자기를 주장한다. 그러면 부모는 자기의 권위 안으로 아이가 들어오지 않으니까 권위를 드러내는 명령과 요구를 더욱 거세게 하게 된다. 이쯤 되면 집안은 시끄러워지고 아이 문제가 부부간의 문제로 번져나가고 아이는 슬슬 밖으로 겉돌게 된다. 부모에게 반항하는 자신의 모습을 두려워하고 자기를 그렇게 만든 부모를 탓하면서 두려움, 분노의 마음을 갖는다.

■ 5단계: 반항의 합리화–나쁜 친구의 사귐–조사, 심문

자녀는 부모에 대한 두려움과 분노와 같은 무거운 심정을 완화하려고 합리화를 시작하는데, 자기와 비슷한 경험을 하고 있는 친구를 만나고 같이 지내면서 '나만 그러느냐, 내 친구 누구도 그러는데' 하면서 마음을 달랜다. 아이가 집밖으로 돌면 부모는 사귀는 친구에 대해 관심을 가지면서 마치 수사관처럼 친구에 대해 자세히 조사하고 심문한다. 아이는 더 이상 집에 붙어 있기 싫어하고 밖으로 나가 부모가 싫어하는 일(방종적인 행동들과 의무, 책임의 회피들, 감각적이고 쾌락적인 일)만 골라서 하게 된다.

■ 6단계: 감각적인 만족의 추구–방어–저주와 묵인

아이는 찰나적 쾌락에 탐닉하고 조금이라도 귀찮고 힘든 일은 하지 않으려 한다. 이때 친구들과 놀다가 의도하지 않은 가출을 한다거나, 노래방이나 어두운 곳에서 술이나 담배, 본드, 가스 등에 손을 댄다. 남녀가 함께 몰려다니면서 성문제가 발생하기도 한다. 그러면서 '뭐가 나빠요? 나를 편하게 해 주는데.' '나만 그러나요? 다른 애들도 다 이래요.' 하면서 자기의 방종을 방어한다. 그러면 부모는 자녀에 대해 배신감과 분노를 느끼며 자신의 팔자를 탓하거나, 자녀를 아

주 포기하고 무시해 버리는 지경에 이른다.

■ 7단계: 죄의식-타인 비난-자기 방어

아이들은 겉으로는 자신의 행동에 대해 합리화하고 방어하는 모습을 보이지만 마음속으로는 자신들이 저지른 일들에 대해 심한 죄책감을 경험한다. 또한 이들은 부모를 비롯한 주위 사람들과 사회를 원망하고 비난하게 되는데, 자녀들의 비난에 대해 부모는 '나는 할 수 있는 만큼 다 했다' '더 이상 어쩔 수 없다' 등의 자기 방어를 한다.

■ 8단계: 자살 충동-우울이나 흥분-절망

이 정도 되었을 때 아이들은 더 이상 버텨낼 힘이 없고 거의 무기력 상태에 이르는데, 모든 것을 잊어버리고 세상에서 없어졌으면 좋겠다고 생각하거나 천재지변이나 마술 같은 힘으로 모든 것을 지워버리고 새롭게 태어나고 싶어 한다. 다시 말해서 자살 충동이나 우울을 심하게 경험한다. 때로는 마약에 탐닉하거나 헛된 생각이나 사이비 종교에 몰입하기도 한다. 이러한 자녀의 상태에 대해 부모는 말할 수 없는 비참함을 느끼면서 절망한다.

Gothard의 8단계는 부모와 자녀 사이에 흔히 있는 실망과 노여움의 일상적인 사건이 어떻게 상호작용하면서 심화되어 가는지를 잘 보여 주고 있다.

4. 부모역할

사람을 만드는 가장 중요한 역할을 하는 사람은 부모이다. 자녀를 사람답게 만드는 것, 세상을 좀 더 나아지게 하는 유능한 사람으로 키우는 것이 부모의 사명일 것이다. Adler는 가족들 가운데 어머니가 하는 역할의 중요성을 매우 강조하였다. 어머니 없이 세상에 존재할 수 있는 사람은 없다. 어머니는 육신의 탄생뿐 아니라 정신적 · 정서적 · 사회적으로 성숙한 인간으로 탄생하는 데도 절대적인 존재이다. Adler(1958)는 어머니가 실패하면 인류 전체가 위태로운 상황에 놓이게 될 것이며, 인생에 실패한 사람들에게는 육아의 의무를 충실히 이행하지 않은 어머니들이 있었다고 말한다.

Adler는 여성은 인생의 초기단계부터 어머니가 되는 준비를 시작한다고 했다. 모성교육은 저절로 되는 것이 아니고 어릴 적부터 어머니됨의 역할을 충실히 잘할 수 있도록 교육을 받아야 가능하다는 것이다. 최근 들어 어머니의 역할을 거부하는 여성이 많아지고 있다. 예전에는 결혼 적령기가 되면 여성이 결혼하여 자녀를 가지는 것을 당연시하였으나 요즘은 그렇지 않다. 결혼이 의무가 아닌 선택이 된 지 오래이다. 결혼을 한다고 해도 아이를 낳는 것은 또 다른 선택이며, 결혼한다고 무조건 아이를 가지지 않는다. Adler는 사회가 어머니의 역할을 과소평가하거나 그 가치를 충분히 인정해 주지 않으면 재앙수준의 어려움이 올 것이라고 경고하였다(김춘경, 2015a).

백 년 전이나 지금이나 사회는 어머니의 역할을 과소평가하고 그 가치를 충분히 인정해 주지 않는다. 이런 사회적 분위기에서 여성들 역시 어머니의 역할을 과소평가하며 그 역할을 포기한다. 여성들은 자신의 우월성을 입증하고 자신의 능력을 개발하고 개인의 자아성취를 더 중요시한다. 그 결과 출산율이 하락하였고 우리 나라에서도 저출산이 심각한 사회 문제가 된 지 오래이다.

Adler는 백 년 전에 이미 여성들이 어머니의 역할에 자부심과 흥미를 가질 수 있도록 가족 구성원은 물론이고 사회 전체가 힘을 모아 여성의 지위를 격상시켜야 한다고 주장했다. 여성의 어머니 역할에 대한 사회적 인식의 변화와 여성의 지위 격상은 결혼을 평등하고 조화로운 관계로 만들 것이다. 또한 다음 세대를 건강하게 양육하는 데도 아주 크게 기여하게 될 것이다.

Adler는 어머니의 가장 중요한 역할은 자녀와 최선의 유대관계를 맺는 것이라고 하였다. 어머니는 자녀들에게 협동을 가르쳐 주고, 공동체감과 사회적 관심을 증진시켜 줘야 한다. 자신의 우월함을 입증하는 일에 사로잡혀 자녀를 돌보지 않는 어머니, 자녀를 자신의 개인적 성취나 작업을 방해하는 성가신 존재로 보는 어머니, 자녀에게 집착하거나 자녀를 통제하는 병리적인 어머니는 자녀에게 공동체감과 협동을 가르치지 못한다. 돌봄과 사랑을 받지 못한 아이들이 협동의 능력과 공동체감을 배우기는 어렵다. 어머니의 주요 역할이 자녀를 주변 사람들과 협력할 수 있도록 이끌어 주는 것인데, 이것을 못하게 되면 자녀 역시 사회에 적응하지 못하고 병리적 생활양식을 발달시킬 위험이 높다(김춘경, 2015b).

아버지의 역할에서도 Adler는 경제적, 직업적, 자녀체벌, 성교육, 금전문제, 권력의 문제, 편애문제, 부부관계, 원 가족과의 관계 등 다양한 면에 대해 이야기하였다. 아버지의 역할에서도 가장 중요한 것은 자녀의 협동 능력을 키워주는 것이다. 아버지는 특히 아내와 평등한 관계를 유지하면서 아내와 협력해 가정을 이끌어 가야 한다. 부모는 부부관계에서, 자녀들과의 관계에서, 자신이 원래 속해 있었던 가족의 형제자매관계에서, 더 나아가 이웃과 친척들과의 관계에서 협동의 능력을 보여 주는 모델이 되어야 한다(김춘경, 2015b). 부모의 편애는 평등한 관계에서 협력을 촉진시켜야 할 부모교육의 기본이 깨지는 것으로, 편애는 사랑받는 자녀나 그렇지 못한 자녀 모두에게 나쁜 영향을 미친다. 특히 사랑받지 못한 자녀에게 열등콤플렉스를 형성하게 하고, 잘못된 인생의 목표를 설정하여 어려움을 겪게 한다.

부모의 가장 큰 역할은 자녀에게 협동을 가르치는 일이다. 이는 부모들이 노력하고, 그들의 삶으로 보여 주면서 아이가 체득하게 해야 한다. 내 아이뿐 아니라 우리 사회의 아이들을 함께 돌봐야 한다. 돌봄과 사랑을 받지 못한 아이들이 문제아가 되어 내 아이를 괴롭히면 어떻게 되겠는가? 갈수록 학교폭력, 또래 괴롭힘, 왕따문제 등이 심각해져 가고 있는 오늘날 우리 사회의 아동과 청소년 문제의 치료는 물론이고, 예방적인 차원에서 내 자녀뿐 아니라 이웃과 사회의 소외된 자녀들도 함께 돌보는 건강한 사회양육문화를 이루어 나가야 한다.

Adler 교육학자들은 완벽한 부모가 아니라 책임 있는 부모가 될 것을 권장한다. 완벽을 향해 꾸준히 나아갈 수는 있지만 완벽한 수준의 부모가 되기는 어려울 것이다. 자녀에게도 완벽한 부모보다는 함께 성장하고 발전하는, 부모로서의 책임을 다하는 부모가 더 필요하다.

〈표 10-1〉 완벽한 부모와 책임 있는 부모의 비교

부모됨 유형	부모의 신념	부모의 행동	자녀의 성격
완벽한 부모	나는 자녀보다 우월한 존재로서 자녀를 통제하고 감독해야 한다.	자녀를 책임지려 한다. 과잉 보호를 한다. 독선적이다. 복종을 요구한다. 자녀를 이기려고 한다.	책임을 회피하고 자율성이 없다. 무능력하다. 다른 사람이 베풀어 주기를 원한다. 반항한다. 분노의 감정을 느낀다. 거짓말과 도둑질을 한다.
	나는 완전한 부모가 되어야 한다.	다른 사람에게 좋은 부모로 보여져야 한다. 자녀가 다른 사람들에게 좋게 보이고 칭찬을 들어야 한다. 모든 것에서 완전을 요구한다.	다른 사람의 의견에 대해 걱정을 한다. 자신이 결코 훌륭하지 않다고 믿는다. 좌절을 느낀다.
	나보다 자녀가 중요하므로 나는 자녀에게 희생해야 한다.	지나치게 자녀에게 몰두한다. 자신의 욕구에 대해서는 관심이 없고 자녀의 요구를 들어준다. 안 된다고 말할 때 죄책감을 느낀다.	다른 사람의 권리를 존중하지 않는다. 사회적 관계를 잘 형성하지 못한다. 받기를 기대한다.
책임있는 부모	자녀는 나와 동등한 인격체로서 스스로 선택하고 결정할 수 있다.	자녀를 믿고 존중한다. 독립성을 격려하고 선택의 기회를 준다. 자녀가 공헌하기를 기대한다.	자신을 존중한다. 자신감을 갖고 결정하는 것을 배운다. 자율성과 책임감을 발달시킨다.
	나는 인간이므로 불완전한 것이 당연하다.	현실적인 기대를 하고 기준을 갖는다. 격려한다. 다른 사람의 평가에는 관심이 없다. 인내심이 있다.	시도하다가 실수하면 다시 도전한다. 용기가 있다. 다른 사람의 평가보다 자신의 내적 힘을 믿는다. 다른 사람에 대해서도 인내한다.
	나 자신을 포함한 모든 사람이 중요하다고 믿는다.	상호존중과 기여를 격려한다. 시중을 들지 않는다. 안 된다고 할 때를 안다.	다른 사람의 권리도 존중한다. 훌륭한 사회적 관계를 가진다.

출처: 이숙, 우희정, 최진아, 이춘아(2009). 훈련중심 부모교육.

5. 자녀양육

1) 잘못된 자녀양육태도

Adler는 자녀를 망치는 부모의 양육태도로 과잉보호와 방임적 양육태도를 제시하였다.

(1) 과잉보호적 양육태도

흔히 온실 속에서 자란 화초에 비유되는 과잉보호로 자란 아이들은 세상에서 요구되는 과제를 직면하여 해결하기를 회피하고, 누군가가 대신 자신의 과제를 해 줄 것을 기대하는 의존적인 자세를 가진다. 과잉보호적 양육태도에 대해 Wexberg(1974)가 잘 묘사하고 있다.

> "과잉보호하는 부모들은 아이에게 애정을 소나기 같이 퍼붓고, 아이에게 무언가 슬픔이 있게 되면 끊임없이 동정하며, 아이의 눈만 보아도 그의 모든 소원을 읽어내고, 아이에게 아니라고 말하지 못하며, 아이의 말을 잘 듣고, 아이들이 부모를 지배하도록 하고 그들의 기분에 맞추려고 노력하며, 비록 그들이 부모를 휘두르려는 목적을 가졌음이 분명함에도 불구하고 그들의 기분과 뜻에 맞추어 준다."

모든 물질적 소망이나, 권력요구 등을 다 충족시켜 주고, 기대이상의 도움을 받는 환경에서 자란 아이는 자기중심적이고 이기적인 사람이 되기 쉽다. 그들은 자신들이 넘치게 받고 있는 애정과 관심에 만족을 느끼지 못하고 일정한 도를 넘어 지나친 권력추구로 나아간다(Adler, 1973a). 그 결과 그들은 부모를 자신에게 복종시키고 자신의 권력의 한계를 계속해서 넓혀 나간다. 과잉보호를 받고 자란 아동들은 어릴 적 부모님이 해 주던 방식처럼 자라서도 누군가가 즉각적으로 자신의 욕구를 만족시켜 줄 것을 기대한다. 그러나 세상에서 그런 사람을 찾기는 매우 어렵다. 가정을 벗어나 학교라는 다른 세상에 나와서부터 그들의 어려움은 시작된다. 과잉보호 속에서 자란 아이들은 자신의 문제를 스스로 해결하는 적절한 방법을 경험하지 못했으며, 다른 사람들과 함께 살아가는 데 필요한 협동이나 타인에 대한 배려라는 측면을 알지도, 배우지도 못했기 때문에 공동체는 이들에겐 고통의 장소가 된다. Adler(1958, 1973a)는 과잉보호하는 부모들의 여러 가지 모습 중에서 가장 문제가 되는 것은 부모가 아동 주위를 돌면서 그들의 과제를 빼앗아 가는 것이라고 하였다. 그 결과 자녀는 부모에게 붙어서 기생하는 인간이 되어 부모와 공생적(Symbioses) 삶을 살아 갈 수밖에 없게 된다(Wexberg, 1974).

(2) **방임적 양육태도**

Adler(1973a)는 어릴 적부터 무시당하고 방임되어 버려진 아동은 신경증적 열등감(neurotogene Minderwertigkeitsgefühls)을 지니게 된다고 하였다. 스스로 생존할 수 없는 무력한 존재로 태어난 아이가 성인의 도움을 적절히 받지 못하고 자라게 되면 심한 열등콤플렉스에 빠지게 되고, 타인에 대해 불신감과 적대감을 가지게 되면 세상을 비관적으로 바라보게 된다. Adler(1974)는 무시되고 사랑 받지 못하고, 바라지 않았던 어린이의 정신적 상황을 '원수의 나라(Feindes land)'에서 느끼는 감정과 거기에서 살아야만 하는 그들의 상황으로 표현하였다.

Adler(1973a)는 어린 시절 어머니와의 접촉의 중요성을 매우 강조하였다. 어머니와의 따뜻한 접촉이 결핍된 아이는 타인에게 베푸는 것보다 타인에게 기대도록 훈련 받게 되고, 무시된 아이들은 자신의 능력을 과소평가하고 사회를 냉혹하게 보며, 유익한 행위를 통해 애정과 존경을 얻을 수 있다는 생각을 못한다고 하였다. 어머니의 관심과 사랑을 갈구하며, 어머니에게 가치 있는 존재로 인정받기 위해 고군분투하며 어린 시절을 보낸 아이는 정작 세상을 살아갈 힘과 능력을 키우는 데 자신의 에너지를 쓰지 못하게 된다. 초기 어린 시절의 실패, 좌절, 분노와 회피의 경험은 그들이 정상적으로 건강한 인격을 지닌 자로 살아가는 데 커다란 장애가 된다. 그들은 사람들과 소통하는 능력이 부족하고, 인간관계를 회피하며, 공동체 생활에 필요한 협동과 협력의 능력도 갖추지 못해 고립되고 외로운 생활을 하게 되기 쉽다.

2) 자녀양육방법

Adler는 자녀양육을 매우 중요하게 생각했다. 세계적으로 유명한 부모 교육 프로그램들, Dreikurs의 민주적 부모교육, Dinkmeyer와 McKay의 STEP(Systematic Training for Effective Parenting), Popkin의 AP(Active Parenting) 등은 모두 Adler의 이론을 토대로 만들어진 것이다. 이 장에서는 Adler 교육학자들의 부모교육 프로그램에서 자녀의 문제행동을 이해하고 지도할 수 있는 내용 중 2가지를 소개하고자 한다. 하나는 자녀의 문제행동의 이해를 돕는 자녀 문제행동의 가상적 목적이해이고, 또 하나는 자녀를 양육하면서 겪게 되는 갈등을 감소시킬 수 있는 자연적-논리적 귀결방법이다.

(1) 자녀의 문제행동의 가상적 목적

Adler의 가상적 목적론은 자녀들의 행동의 동기, 충동, 본능 등을 이해할 수 있는 단서를 제시해 준다. 자녀들 행동의 목적을 이해하면 자녀들이 그 행동을 통해서 무엇을 얻고자 하는지를 알게 된다. 자녀를 이해하기 위해서는 자녀 행동의 목적을 알아야 한다. Adler의 수제자인 Dreikurs는 아동들이 자주 사용하는 잘못된 행동목표 4가지를 제시하였다(김춘경, 2006; Dinkmeyer & Mckay, 1982; Dreikurs, 1968; Kottman & Schaefer, 1995; Pepper, 1980).

- **관심 끌기**: 사람은 누구나 인정과 관심을 받기를 원한다. 부모의 관심을 받지 못하면 무시당한 기분을 느끼는 자녀가 있다. 그들은 다른 사람의 관심을 받아야만 가치가 있는 사람이라는 잘못된 신념을 가지고 있다. 그래서 소속감을 느끼기 위해서 긍정적 또는 부정적인 방식을 써서라도 관심을 끌려고 한다. 건설적이거나 긍정적 방식으로 관심을 끄는 아이도 있으나, 칭얼거리거나 떼를 쓰면서 부정적인 방식으로 관심을 끌려는 아이도 있다. 건설적인 방식을 사용하는 자녀들의 행동은 보통 문제행동으로 보지 않는다. Adler는 인사를 잘 하고, 심부름을 잘 하는 행동조차도 사회적 유익을 위해 하는 것이 아니고 관심을 끌기 위한 행동이라면 문제행동이라고 했다. 부정적인 방식

의 관심 끌기 행동에 대해서 부모는 주의를 주거나 달래보고, 그래도 안 되면 위협을 가하기도 한다. 이런 방식은 관심을 요구하는 자녀의 기대를 충족시켜 주는 것이기 때문에 자녀의 행동을 멈추기 보다는 도리어 강화시키는 결과가 된다. 자녀의 잘못된 관심 끌기 행동을 멈추기 위해서는 많은 인내가 필요한데, 긍정적인 행동에서만 관심을 보이고, 잘못된 행동은 무시해야 한다.

- 권력 행사: 관심과 애정을 얻으려고 노력했으나, 그런 수단들을 통해서 소속감을 얻지 못한 아동들은 안전하고 보호받기 위해서는 힘과 우월을 추구해야 한다는 잘못된 신념을 발달시킨다. 아동은 자신이 하고 싶은 것을 하려고 하고, 누군가가 자신을 마음대로 조정하거나 통제하려고 하면 이에 저항하며 자신의 힘과 능력을 시험해 보고자 한다. 이때 부모는 화를 내거나 아이를 처벌하게 된다. 이런 방식은 아이와의 힘겨루기의 상황으로 들어가게 되어 부모나 자녀 모두에게 도움이 되지 않는 소모전을 할 뿐이다. 이때 부모는 화를 내지 말고, 힘 싸움을 하고 싶지 않은 부모의 마음을 전하고, 자녀의 갈등에 대처할 수 있는 대안을 물어야 한다.
- 보복하기: 아동과 힘겨루기에서는 힘을 가진 성인이 벌로써 아동을 눌러 이기는 경우가 많다. 이때 아동은 자신의 우월성을 입증하기를 포기하고 무시당한 느낌, 패배당한 느낌, 사랑 받지 못한다는 느낌을 갖게 되고 이런 느낌을 가진 아동은 복수하려고 한다. 내가 받은 상처만큼 상대에게도 상처를 주겠다는 목적으로 보복을 계획하게 된다. 복수를 하려는 아동들은 신체적, 정서적인 학대나 무시를 경험해 왔을 수 있으며, 누구든 그들을 다치게 하기 전에 자신이 먼저 공격적인 태도를 취해서 자신을 보호하길 원한다. 자녀가 복수의 칼날을 갈면, 부모 역시 지지 않으려고 자녀를 더 심하게 억압하고 벌을 준다. 보복의 악순환은 부모와 자녀관계뿐 아니라, 앙심을 품은 자녀가 다른 형제자매를 괴롭히는 행동으로까지 뻗어나갈 수 있다. 이때 부모는 자녀와의 보복전쟁에서 이길 필요가 없음을 빨리 인지하고, 자녀의 홍분, 실망, 수치심 등의 불편하고 상처받은 마음을 보듬어 주고 잘못된 행동과 그 행동의 잘못된 목표를 스스로 이해할 수 있도록 지도해 줘야 한다.

- 무능함 보이기: 복수하려는 시도마저 성인의 벌이나 압력, 억압에 의해 무산된 아동들은 복수의 노력을 포기하고, 자존감을 잃고 자신의 모든 과제와 개인적 관계를 포기하고 위축되어 뒤로 물러나 좌절과 낙담함을 보이며 부모가 자신에게 아무런 기대도 하지 못하게 만든다. 이들은 무기력함을 내 보이며 어떠한 일도 성취하려고 노력하지지 않는다. 부모도 좌절하고 낙담하여 어떻게 해야 할지를 몰라 당황해 한다. 무능함을 보이는 그들이 전하려는 무의식적 메시지는 '나는 어떤 것도 가지고 있지 않기 때문에 나에게서 어떤 것도 기대하지 말라.' 또는 '나는 어리석고, 부족하고, 정말로 희망이 없다. 나에게서 어떤 것도 기대하지 말라.'라는 잘못된 신념이다. 이때 부모는 절대 낙담한 자녀를 비판하거나 비난해서는 안 된다. 자녀의 장점과 강점에 관심을 갖고, 작은 노력이나 긍정적 시도를 격려해 주면서 자녀가 힘을 키워 나가도록 도와줘야 한다.

(2) 자연적-논리적 귀결

처벌이 교육적이지 못하다는 사실은 익히 잘 알려져 있으나, 많은 부모는 문제행동을 보이는 자녀들에게 비난이나 평가, 설교, 잔소리, 훈계 등의 반응을 보인다. 자연적 귀결이나 논리적 귀결보다는 처벌을 사용한다.

"왜 너는 엄마 말을 안 듣니?"

"너는 나빠, 그런 행동을 하는 아이를 엄마는 예뻐할 수 없어."

"그렇게 하지 말라고 했지, 엄마 자식이라면 그렇게 하지 말아야지."

"니가 뭘 아니, 엄마가 시키는 대로 해야지."

이런 말을 들은 아이들의 마음은 어떨까? 거부 받았다는 느낌, 뭔가 부족하다는 느낌, 죄의식, 상처받음, 두려움, 공포, 방황, 혼란, 열등감, 좌절감, 무력감 등의 감정을 갖게 될 것이다. 자녀를 무력하다고 생각해 자신의 권위를 암묵적으로 강조하고, 도덕적으로 판단하고, 자녀가 아직 미숙해서 한 행동을 무시하고 비난하거나 폄하하여 자녀의 열등감을 깊게 만들어 자녀를 비뚤어진 우월추구의 노력을 하게 할 수 있다.

Adler 교육학자들은 부모가 자녀를 양육하는 방식으로 자연적 귀결과 논리적 귀결 방법을 제시하였다.

자연적 귀결이란 자녀가 자신이 한 행동의 결과를 경험함으로써 자신이 해야 하는 행동과 하지 말아야 할 행동이 무엇인지를 배우게 하는 것으로, 자녀가 자연적 결과를 통해 보상 또는 처벌을 받도록 하는 것이다. 예를 들어, 늦게 일어나서 학교에 지각을 하면 혼나게 된다거나, 저녁 식사시간을 지키지 않으면 굶거나 자신이 스스로 밥을 차려 먹어야 하고, 자기 물건을 제대로 정리정돈 하지 않으면, 필요한 물건을 찾지 못해 해야 할 과제를 제때 할 수 없게 되는 경험, 즉 자연적 귀결을 경험하게 한다. 이런 경험을 통해 자신의 행동을 자발적으로 수정하게 하는 것이 자연적 귀결이다. 많은 부모들은 자녀가 부정적인 행동의 결과를 경험하는 것을 방지하려고 애쓰면서 자녀와 엄청난 힘겨루기를 하거나 헛된 간섭을 한다. 이러한 부모의 간섭은 자녀와의 관계를 악화시킬 뿐 아니라 자녀를 의존적인 아이로 키우게 되고, 잘못된 행동을 계속해서 하도록 조장하는 결과를 낳게 된다.

자연적 귀결을 사용하기 어려운 경우에는 논리적 귀결을 사용한다. 굶으면 배가 고프다는 것을 경험을 통해 배우는 것이 자연적 귀결이라면, '성적이 떨어지면 핸드폰을 한 달간 사용하지 않는다.' 또는 '자기 물건을 정리하지 않으면 다른 사람이 그 물건을 마음대로 사용하거나 치워도 된다.'는 것을 논리적 결과의 경험을 통해서 배우는 것이 논리적 귀결이다. 즉, 논리적 귀결이란 자녀의 행동의 결과를 자연스럽게 따라가게 하는 것이 아니라, 부모가 자녀와 합의하여 논리적으로 행동에 따른 결과(손해)를 정하는 것이다. 예를 들면, 자녀가 숙제를 하지 않으면 컴퓨터를 못한다는 규칙을 정해서 따르는 것이 있다. 논리적 귀결에 따라 자녀를 지도할 경우, 부모는 자녀에게 상황에 따른 결과를 자녀가 직접 선택할 수 있는 권리를 주어야 한다. 그리고 자녀의 결정을 수용해 주어야 한다.

앞에서 부모의 잔소리나 비난이 자녀의 열등감을 심화시키고 비뚤어진 우월추구의 노력을 하게 했다면, 논리적 귀결은 자녀와의 갈등을 최소화하고 사회적 질서를 가르치며, 잘못된 행동에 대한 논리적 결과를 경험을 통해 배우게 한다. 또한 다른 사람이 자신을 수용한다는 느낌을 갖게 하며 인격적으로 존중받는 경험을 통해 스스로 자긍심을 가질 수 있도록 한다. 그리고 자신의 행동을 스스로 분별하고 평가하여 자신을 스스로 잘 돌볼 수 있게 하며, 부모의 믿음과 지지, 인정을 받고 있다는 경험을 통해 정서적 안정감과 신뢰감을 갖게 되고, 자신의 행동의 결과를 스스로 내린 결정에 따라 대가를 치르기 때문에 책임감 있는 결정을 할 수 있는 능력을 키우게 된다(김영옥, 2007; 이숙, 우희정, 최진아, 이춘아, 2009).

논리적 귀결을 사용할 때 따라야 할 몇 가지 지침이 있다(이숙 외, 2009).

- 논리적 귀결의 기본은 자녀에게 선택할 기회를 주는 것이다. 자녀에게 선택권을 주어 그 행동의 대가를 경험하게 하는 것은 매우 중요하다. 선택한 행동의 결과를 경험하고, 그 결과에 책임을 지는 훈련은 자녀양육에서 매우 중요하다.
- 결과는 논리적인 타당성이 있어야 한다. 논리적 귀결의 성공은 자녀가 치르게 될 대가가 자녀의 그릇된 행동과 논리적으로 관련이 있어야 한다. 그래야 자녀가 원망하지 않고 따르게 된다.
- 부모가 실제로 실천할 수 있는 선택권만 주어야 한다.
- 부모는 자녀에게 행동의 선택권을 제시하거나 자녀가 취한 행동의 결과로 어떤 대가를 따르도록 말할 때 단호하고 조용한 목소리로 말해야 한다.
- 일단 자녀에게 선택권을 주고 나서는 반드시 그대로 실행해야 한다. 논리적 귀결을 시도하려고 계획했으면 그대로 실행해야 한다. 자녀가 잘못된 행동을 계속하면 즉각적으로 그 결과를 경험하도록 시행한다.
- 자녀가 부모를 시험해 본다는 사실을 유념한다. 자녀는 여전히 자신의 잘못된 행동을 계속 하면서 부모의 태도를 시험해 본다. 부모는 이런 사실을 미리 알고 인내심을 가지고 자녀의 행동에 정한 규칙에 따라 반응해 줘야 한다.
- 자녀에게 자기 행동의 결과를 경험한 다음에 또 한 번 기회를 준다. 자신이 선택한 행동의 결과를 깨닫도록 지도하는 것이 목적이므로 그와 같은 기회

를 다시 한 번 더 주어야 한다.

이 밖에도 Adler 교육학자들은 자연적 귀결과 논리적 귀결을 사용할 때 부모가 지켜야 할 원리를 다음과 같이 제시하고 있다(김명희, 2010).

- 일관성 있는 행동을 한다.
- 애정적인 태도를 가지면서 동시에 단호한 면도 필요하다.
- 말을 적게 하고 행동을 많이 한다.
- 자녀와 함께 책임의식을 나눈다.
- 자녀의 행동목표와 정서를 이해한다.
- 자녀를 복종시키려는 태도를 삼가고 투쟁을 거절한다.
- 자녀에게 최대한의 자율성을 보장한다.
- 자녀들이 좋아하는 태도만을 가진 부모보다는 책임 있는 부모가 되도록 노력한다.

만약 아이가 비판 속에 살면 그는 비난하는 법을 배운다.
만약 아이가 안전하게 살면 그는 자신을 믿는 법을 배운다.
만약 아이가 적의 속에 살면 그는 투쟁하는 법을 배운다.
만약 아이가 수용 속에 살면 그는 사랑하는 법을 배운다.
만약 아이가 공포 속에 살면 그는 걱정하는 법을 배운다.
만약 아이가 인식 속에 살면 그는 목표를 갖는 법을 배운다.
만약 아이가 동정 속에 살면 그는 스스로 미안해하는 법을 배운다.
만약 아이가 승인 속에 살면 그는 자신을 좋아하는 법을 배운다.
만약 아이가 질투 속에 살면 그는 죄책감을 느끼는 법을 배운다.
만약 아이가 우호적인 상태에서 살면 그는 세상이 살기 좋은 곳이라는 것을 배운다.

– H. G. Ginott –

11 직장관계

1. 일-직업 과제

사람들에게 직업은 매우 중요하다. 직업은 생활고를 해결할 수 있게 해 주고, 개인의 우월추구의 노력을 할 수 있는 장(場)을 마련해 주며, 이를 통해 열등감을 극복할 수 있는 기회를 준다. Adler가 강조하는 사회적으로 남에게 유익을 주는 역할을 할 수 있는 기회를 제공해 주는 것도 직업이다. 당연한 말이지만, 직장생활을 잘 하는 것은 건강하고 안정적인 생활을 하는 기본 바탕이 된다. 그러나 직업을 통해서 획득하는 것이 많음에도 불구하고 직업을 가지는 것을 미루거나, 직장을 자꾸 옮기거나, 직장 스트레스가 많다고 직장생활의 어려움을 호소하는 등 직업의 과제를 제대로 수행하지 못하는 사람들이 많이 있다. 직장생활을 성공적으로 해 나가는 데 필요한 것은 지적능력이나 유능성보다 '인격적 자질'(서울시 교육위원회, 1979)과 '함께 일하는 사람들과의 관계'(이무석, 2006)라고 한다. 이는 직장생활의 성패가 인간관계에 달려있다는 말이다. Adler는 직업문제를 해결하는 최고의 수단을 협동이라고 하였다. 협동 작업을 개발하였기에 인류문명과 문화가 발전하게 되었다. 그 과정에서 직업이 생긴 것이다. 사회에 기여하고 다른 사람들과 협력할 수 있는 능력이 있는 사람은 자기에게 적합한 직업을 가지면 그곳에서 자신의 몫을 담당하면서 사회에 기여를 한다. 기여를 통해 자신도 성장하고 발전하게 된다. 그러나 건강한 생활양식을 형성하지 못하여 공동체감과 사회적 관심이 빈약하거나, 자신의 노력 없이 다른 사람의 덕으로 살려는 사람들은 직업의 과제를 계속해서 미룬다. 자신이 겪게 될 직장에서의 실패를 미리 거부하는 것이다. 자신들이 통제할 수 없는 직업세계가 마음에 들지 않고 불공평하다고 느끼기 때문에 직장에 잘 적응하지 못하고 불평불만을 많이 한다. 다른 사람들을 시켜서 자신의 과제를 해결했던 사람의 경우에는 스스로 자율적으로 일을 처리할 수 있음에도 불구하고 자기가 자신을 믿지 못해 주어진 일을 능력껏 성취해 내지 못한다(Adler, 1958). 그들에게는 직업을 통해 사회에 기여하려는 마음보다는 직업을 통해 자신의 우월을 증명하려는 마음이 더 크다. 직장에서의 성공을 위해서도 사회적 관심이나 협동의 능력이 필요하다고 Adler는 강조한다.

2. 직장 내 인간관계 스트레스

Maslow는 인간의 가장 기본적인 생존의 욕구부터 자아실현의 욕구까지 인간의 욕구단계를 설명하였다. 직업은 Maslow가 말한 인간의 모든 욕구단계를 충족시켜주는 것이라고 할 수 있다. 그래서 모든 사람들이 어려서부터 커서 뭐가 될 것인가에 관심을 가지고, 또 좋은 직업을 갖기 위해 필사적으로 노력한다. 직업을 통해 의식주의 생활고를 해결할 수 있기 때문에 직업은 무엇보다도 먼저 생존을 가능케 하는 생리적 욕구와 안전 욕구를 충족시켜 준다. 직장은 이러한 기본적 욕구를 충족시킬 뿐 아니라, 같은 분야에 흥미와 관심을 가진 직장 동료들과의 생활은 인간의 소속감의 욕구를 충족시켜 준다. 직업을 통해 자신의 자질과 능력을 펼치게 되므로 직업은 자아실현의 욕구도 충족시켜 준다.

직업이 인간의 주요한 욕구를 충족시켜 주기 때문에 직장생활은 그것이 어떤 형태이든 매우 중요하고 가치 있는 것이다. 그런 가치를 알지만, 직장생활에서 경험하는 스트레스 때문에 직장을 포기하거나 변경하는 어려움을 겪는 사람들이 많다. 다양한 직장 스트레스가 있겠지만, 직장생활에서 경험하는 인간관계가 가장 큰 스트레스 요인으로 지적되고 있다. 이태연과 최명구(2006)는 직장생활을 새롭게 시작하는 신입사원들이 겪는 인간관계 스트레스로, 첫째, 입사 후 새로운 인간관계를 형성하는 과정에서 겪게 되는 스트레스, 둘째, 위계 조직인 직장에서 업무를 지시하는 상사와 이를 수행하는 부하직원 간의 갈등에서 비롯된 스트레스, 셋째, 동료들 간의 갈등에서 오는 스트레스, 넷째, 직장의 분위기에 잘 적응하지 못하는 데서 오는 스트레스 등이 있다고 하였다.

직장에서의 일이 적성에 맞고 재미있고 직무의 업무의 성취감이 높다고 해도 직장에서의 인간관계가 원만하게 이뤄지지 않으면 자신의 능력을 다 발휘하기가 어렵게 된다. 성공적인 직장생활을 위해서는 인간관계에 대한 이해가 필요하다.

3. 직장 내 인간관계

직장에서 함께 일을 하는 직장동료들은 공통의 목표를 실현하기 위한 목표지향적인 공동체에 속하게 된다. 작업적 동반자는 이러한 목표지향적 활동을 협력하여 수행한다. 공동의 목표를 위해 작업적 활동을 함께 하는 직장동료, 같은 분야의 공부를 함께 하는 학우, 가치나 이념의 실현을 위해 함께 활동하는 동료들이 모두 인생에 의미 있는 동반자이다. 성공적인 직장생활을 위하여 직장동료들과 건강한 인간관계를 맺기 위해서는 어떤 노력을 해야 할 것인가? 직장에서 성공적으로 인간관계를 맺기 위한 덕목으로 김은영(2015)은 다음과 같은 덕목이 실천될 것을 요구한다.

- 공동체 의식을 가져야 한다.
- 서로의 인격을 존중해 주어야 한다.
- 서로 신뢰해야 한다.
- 건설적인 비판을 수용할 수 있어야 한다. 한 개인의 성장을 위해서는 긍정적 피드백뿐만 아니라 부정적 피드백도 잘 받아들이고 수용할 수 있어야 한다.
- 각자 업무를 충실히 담당해야 한다. 원만한 상사와 부하의 관계를 이루기 위

해서는 상사는 부하를 존중하고, 부하는 상사를 존경하는 태도가 무엇보다 도 필수적이다.

김은영(2015)이 제시한 성공적인 인간관계 덕목에서도 공동체 의식을 제1덕목으로 지적하였다. 사회적 동물인 인간은 그들이 어디에서 무슨 일을 하며 존재하더라도 '공동체감'을 잘 발휘해야 성공적이고 행복한 삶을 살 수 있음을 다시 한 번 강조하게 된다.

활동

대인관계능력 진단도구

본 측정도구는 교육과학기술부와 한국직업능력개발원에서 대학생의 직업기초능력을 진단하기 위하여 제작된 직업기초능력 진단종합검사의 하위검사로 직업기초능력의 정의적 영역 중 하나인 대인관계능력을 측정하기 위한 진단도구이다(www.kcesa.re.kr). 본 척도는 대학생 및 대학졸업(예정)자의 대인관계능력을 진단하여 직업세계에서 요구되는 역량에 대한 현재 수준을 파악하여 부족한 부분을 강화하도록 정보를 제공하고, 또한 대학 교육의 질적 수준을 평가하고 이를 바탕으로 대학의 교과과정을 개선하기 위한 방향을 제시하며, 나아가 기업에서는 직업기초능력으로서의 대인관계능력의 정보를 제공하여 취업 후 업무수행능력을 예측할 수 있도록 한다.

본 척도의 하위요인은 정서적 유대, 협력, 중재, 리더십, 조직에 대한 이해로 구성되어 있으며, 총 55문항으로 이루어져 있다. 검사시간은 15분으로, 각 문항의 응답방식은 Likert식 5점 척도로 이루어져 있다.

하위요인	측정내용
정서적 유대	다른 사람을 존중하고 배려하여 신뢰와 친밀감을 형성하여 다양한 배경을 지닌 사람들과 원만한 관계를 유지하는 능력
협력	조직의 일원으로 참가하여 그룹의 목표 달성에 공헌하고 그룹 내 다양한 배경을 가진 구성원들과 협력하는 능력
중재	나와 다른 사람 혹은 다른 사람들 간의 의견차이나 갈등을 원만하게 조정하여 합의를 이끌어내는 능력
리더십	자신의 의견과 의도를 정당화하고, 남을 설득시키고, 기존의 절차나 정책에 대해 책임감을 갖고 도전하기 위해 자기 의견을 전달·표현할 수 있는 능력
조직에 대한 이해	조직 수행 절차를 이해하고, 조직 수행에 영향을 끼치는 요인들을 파악하여 그 효과를 예측·평가하며, 업무 수행을 향상시키기 위해 기존 시스템을 변화시키거나 새로운 시스템을 설계할 수 있는 능력

출처: 성태제, 김성훈, 김경성(2007). 대학생 직업기초능력 진단종합검사 개발.

각각의 하위요인에 대한 성취수준별 특징은 다음과 같다.

성취수준	정서적 유대
탁월	조직 내·외부의 다양한 배경을 가진 사람들과 공식적 또는 비공식적인 관계를 형성하고 유지하며, 이를 활용하여 업무에 필요한 정보를 이끌어 낼 수 있다.
우수	팀 구성원과의 친밀도 향상을 위해 사적 관심사를 이해하고 함께 대화하여 상호이해를 통한 우호적인 관계를 형성할 수 있으며, 팀이 원만하게 유지할 수 있도록 조력가로서 행동할 수 있다.
보통	업무와 관련하여 다른 사람의 행동과 입장을 이해하며, 다른 사람의 생각과 의견에 관심을 가지고 이를 수용하기 위해 노력한다.
미흡	다른 사람의 표정이나 동작을 살피고, 낯선 사람과 만나도 자연스럽게 이야기할 수 있다.
성취수준	**협력**
탁월	구성원들 간 자발적으로 협력할 수 있도록 솔선수범하여 상호협력과 협동을 이끌어 내어 협력적 팀 문화를 형성하도록 한다.
우수	팀의 전반적인 업무를 파악하고 협조적인 분위기를 조성하여 팀 내 구성원들이 목표를 달성할 수 있도록 조력가로서 행동할 수 있다.
보통	팀워크의 중요성을 인식하고 팀 목표 달성을 위해 활동적인 구성원으로 참여하며, 자신의 업무와 관련된 팀원과 협동하여 업무를 수행하는 상호협력의 자세를 보인다.
미흡	본인과 관련된 업무에서 상사의 지시에 따라 다른 사람과 협력하여 적극적으로 팀 업무에 참여한다.
성취수준	**중재**
탁월	팀 내 구성원들 간의 의견 차이나 갈등의 발생 가능성을 미리 파악하고, 원인과 본질을 정확히 분석하여 원만하게 조정하여 합의를 이끌어 낼 수 있다.
우수	자신의 이익뿐 아니라 팀의 이익을 고려하여 협상의 방향을 설정하고 구성원의 의견 차이를 해결하여 합의를 이끌어 낼 수 있다.
보통	본인에게 발생할 수 있는 갈등상황을 미리 방지하고, 발생한 갈등상황에 대해서는 잘 이해하여 다른 사람과 해결책을 논의하여 해결할 수 있다.
미흡	본인에게 발생한 갈등상황을 이해할 수 있으며, 다른 사람의 관점을 수용하여 해결한다.

성취수준	리더십
탁월	다른 사람의 발전을 위해 멘토로서의 역할을 감당하며, 팀의 목표달성을 위해 구성원들이 자발적으로 참여할 수 있도록 동기를 부여할 수 있다
우수	팀의 목표를 달성하기 위해 전반적인 성과를 평가하고, 자신의 의견이나 의도를 정당화하여 다른 사람을 설득시키며 과업에 대한 피드백을 제시할 수 있다.
보통	팀의 목표를 확인하여 의사결정에 적극적으로 참여하며, 다른 사람에게 업무에 대해 도움을 주고 과업에 대한 수행을 평가할 수 있다. 또한 필요한 경우 다른 사람에게 도움을 요청할 수 있다.
미흡	본인의 행동에 대해 책임을 가지고 역할을 수행하며, 다른 사람에게 설명 등을 통해 과업 수행에 대한 피드백을 제공한다.
성취수준	조직에 대한 이해
탁월	조직의 목표를 이해하고 팀의 목표와 조직의 목표를 점검하여 기존 시스템을 변화시키거나 새로운 시스템을 설계할 수 있다. 또한 구성원들에게 조직의 정체성을 심어주어 바람직한 조직 문화를 형성할 수 있도록 한다.
우수	팀의 목표를 이해하고 전체적인 규칙, 규정을 파악하여 이를 토대로 업무에 주도적으로 참여할 수 있다.
보통	본인에게 주어진 업무를 이해하며, 공동체 의식을 가지고 조직 내 다양한 역할들에 대한 중요성을 이해한다. 또한 조직의 수행에 영향을 미치는 요인들을 이해하고 이를 바탕으로 업무를 수행한다.
미흡	본인이 속한 팀의 목표를 이해하고, 본인에게 해당하는 규칙이나 규정을 파악하여 이를 토대로 해당되는 업무를 수행한다.

출처: 성태제, 김성훈, 김경성(2007). 대학생 직업기초능력 진단종합검사 개발.

12 인간관계 부적응과 정신병리

1. 정신병리 이론

완벽하고 완전한 사람은 없다. 완전을 추구하며 살 뿐이지, 사람은 누구나 불완전하고 열등한 존재이다. 사람은 누구나 살면서 당면하는 삶의 과제를 사적논리를 가지고 해결하고, 과제를 수행하다 보면 성공할 때도 있지만 실수할 때도 있고, 실수와 실패에 따른 낙담과 좌절을 경험하며 산다. 이러한 인생의 여정은 정상인이나 부적응자들 모두에게 다 적용된다. 같은 인생의 경험을 하더라도 사람들의 반응은 매우 다르다. 정상인들은 일반적으로 자신의 열등함을 수용하고, 열등함에도 불구하고 삶의 과제를 수행해야 하기에 용기를 내서 자신의 삶의 과제를 해결해 나간다. 자기 혼자 해결할 수 없는 문제는 타인의 도움을 받고 함께 협력해서 해결하려고 노력한다. 타인들의 도움과 그들과의 협력으로 인생의 문제들을 해결해 본 사람들은 자신의 삶의 과제와 문제뿐 아니라, 이웃과 사회의 문제와 복지까지도 관심을 가지고 타인을 돕고 함께함의 즐거움과 함께 발전함의 기쁨을 누리며 산다. Adler(1973b)는 정상적인 사람은 사회적인 관점에서 적응적이며, 사회가 그의 활동으로부터 유익을 얻고, 심리적으로 자신의 문제와 어려움을 직면하기에 충분한 힘과 활력을 가지고 있다고 보았다.

반면, 부적응자들은 사회에 적응하지 못하고 매일의 삶의 과제를 해결하지 못한다(Adler, 1973b). 부적응자들이 겪고 있는 정신병리 증상은 다양하지만 Adler는 다양한 증상의 신경증과 정신병을 앓고 있는 사람들에게서 공통된 생활양식을 발견하였다. 이들의 부적응적인 생활양식은, 첫째, 어린 시절부터 형성되기 시작한 것으로 어린 시절에 과잉보호를 받았거나 유기, 학대, 방임 등의 경험에 의해 발생한다. 둘째, 이들은 열등감을 정상적으로 극복하지 못하여 지나친 우월추구의 노력을 하면서 왜곡된 사적논리를 발달시킨다. 셋째, 사회에 적용되지 않는 역기능적 사고와 사적논리로 삶의 과제에 대처하여 삶의 과제를 제대로 해결하지 못하고, 지속적으로 실패경험을 하면서 심리적으로 낙담하고 좌절감을 느낀다. 넷째, 이러한 깊은 낙담과 좌절은 삶의 과제를 회피하는 수단으로 증상을 만들어 내며, 이것으로 인한 삶의 곤고함과 왜곡됨은 인간관계의 문제를 야기하고 증상은 더 깊어져 가게 된다. 마지막으로, 부적응자들의 문제는 궁극적으로 공동체감과 사회적 관심의 결핍에 의해서 더욱 심화되어 간다.

Adler 심리학에서는 정상과 비정상의 차이를 명확하게 구별하지 않는다. 다만 양적인 관점에서 증세가 좀 더 심하거나 좀 덜하다는 것일 뿐 누구나 어느 정도의 신경증적 증세는 조금씩 보이면서 산다고 본다. Adler는 신경증 증상을 하나도 가지고 있지 않은 정상인은 한 명도 없다고 하였다(Ansbacher & Ansbacher, 1982). 즉, Adler 학파에는 건강한 자, 신경증자, 정신병자 간의 원칙적인 차이가 없다(Jacoby, 1974). 상황에 따른 인간의 처신이 문제해결에 있어서 신경증적 증후를 보이거나, 특이하게 드러나지 않거나 한다. 신경증적 경향이 있다는 것은 신경증적 증후군에 걸리기 쉽다는 것으로서, 일반적으로 열등감의 그릇된 보상결과 나타나는 좌절감, 자기집착, 이상보상 등이 그 원인이 된다.

Adler 심리학자들은 모든 정신병리 증상은 강화된 열등감이 공동체감의 결핍으로 정상적으로 극복되지 못한 상태라고 본다(Dreikurs, 1971). 다양한 형태의 부적응자들은 열등감을 극복하는 방법에 있어서 공격적인 방법을 사용하거나 위축되어 소극적인 방법을 사용한다.

공격적인 성향의 사람들은 자만, 허풍, 호언장담, 거만, 과장된 자기자랑 등의 행동 특성을 보이는데, 이들은 자신이 성취하지 못한 목표는 평가절하하고, 다른 사람을 낮게 평가하거나 또는 자신이 해야 할 일이 매우 어려운 일이라고 강조하면서 자신을 높이려 한다. 이들은 자신의 실패를 다른 사람의 잘못으로 돌리고, 이것이 실패하면 타인공격에서 자기공격으로 방향을 바꾸어 자기비난, 자학, 자살까지 감행한다. 이들의 자학 또는 자살행동은 주변 사람에 대한 복수의 일종으로 볼 수 있다.

위축되어 소극적인 방법으로 사는 사람들은 방어, 핑계, 변명, 복통, 불면, 소심함, 낙담, 주저함 등의 행동 특성을 보인다. 이들은 열등감 극복의 실패를 통해 발생한 낮아진 자존감을 보호하고 더 이상 자존감이 낮아지거나 무시당하지 않기 위해서 실패할 수 있는 위험한 상황은 어떤 것이든 회피하려고 한다. 이런 사람들은 자신의 행동을 합리화하기 위해서 호흡곤란, 소화불량, 피곤, 두통, 불면증 등의 소위 '신체언어' 또는 '기관언어'를 동반하기도 한다(Jacoby, 1974). 이렇게 부적응자들에 의해 만들어진 연약함 또는 증상들은 힘, 권세, 명성을 얻기 위해 그들이 사용하는 수단이다. 이런 현상을 Adler(1974)는 '연약함을 통한 지배(Herrschen durch Schwäche)'라고 하였다. 예를 들어, 한 학생이 "내일 시험인데 어제 머리가 아파서 집중해서 공부를 제대로 할 수 없었어요."라고 한다고 하자. 그에게 있어 '두통'은 자신의 낮은 성적을 변호해 줄 수 있는 수단이다. 내가 머리가 나쁘거나 무능력해서 시험을 못 본 것이 아니라, '두통' 때문에 시험을 못 본 것이라는 것이다. 일반적으로 사람들은 아픈 사람에게 관심을 가져 주고 동정심을 보낸다. 성적이 낮게 나와도 그 학생의 열등감은 상처를 입지 않고, 그 자신에 대한 평가도 낮아지지 않게 된다. '두통' 때문이지, 그 학생의 무능함이나 게으름 때문이 아니기 때문이다. 그 학생은 자신의 열등함이나 무능함을 숨기기 위해서, 자신의 능력과 자존감을 보호하기 위한 수단으로 고통을 감수하는 쪽을 택한 것이다. 이 모든 과정은 무의식에서 이루어진다. 이러한 심리적 기제가 좀 더 발전하여 심각해지면 신경증 또는 정신병 증상까지 나타나게 된다.

2. 정신장애

성격장애와 같이 지속적인 인간관계의 문제를 지니고 있지 않은 사람도 일시적으로 인간관계의 부적응 상태가 계속되면 여러 가지 심리적 문제를 나타낼 수 있다. 비교적 원만한 인간관계를 가지고 살던 사람들도 이사, 새 직장, 전학, 진학 등 새로운 상황에 잘 적응하지 못하면 심리적 부적응 상태에서 증상을 나타낼 수 있다. 특히 이러한 부적응 상태로 인하여 심한 심리적 고통을 받거나 사회적 · 직업적 적응에 현저한 부적응을 초래할 경우에는 심리적 정신장애로 간주될 수 있다. 심리적 정신장애는 인간관계의 부적응으로 인해 발생하는 경우가 많다. 여기에서는 특히 인간관계 부적응과 밀접한 관계를 맺고 있는 심리적 정신장애를 살펴보기로 한다.

1) 우울증

우울증은 삶을 매우 고통스럽게 만드는 심리적 장애인 동시에 '심리적 감기'라고 부를 정도로 매우 흔한 장애이다. 우울증은 인간관계에서의 심한 좌절과 상실을 경험할 때 나타나게 되는데, 개인을 부적응 상태로 몰아가고 때로는 자살에까지 이르게 하는 치명적인 정신장애이다. 우울증 환자들은 인간관계를 형성하는 데 어려움이 크다. 사회적으로 고립된 상태에서 장기간 인간관계의 좌절을 경험하게 되면, 자존감의 손상과 더불어 열등감이 확대되고 사회적 행동이 계속 위축되는 악순환에 빠져서 우울증에 걸릴 수 있다. 이외에 다양한 충격적인 인간관계의 어려움을 겪어도 우울증에 걸릴 수 있다.

우울증은 우울하고 슬픈 기분을 주된 증상으로 하고 좌절감, 죄책감, 고독감, 무가치감, 허무감, 절망감 등과 같은 고통스러운 정서상태가 지속되는 장애이다. 우울증 환자들은 울적한 기분과 더불어 일상생활에 대한 흥미와 즐거움을 잃어서 재미없고, 무미건조하고, 위축되고, 침체된 생활을 하며 지낸다. 이들은 부정적이고 비관적인 생각에 사로잡혀 있으면서 자신이 무능하고 열등하다는 생각에 사로잡혀 있다. 자신이 해야 할 인생과제를 수행하기 어려워하여 자꾸 미루거나 타인에게 전가시키곤 한다. 신체적으로도 쉽게 피곤함을 느끼고 체중의 감소 및 식욕의 저하, 불면증 등의 고통을 호소한다.

Adler는 우울증 환자들은 개인의 자존심을 보호하기 위해서 우울증을 이용한다고 보았다. 우울증 환자는 일상생활의 부담을 과장하고, 도달할 수 없는 인생목적을 추구하며, 그 목적을 달성하지 못한 것에 대하여 타인이나 생활환경을 비난한다. 그들은 우울증을 이용하여 다른 사람들을 조정하고, 자신의 삶의 과제 수행에 대한 책임을 회피하려는 의도를 가지고 있다. 우울증 환자들은 자신이 연약하고 무능하다는 점을 증명하기 위해 애쓰며, 그 과정에서 자신에게 부과된 사회적 책무에서 벗어나려 한다. 이들은 매우 의존적인 사람이다. 우울증에는 보복의 요소가 있어서 누군가를 걱정하게 만들고 죄의식을 느끼게 한다. Yang 등(2010)은 우울은 사회적으로 용인되는 분노의 위장이며, 욕구불만, 실망, 부정, 불공정감, 통제의 상실 또는 이러한 태도들의 조합으로 나타날 수 있는 것이라고 하였다(Dewey, 1984: Yang et al., 2010 재인용). Adler 심리학자들은 우울증 환자들은 어릴 적부터 삶의 과제를 자신이 해결하기보다는 다른 사람들의 동정과 도움으로 과제를 해결하는 것이 훨씬 더 쉽고 편리하다는 것을 배웠을 가능성이 크다고 보았다. 우울증의 특징으로 자살이 거론되는데, 자살은 낮은 사회적 관심과 응석받이로 자란 생활양식을 반영할 뿐 아니라, 타인을 통제하는 수단으로 이용된다. 자살은 자신의 내면을 향한 분노이며, 자신에게 상처를 입힘으로써 타인에게도 상처를 주어 자신의 자아를 달래는 과학적인 시도라고 할 수 있다(권석만, 2012; Dinkmeyer & Sperry, 2002).

2) 사회공포증

사회공포증은 불안장애의 하위유형으로서 사회적 상황이나 과제 수행 상황에 대해 눈에 띄게 지속적인 공포를 지니는 것이 주된 특징이다. 여러 사람 앞에서 발표를 하거나, 무대에서 연주를 하는 것 또는 사람들 앞에서 얼굴이 붉어지는 적면 공포, 식사공포 등과 같이 사회적 상황에서 다른 사람에게 관찰되는 것, 부정적 평가를 받는 것, 모욕당하는 것, 당황하게 되는 것을 두려워한다. 사회공포증 환자들은 이러한 사회적 상황에 처하게 되면 심장박동이 빨라지고, 얼굴이 붉어지고, 손발이 떨리며, 근육이 긴장되거나 정신이 혼미해지는 등의 대부분 즉각적인 불안반응을 나타낸다. 이들은 스스로가 자신의 이러한 반응이 비합리적이고 과민한 것임을 알고 있다. 그런 사회적 상황을 두려워할 만한 실제적인 이유가 없다는 사실도 알고 있다. 그러나 그러한 공포에서 벗어날 수 없어 한다. 이들은 직업이나 사회생활에서 감당해야 할 일을 회피하려고 하기 때문에 직업이나 사회생활에서 현저한 방해를 받는다(권석만, 2014).

Adler는 실패에 대한 두려움을 가진 사람이 실패에서의 두려움에서 자신을 보호하기 위해 사회공포증이나 불안장애를 이용하는 것이라고 보았다. 삶의 과제에서 벗어나기 위한 수단으로 불안증을 만들어 낸다는 것이다. 이들은 선택이나 결정을 연기하거나, 어렵거나 하기 싫은 과제들로부터 안전한 거리를 유지하면서 과제로부터 회피한다. Adler 심리학자들은 불안장애에 속한 사회공포증, 광장공포증, 불안장애 및 다양한 공포증은 거의 모두 실패할 것의 두려움을 인정하기 싫어서 생기는 것이라고 보았다. 고통스러운 열등감을 은폐하기 위해서 이런 증상들을 이용하는 것이다. 이 또한 어린 시절의 경험이 주요 원인이 되는데, 응석받이로 자란 아동은 삶의 과제를 수행할 준비가 되지 않았기 때문이다. Dreikurs(1957)는 이런 증상들이 아동들이 자신이 원하는 것을 얻기 위해 사용하는 최상의 무기라고 하였다(권석만, 2012; Dinkmeyer & Sperry, 2002; Dreikurs, 1957).

3) 반사회성 성격장애

반사회성 성격장애는 사회적 규범을 준수하지 않고 무책임하며 폭력적인 행동, 즉 구속당할 행동을 반복적으로 하여 사회적 부적응을 보이는 장애이다. 반사회성 성격장애자는 자신의 쾌락과 이익을 위해서 수단과 방법을 가리지 않고 폭력, 사기, 절도와 같은 범죄행동을 반복적으로 한다. 그들은 충동적이고 호전적이어서 육체적인 싸움을 자주 하고 폭력을 휘두르며 배우자나 자녀를 구타하기도 한다. 또한 무책임하고 무모하여 위험한 일을 겁 없이 행하며 가족부양이

나 채무이행을 등한시한다. 반사회성 성격장애자는 잦은 폭력과 범법행동, 작업적응의 실패, 가족부양의 소홀, 성적 문란, 채무 불이행, 거짓말이나 사기행각, 무모한 위험행동, 문화시설의 파괴행위 등을 나타냄으로써 주변 사람과 사회에 커다란 피해를 입힌다. 반사회성 성격장애자는 흔히 아동기나 청소년기부터 폭력, 거짓말, 절도, 결석이나 가출 등의 문제행동을 나타내는 것이 일반적이다(권석만, 2014; Dinkmeyer & Sperry, 2002).

Adler는 다른 어떤 장애보다 반사회적 성격장애에 관해 많은 연구를 하였다. Adler는 반사회적 성격장애의 근본 원인을 공동체감/사회적 관심의 결여에서 찾았다. 반사회적 성격장애자들은 세계 전체를 적대적으로 보고, 세계 전체를 상대로 싸우는 사람들 같다. 그들은 다른 사람에게 해를 끼침으로써 이익을 얻을 수 있다고 생각하기 때문에 아동기 때부터 잘못된 우월콤플렉스를 발달시킨다(Adler, 1958). Adler는 반사회적 성격장애를 가진 사람들을 3가지 유형으로 분류하였다.

- 받기만 하고 절대 주지 않는 생활양식을 가지고 있는 어릴 적 응석받이였던 사람들이다.
- 어릴 때 보살핌을 받지 못하고 방치되어서 적대적이고 냉담한 세계를 경험했던 사람들로, 이들은 "나는 나의 어린 시절에 불공정하게 취급받았어. 그래서 지금 나는 내가 원하는 것을 받을 수 있어야 한다."라는 잘못된 논리를 펴며, 자신의 범죄행동을 합리화시킨다.
- 학업적응에 실패해서 불이익을 당했던 반항적인 친구 집단에 속했던 사람들이다. 어떤 유형에 속한 사람이든지, 그들은 본질적으로 원래 두려움이 많은 겁쟁이임에도 불구하고, 우월추구의 삶의 목표를 가지고 있다. 그들의 우월성은 보편적이고 많은 사람이 인정하는 것이 아니라 사적 의미를 지닌다. 타인에게 아무런 기여를 하지 않고 단지 자신의 욕구만을 충족시키려는 것이다. 범죄자의 굶주린 열등감은 '영웅'이 되고자 하는 허구적 목적을 세우게 한다. 이들은 남을 속이고도 발각되지 않으면 자신이 유능해서 그렇다고 착

각하고, 자신을 '영웅'이라고 믿는다. Adler는 이러한 범죄자의 행동을 자기기만과 자기도취에 빠진 행동이라고 했다. 범죄자는 범죄를 계속 저지를수록 더 치밀하고 교묘해지는 범죄 수법을 가지게 되면서 우월감을 느낀다. 허영심과 자만심도 더욱 커진다. Adler는 이들이 가진 착각과 허풍을 제거하는 것이 중요하다고 했다. Adler는 범죄자들이 절대로 정당하게 싸우지 않는다는 것과 자신들에게 유리한 입장에 있을 때만 범행을 저지른다는 사실, 그리고 그들은 절대적으로 무책임한 사람들이라는 사실을 강조하였다(김춘경, 2015b; Adler, 1958; Dinkmeyer & Sperry, 2002).

4) 경계선 성격장애

경계선 성격장애는 강렬한 애정과 분노가 교차하는 불안정한 대인관계를 특징으로 나타내는 장애이다. 이들은 극단적인 이상화와 평가절하가 특징적으로 반복되는 불안정하고 강렬한 대인관계 양식을 보이며, 자아상이나 자기자각의 불안정성이 심하고 지속적이어서 정체감 혼란을 경험한다. 이들은 현저한 기분변화에 따른 정서의 불안정성이 매우 극단적이다. 만성적인 공허감과 부적절하고 심한 분노를 느끼고, 분노조절에 어려움이 있어 자주 울화통을 터트리거나 싸운다. 이들이 가장 두려워하는 것은 타인으로부터 '버림받는 것'이다. 그렇게 될 상황이 예상되면 그들의 사고, 감정, 행동에 심한 동요가 일어난다. 연인이나 배우자가 자신을 버리고 떠나가는 것을 두려워하여 늘 함께 있어 주거나 강렬한 애정을 표현해 줄 것을 요구한다. 이러한 요구가 좌절되면, 상대방을 극단적으로 평가절하하며 강렬한 증오나 경멸을 나타내거나 자해나 자살과 같은 극단적인 행동을 하게 된다. 이러한 특성으로 인해 강렬하지만 불안정한 대인관계의 양상을 나타내게 된다(권석만, 2014).

이들은 어린 시절 충격적 외상경험이 부모나 자신에 대한 긍정적 · 부정적 경험을 통합시키지 못한 채 분리, 부인, 투사적 동일시와 같은 방어기제를 사용하게 했을 것이라는 주장이 있다. 대상관계이론자 중 Kernberg는 Mahler의 발달이론에 근거하여 유아기의 분리-개별화 단계에서 심한 갈등을 경험하여 이 단계에 고착되었다고 설명한다. 아이는 엄마가 사라지는 것에 놀라게 되고 엄마가 어디 있는지에 대해서 심하게 걱정하며 극심한 불안 속에서 엄마를 찾기도 한다. 엄마가 사라지고 자신이 버림받게 되는 것에 대한 강렬한 두려움을 경험하는 유아기의 위기를 반복적으로 재경험하는 것이 경계선 성격장애라는 것이다. 이들은 어른이 되어서도 버려질 것을 두려워하여 극단적인 행동과 강렬한 감정 변화를 보인다(권석만, 2014).

Adler 심리학의 관점에서 볼 때, 경계선 성격장애는 어린 시절 아동이 삶의 과제를 해결하기에 부적절하고 무력함을 느꼈던 가족상황에서 발생할 수 있다. 경계선 성격장애자들은 사람들을 있는 그대로 실제적인 사람으로 보지 않고, 완전히 선하거나 완전히 나쁜 사람으로 구분하는 경직된 일반화 성향을 보인다. 이들은 또한 어떤 일이 잘못된 것에 대해서 다른 사람을 비난하며, 통제할 수 없는 외부환경에 대해서 희망과 절망의 양극단을 치닫는 감정의 변화를 보인다. 이들은 안정적이고 지속적인 관계를 경험해 보지 못했기 때문에 이들의 인간관계는 의존적이거나 반항적, 변동적, 조작적인 것을 특징으로 한다. 이들의 자존감은 감정과 함께 계속 오르내리기 때문에 무너지기가 쉽다. 이들에게는 헌신도 없고, 소속감도 없으며 책임의식도 거의 찾아볼 수 없다(권석만, 2012; 김춘경, 2015a; Adler, 1958; Dinkmeyer & Sperry, 2002).

5) 알코올 및 약물 중독

알코올은 적당히 마시면 긴장을 완화시키고, 인간관계를 원만하게 하는 데 도움이 된다. 그러나 과음을 하거나 장기간 복용하게 되면 의존성이 생겨서 자신이 스스로 그런 능력을 발휘하는 게 아니라 알코올의 힘이 있어야만 그런 행동을 할 수 있게 되고, 나중에는 술 없이는 아무 것도 할 수 없는 중독 상태에 빠지게 된다. 알코올 관련 장애에는 두 가지 유형이 있다.

- **알코올 의존**: 알코올에 대한 내성과 금단현상이 나타나는 경우이다. 알코올을 반복적으로 섭취하게 되면 점점 더 많은 양을 복용해야만 전과 같은 효과를 얻게 되는 내성이 생긴다. 그리고 알코올 섭취를 중단하게 되면 매우 고통스러운 상태가 나타나는 금단증상이 생겨난다.
- **알코올 남용**: 알코올의 과도한 섭취로 인해 학업, 직업, 가정에서 자신의 역할을 수행하지 못하고 폭력적인 행동을 하거나 법적 문제를 반복적으로 야기하게 되는 경우이다.

인간관계에서 갈등이나 스트레스를 많이 경험하고 과도한 음주를 통해서 이를 해소하려는 사람들이 알코올 관련 장애를 나타낼 가능성이 높다. 특히 평소에 자기주장을 잘 하지 못하고 인간관계 문제의 해결 능력이 부족한 사람들이 술에 의지하여 심리적 고통을 해소하려는 과정에서 알코올 관련 장애로 발전될 수 있다. 정신분석학자들은 알코올 장애는 구순기 때 자극결핍이나 자극과잉으로 인해 구순기에 고착된 구강기적 성격을 지니게 된 사람들에게서 나타나는 것으로 보았다. 이들은 의존적이고 피학적이며 위장된 우울증을 지니고 있다고 주장한다. 이 외에도 알코올 및 물질 남용자들은 가혹한 초자아와 관련된 심각한 내면적 갈등을 지니고 있으며 이러한 긴장, 불안, 분노를 회피하기 위해서 알코올이나 약물을 사용한다는 정신분석적 주장도 있다.

Adler 심리학자들은 불안, 우울, 그리고 성기능부전 같은 신경증상은 물론, 수줍음, 고립에 대한 갈망, 과민성, 초조함 등으로 특징지어지는 중독은 심한 열등감에 기초한 것이라고 주장한다. 술에 취해서 고양된 기분을 경험하려는 갈망은 오만함이나 허풍, 권력추구와 같은 형태의 우월콤플렉스에서 시작되는 것이라고 보았다. 마약중독자들의 생활양식을 연구한 Lombardi(1969)는 중독자들은 의존성향을 가진 자로서 사회적 관심이 발달되어 있지 않고, 세상을 냉담하고 위험하다고 인식하고 있음을 발견하였다. 또한 중독자들은 경쟁하거나 우월해지려는 노력을 하지 않고 미숙함, 충동, 고립, 과민성, 초조감, 불안, 우울, 성적 어려움 같은 신경증적 증상을 지니고 있음을 발견하였다. 알코올이나 마약

등이 그들에게 무한한 힘과 전능감을 느끼게 해 주기 때문에 이에 중독이 될 수 있다. 중독자들은 초기 어린 시절에 과잉보호를 받았거나 방임되어서, 사회적으로 책임감 있는 성인으로 살아갈 수 있는 훈련을 받지 못했다는 것이 Adler 심리학자들의 의견이다(권석만, 2012; 김춘경, 2015b; Adler, 1958; Dinkmeyer & Sperry, 2002).

3. 응석의 생활양식: 신경증적 생활양식

Adler는 응석의 생활양식이 개인은 물론 사회의 정신병리화 현상을 유발시킬 수 있는 가장 위험한 것으로 지적하였다. 그에게 있어서 응석의 생활양식(the pampered life style)은 실제로 신경증적 생활양식이다. 그는 아동의 응석 태도를 부추기는 부모의 과잉보호적 양육태도를 가장 위험한 아동 양육태도라고 지적하였다. 이것도 모자라 그의 후기 저술에서는 신경증적 생활양식과 생활태도를 아예 응석의 생활양식으로 대치할 정도로 아동기에 있어 응석의 생활양식이 한 개인의 성격 형성에 미치는 악영향을 강력하게 경고하였다(김춘경, 2006, 2016). Adler(1973a, 1974, 1976)에 의하면 응석은 심리적인 발달을 방해하는 가장 중요한 근원(Wurzel)이다. Freud의 오이디푸스콤플렉스가 그의 신경증과 정신병리학에서 주요한 위치를 차지하는 것만큼이나, Adler에게 있어서 응석의 생활양식은 그의 정신병리학에서 매우 중요한 요인이 된다.

Adler는 오이디푸스콤플렉스를 응석받이 교육의 예술적 산물이라고 비난했다. Freud에 의하면 어머니의 사랑을 혼자 독차지하기 위해 아버지를 제거하려는 아들의 소망으로 아버지에 대한 미움을 나타내는 것이라 하였으나, Adler는 오이디푸스콤플렉스를 어머니에 의해 버릇없이 길들여져서 유약해진 어린이의 욕구에 의해 생긴 것으로 해석하였다. 다른 말로 하면 어머니에 의해 응석받이가 되고, 그래서 스스로 어머니로부터 풀려날 수 없는 아이는 자신의 힘과 활동 범위를 제한하는 아버지를 가족에서 쫓아내려 하거나 아버지를 경쟁 대상으로 생각할 때 나타날 수 있는 현상으로 보았다. 모자간의 공생관계는 어린이에게 계속 요구되는 사회접촉을 방해하게 된다(김춘경, 2006; 김춘경 외, 2016; 양명숙 외, 2014; Adler, 1972)

Adler(1972)는 응석으로 키워진 아이들의 모자 공생관계가 아이의 사회적 접촉을 방해하는 것이 성장에 큰 방해가 된다고 강조하였다. 어머니가 아이가 해야 할 과제를 대신 해 주는 상황에서, 아이는 자율적인 경험을 하지 못하고 발달단계에 맞춰 요구되는 삶의 어려움들을 해결해야 할 특권을 빼앗긴 채 기생인간이 되어 간다(Wexberg, 1974). 아동이 해야 할 노력을 부모가 대신해 줌으로써 아이는 열등상황을 극복하고 발달하는 기회를 부모에 의해 박탈당한다. 이로 인해 아이의 열등감은 더욱 심화되고 공동체감 형성에도 장애가 생기게 된다.

응석의 생활양식을 가진 자는 인생의 과제도 잘 수행하지 못한다. 공동체감을 발달시키지 못한 응석받이는 이성친구나 결혼파트너를 선택하는 데서부터 문제에 봉착한다. 그들에게는 다른 사람과의 협동 작업이나, 다른 사람을 배려하는 가능성이 배제되어 있다(Dreikurs, 1932). 응석받이는 자기가 겪을 수 있는 실패를 미리 먼저 거부한다. 어린 시절의 응석은 실패 상황에 대한 면죄부라고 할 수 있으나, 아동으로만 머물러 있을 수 없기에 성장할수록 무능력하고 부적응자가 되어 가는 것이다. 이들은 삶이 불공평하다고 불평한다. 다시 어린 시절의 천국으로 돌아가고 싶어 하지만 그럴 수 없기에 더욱 현실에 적응하지 못하며, 현실의 삶을 처벌 받는 상황으로 느끼며 불편하고 고통스러운 마음으로 살아간다.

활동

❖ 조원들끼리 영화 목록에 나와 있는 영화 한편을 선정하여 영화를 감상한 후, 정신병리 증상을 가진 인물과 그 주변 인물들 간의 인간관계에 대해 토론한다.

〈토론 시 함께 나눠 볼 수 있는 주제들〉

1. 영화를 보고 가장 인상 깊었던 장면과 대사는 무엇인가?

2. 영화 속 인물 중에서 가장 인상에 남는 인물은 누구인가? 그 이유는?

3. 정신병리 증상이나 문제에 대해 영화를 통해 새롭게 이해한 점은 무엇인가?

4. 정신병리 증상이 작중 인물들과 그 인물들 간의 인간관계에 미친 영향은 무엇인가?

5. 영화 속 인물들의 생활양식 유형, 또는 성격우선순위는?

6. 정신병리 증상이 치유될 수 있다면, 또는 영화 속 인물이 변화될 수 있다면 누가 어떻게 변화되었으면 좋겠는가? 그 이유는?

〈영화 목록〉

보통 사람들

양들의 침묵

굿 윌 헌팅

28일 동안

- 보통 사람들(Ordinary People, 1980, 감독: 로버트 레드포드, 출연: 도날드 서덜랜드, 메리타일러 모어, 쥬드 허쉬)
- 양들의 침묵(The Silence of the Lamb, 1991, 감독: 조나단 드미, 출연: 조디 포스터, 앤소니 홉킨스, 스콧 글렌)
- 굿 윌 헌팅(Good will hunting, 1997, 감독: 구스 반 산트, 출연: 로빈 윌리암스)
- 28일 동안(28 Days, 2000, 감독: 베티 토마스, 출연: 산드라 블록, 엘리자베스 퍼킨스, 다이안 래드)

라스베가스를 떠나며

피아노

사도

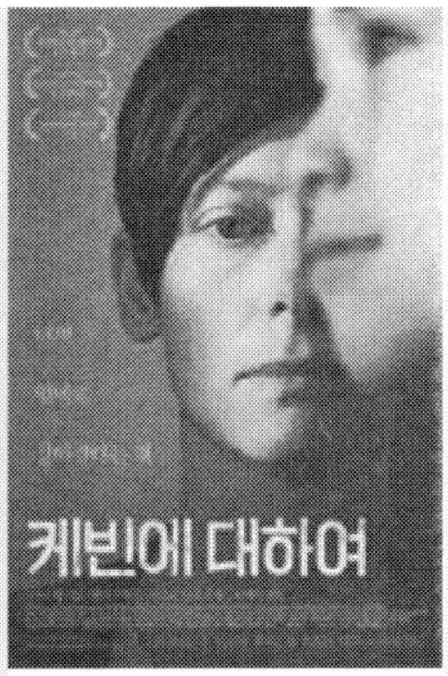

케빈에 대하여

- 라스베가스를 떠나며(Leaving Las Vegas, 1996, 감독: 마이크 피기스, 출연: 니콜라스 케이지, 엘리자베스 슈)
- 피아노 (Piano, 1993, 감독: 제인 캠피온, 출연: 홀리 헌터, 하비 케이틀)
- 사도(2015, 감독: 이준익, 출연: 송강호, 유아인, 문근영)
- 케빈에 대하여(We Need to Talk About Kevin, 2012, 감독: 린 램지, 출연: 틸다 스윈튼, 에즈라 밀러, 존 C. 라일리)

악마를 보았다

미스틱 리버

어바웃 어 보이

- 악마를 보았다(2010, 감독: 김지운, 출연: 이병헌, 최민식, 전국환, 천호진)
- 미스틱 리버(Mystic River, 2003, 감독: 클린트 이스트우드, 출연: 숀 펜, 팀 로빈스, 케빈 베이컨)
- 어바웃 어 보이(About a Boy, 2002, 감독: 폴 웨이츠, 크리스 웨이츠, 출연: 휴 그랜트, 니콜라스 홀트, 레이첼 와이즈, 토니 콜레트)

제4부

인간관계 증진기술

13 격려의 기술

1. 격려하기

Adler는 사는 것이 열등감을 느끼는 것이라고 했다. 사람은 누구나 살면서 크고 작은 삶의 과제들에 직면하여 해결해 가는 과정에서 실패와 좌절을 경험하게 되면 낙심하고 포기하고 싶은 경우가 많다. 세상에 적합하지 않은 사람이라는 느낌이 들어 생을 포기하고 싶어 하는 경우도 있다. 인간에 대한 긍정적 관점을 가진 Adler 심리학의 대표적인 심리치료 기법은 격려이다. 격려는 열등감을 극복하고, 자신의 가치와 능력을 깨닫고, 용기 있게 자신의 삶의 과제를 수행해 나갈 수 있게 돕는 것이다. 인간관계와 삶의 과제 수행에서 낙심해 있는 자들에게 가장 필요한 것이다.

격려(encouragement)라는 말 속에는 용기(courage)의 의미가 들어있다. 격려란 용기를 북돋워 주는 것이다. 용감하게 삶의 문제에 다가가는 사람들은 우리 주변의 모든 아름다움, 새로운 경험에서의 본질적인 가치, 새로운 발견과 새로운 기술을 숙달하는 데서 오는 만족감을 더 많이 자각하고 경험하게 된다.

격려란 다른 사람에게 영감을 주거나 돕는 것으로, 확신을 가지고 해결책을 찾는 작업을 하게 하고 어떤 곤경에 처해도 대처할 수 있도록 돕는 것이다. 일관되게 격려를 받은 사람들은 자신의 약점과 결점들을 더 많이 받아들이고, 자신의 능력을 모두 발휘할 수 있도록 최선의 노력을 기울여 삶의 과제를 수행하려고 노력한다. 때때로 실패할 지라도 크게 좌절하지 않고 또 다시 시도할 수 있는 용기를 갖게 된다.

격려를 하는 사람이 주의해야 할 점을 Adams(1982)는 다음과 같이 제안하고 있다.

- (구체적인 행동으로 증명할 수는 없으나) 그 사람을 존중하라.
- 그 사람이 자신에게 믿음을 가질 수 있도록 믿음을 보여 주어라.
- 그 사람의 능력이 만족할 만하게 충분히 기능할 것이라는 기대를 가져라.
- 노력을 가치 있는 것으로 인식하라.
- 자유를 주고 개인의 발달을 촉진하기 위하여 집단(가족, 학급친구, 동료 등)을 통한 작업을 하거나 집단과 함께 작업하라.
- 각각의 사람들에게 그 집단에 속해있다는 인식을 경험하도록 도와 주어라.
- 성공을 보증하는 경험과 지식의 순서적이고 단계적인 대처를 위해 다른 사람들에 의해 필요한 기술과 태도를 개발하도록 도와 주어라.
- 그/그녀의 발달을 촉진하기 위해서 개인의 흥미와 강점을 이용하라.
- 그들의 측면에서 어떤 노력이나 필요한 행동 없이도 다른 사람들에게 격려를 제공한다.

이 밖에도 격려를 할 때 주의해야 할 점은 해결하려는 문제가 개인이 해결할 수 있는 문제인지, 개인의 통제 밖에 있는 해결할 수 없는 문제인지를 먼저 분별해야 한다. 인간관계의 많은 문제가 개인이 통제할 수 없는 문제라는 Gottman(1999) 교수의 연구결과에서 보듯이, 우리를 고통스럽게 하고 좌절시키는 많은 문제들 대부분이 우리가 해결할 수 없는 영역의 문제인 경우가 많다. 예를 들면, 생물학적 가족, 학교체계, 이웃, 경제적 환경, 재능, 장애, 부모로부터 받은 유전자에 의해 형성된 신체적 특징, 자연재해로 인한 재난 등이 있다. 이런 것들은 내가 변화시켜서 해결해야 할 문제가 아니고, 문제로 인식하고 수용해야 하는 것들이다. 그러나 어려운 상황에 대한 태도, 기대, 자기 신념들은 개인이 통제할 수 있는 것들이다.

격려란 통제 불가능한 요소들의 영향을 최소화하고, 그들 자신의 삶의 경험들을 풍성하게 할 수 있는 통제 가능한 요소들의 이용을 최대화하기 위해 개인들을 돕는 것이다. Adler 학자들에게 격려란 사람을 변화시킬 수 있는 가장 핵심적이고 기본적인 전략이기 때문에 많은 Adler 심리학자들은 격려를 가장 중요하고 기본적인 인간변화의 도구 또는 기술이라고 말한다. Binswagner(Carlson & Slavik, 1997 재인용)는 격려의 행동지침을 다음과 같이 소개한다.

- 어떤 사람이 한 가지 일을 행할 수 있도록 돕지만 혼자서 할 수 있도록 도와라.
- 어떤 사람에게 취미, 휴가, 또는 자신이 공유하길 바라는 사건들에 대해서 기술하는 것을 경청하라.
- 어떤 사람이 바쁘게 돌아다니며 어려운 과제를 완성하는 동안 끈기 있게 기다려라.
- 당신에게 가치가 있는 친구, 책, 기록들을 공유하라.
- 부탁하지 않아도 친절하게 대하라.
- 쉽게 간과될 수도 있을 때, 특히 감사, 사의를 표하는 편지를 보내라.

Cristian(Carlson & Slavik, 1997 재인용)은 격려가 아래의 행동들과 더 관련되어 있음을 지적하였다.

- 어떻게 하는가보다는 무엇을 하는가와 더 관련되어 있다.
- 과거나 미래보다는 현재와 더 관련되어 있다.
- 행위자보다는 행위와 더 관련되어 있다.
- 결과보다는 노력과 더 관련되어 있다.
- 외적인 동기(예, 보상이나 처벌)보다는 내적인 동기(예, 만족, 즐거움 혹은 도전)와 더 관련되어 있다.
- 무엇을 배우지 않았느냐보다 무엇을 배웠느냐와 더 관련되어 있다.
- 무엇을 정확히 하지 않았느냐보다 무엇을 정확히 했느냐와 더 관련되어 있다.

Kottman(1995; 김춘경, 2004)도 다음과 같은 격려의 기술을 제시하였다.

- 무조건적인 긍정적인 수용과 따뜻한 온정을 전달한다.
- 문제를 해결할 수 있는 능력을 가지고 있다는 믿음을 보여 주고, 자기 능력에 대한 확신을 갖게 한다.
- 실패나 실수에 대한 두려움을 갖지 않고, 오직 시도해 보는 노력이 중요하고 가치 있음을 알게 해 준다.
- 그들이 지닌 강점과 장점을 파악하고, 본인에게 그들의 강점과 장점을 알려 준다.
- 행위자가 아닌 행함의 즐거움과 행위 자체에 초점을 둔다.
- 부정적인 행동은 무시하고 긍정적인 면에 초점을 둔다.
- 그들이 중요하게 생각하는 것이나 그들의 흥미에 관심을 표현한다.
- 모든 사람이 실수할 수 있음과 불완전하다는 것을 보여 준다.
- 실수를 해도 되고, 실수로부터 배울 수 있는 힘을 가지고 있음을 알려 준다.
- 관계를 맺는 또는 소속감을 형성하는 긍정적인 방법을 알려 준다.

경쟁사회에서 비난과 평가를 받으며 사는 것은 삶을 차갑고 메마르게 하며 좌절과 낙담을 심어 주기 쉽다. 그러나 서로에게 용기를 북돋워 주며 사는 것은 삶을 따뜻하고 편안하게 하며 희망과 기쁨을 가지게 한다. 누군가의 용기를 북돋워 줄 수 있는 사람은 그 누군가의 친구가 될 수 있다. 그 사람의 상황이 어떠한가에 따라서 그 사람의 생명의 은인이 될 수도 있다. 누군가의 용기를 북돋워 줄 수 있는 말과 행동은 모든 인간관계에서 매우 중요하고 필요한 것이다. 격려의 기술을 많이 배우고 익히는 노력을 아끼지 말아야 할 것이다.

2. 칭찬에 대한 오해

격려하기를 칭찬하기로 오해하는 사람들이 많다. 그러나 Adler 학자들은 칭찬은 격려와 다를 뿐 아니라, 칭찬은 비교육적인 것이라고 주장한다. Adler 심리학자들이 칭찬을 부정적으로 보는 이유를 살펴보면 다음과 같다.

- 칭찬은 칭찬하는 사람에게 의존적이게 하여, 순종하는 것에 가치를 부여하고 남을 기쁘게 하는 데 가치를 부여하게 한다. 칭찬이 상대방의 업적이나 능력을 인정하거나 치켜세워 주는 것이지만 경우에 따라서는 칭찬하는 사람이 상대보다 우위에 있다는 입장이 내포되어 있거나, 상대를 통제하거나 조절하려는 의도가 숨어있을 수도 있다.
- 칭찬에 길들여지게 되면 실패를 두려워하고 다른 사람의 기준과 가치를 무조건 따를 염려가 있다.
- 칭찬에 갈급해 과도한 경쟁의식이나 타인의 희생을 생각하지 않고 최고를 지향할 위험이 있다.

이 외에도 칭찬은 중독성이 있어 칭찬을 추구하는 사람은 자율적으로 자기 결정에 의해서 과제를 완성하는 것이 아니라, 상대의 칭찬을 얻기 위해서 과제를 수행하고 상대방의 평가나 반응을 살피며 타인의 평가에 의해 자신을 평가하게 된다. 칭찬 중독에 걸린 사람은 칭찬을 받기 위해 일을 한다. 그들은 일의 결과에 따른 자기 성장과 사회적 기여에 만족하는 것이 아니라 타인의 칭찬을 구하며, 칭찬이 주어지지 않으면 상대에게 섭섭함을 느끼거나 더 나아가 원망하거나 비난까지 한다. 이러한 태도는 Adler가 정신건강의 척도로 생각하는 공동체감과 사회적 관심을 향상시키는 데 방해요소가 된다. 이와 같이 칭찬은 칭찬받는 대상에게 의존성이나 경쟁심리, 실패에 대한 두려움, 빈약한 공동체감과 사회적 관심을 초래하기에 비교육적이고 바람직하지 않은 방향으로 작용할 수 있다.

또 다른 관점에서 칭찬에는 칭찬을 통해 자신을 높이려는 숨은 의도도 있다. 상대방을 후하게 칭찬한 다음 그 대가로 자신도 어떤 긍정적인 인정을 받고 싶은 내적 욕구가 칭찬을 하는 사람들 마음속에 숨어있는 경우도 있다. Adler의 목적론적 입장에서 보면 이런 사람들의 무의식적 목적은 상대방을 칭찬하는 것을 통해 자신을 높이려는 것이다. 같은 맥락에서 자기를 심할 정도로 낮추어 겸손함의 미덕을 보이는 사람들의 경우도 자기비하는 결국은 상대로 하여금 자신을 높여 줘야 할 것 같은 부담을 주기 위한 수단으로 사용한 것일 수 있다(Beecher & Beecher, 1966). 일반적으로 칭찬은 고래도 춤추게 한다고 하면서 사람들의 흥을 돋우어 그 사람의 능력을 발휘하게 한다고 생각한다. 그러나 칭찬은 격려와 미묘한 유사점을 가지고 있지만, 이상과 같은 문제점들을 내포하고 있다.

따라서 Adler 학자들은 칭찬 대신 격려할 것을 주장한다. 격려는 자신의 힘으로 어려움을 극복할 수 있도록 힘을 북돋워 주는 것으로, 첫째, 상대의 강점을 인식시켜 주고 그의 강점을 기반으로 자신의 열등감을 극복하도록 도와준다. 둘째, 믿음과 존중감을 주어 실패를 경험하더라도 스스로 극복할 수 있는 능력을 키워 준다. 셋째, 타인의 평가가 아니라 자기 스스로의 평가에 의해 스스로의 성장과 진보 또는 실패와 오류를 인식하고 발전적으로 계속해서 성장해 나갈 수 있는 자립심과 독립심을 심어 준다. 우리 모두는 격려를 필요로 한다. 한 Adler 심리학자가 말했듯이 식물이 물을 필요로 하듯이 사람들은 격려를 필요로 한다.

활동

1. 격려가 필요한 대상을 2~3명가량 선정하시오.

2. 그들에게 해 주어야 할 격려를 앞에 제시된 목록들을 보면서 2~3가지 선정하시오.

3. 선정한 행동목록을 어떻게 실행할 것인지를 구체적으로 계획하시오.

4. 계획을 실천해 보고, 그 결과를 조원들과 함께 나누어 보시오.

5. 평가 결과를 바탕으로 다음에 시도할 격려의 방법을 계획해 보시오.

3. 생애운동과 생애태도

살면서 어려운 일을 만나면 사람들은 먼저 두려워한다. 이 두려움을 극복할 용기가 어느 정도 있느냐에 따라 사람들의 행동은 전혀 다르게 나타난다. [그림 13-1]의 생애운동과 생애태도는 Yang과 Milliern, Blagen(2010)이 Adler 학파의 여러 자료와 문헌을 참고로 하여 정리한 것이다. 그림의 왼쪽 열은 삶의 어려운 과제에 직면하여 두려움에 압도되어 자기 자신에게만 관심을 두고 있는 무용한 입장에 있을 때 보이는 태도를 나타낸 것이다. 그림의 오른쪽 열은 어려운 삶의 과제에 직면해서 용기를 가지고 사회와 공동체를 함께 생각하는 공동체감과 사회적 관심을 지닌 태도, 즉 돌봄, 협력, 공헌, 상호의존, 사랑, 믿음, 함께 성장함의 생애태도를 나타낸 것이다. 이것들은 개인의 생활양식의 표현이다.

우리는 삶의 어려운 문제에 직면하여 두려움을 느끼면 자기에게로만 관심을 돌리거나(자기 관심 지향), 또는 타인과 공동체의 유익 쪽으로 관심을 돌린다(사회적 관심). 사회적 관심을 가지기 위해서는 용기가 필요하다. 그것이 유용한 태도이자 희망을 성취할 수 있는 태도이다. 생애운동이라고 이름 붙인 것은 왼쪽 열에 제시된 행동을 보이는 낙담한 사람들이 오른쪽 열에 제시된 용기 있는 삶의 태도를 가진 쪽으로 움직여 나가야 한다는 사실을 강조하기 위해서일 것이다.

[그림 13-1] 생애운동과 생애태도

활동

1. 현재 직면하고 있는 어려운 삶의 문제 하나를 선정하시오.

2. 생애운동과 생애태도 그림의 왼쪽 열에 적힌 생애태도와 오른 쪽 열에 적힌 생애태도를 일직선상에 놓고 당신은 현재 어떤 위치에 있는지를 표시해 보시오.

3. 무용한 태도를 좀 더 많이 취하고 있는 자신의 생애태도 목록을 작성하시오.

4. 무용한 태도에서 유용한 태도로 나아가기 위해서(생애운동) 자신이 해야 할 일을 구체적으로 작성해 보시오.

4. 강점 강화하기

격려는 자신의 강점과 장점을 찾는 것으로 시작할 수 있다. 사람들은 자신의 강점에 기초하여 자신감을 갖고 자긍심을 갖게 되기 때문이다. 자기가 가지고 있는 자산을 가지고 삶의 과제를 해결하며 성공의 경험을 성취해 나간다. 낙담한 사람들은 실제로 자신이 능력이 없기보다는 자신이 가지고 있는 능력을 알지 못하는 경우가 많다. 자신의 강점과 장점을 확인해 보고, 자신의 역량을 인식하는 노력은 새로운 자신을 발견하는 중요한 활동이 될 것이다.

활동 1

자신의 장점 및 강점 100가지 작성하기

❖ 이 활동을 통해 자신에 대해 새롭게 발견한 점은 무엇인지 작성해 보시오.

활동 2

강점인식 척도

❖ 다음 문항의 내용이 본인의 모습과 얼마나 일치하는지 그 정도를 잘 판단하여 자신에게 가장 적합하다고 생각하는 곳에 체크하시오.

	문항	전혀 아니다	상당히 아니다	약간 아니다	보통 이다	약간 그렇다	상당히 그렇다	매우 그렇다
1	다른 사람들은 내가 가진 강점들을 잘 안다.	1	2	3	4	5	6	7
2	나는 나의 강점이 무엇인지에 대해 골똘히 생각해야만 알 수 있다.	1	2	3	4	5	6	7
3	내가 무엇을 가장 잘 하는지 알고 있다.	1	2	3	4	5	6	7
4	나의 강점을 자각하고 있다.	1	2	3	4	5	6	7
5	내가 잘하는 것을 알고 있다.	1	2	3	4	5	6	7
6	나의 강점을 제대로 알고 있다.	1	2	3	4	5	6	7
7	내가 제일 잘하는 것을 안다.	1	2	3	4	5	6	7
8	나는 내가 언제 최상의 상태인지를 안다.	1	2	3	4	5	6	7
9	나는 내가 잘할 수 있는 일을 꾸준히 할 수 있다.	1	2	3	4	5	6	7
10	나는 항상 나의 강점을 발휘한다.	1	2	3	4	5	6	7
11	나는 항상 나의 강점을 활용하려고 노력한다.	1	2	3	4	5	6	7
12	나는 나의 강점을 활용해서 내가 원하는 것을 성취한다.	1	2	3	4	5	6	7
13	나는 매일 나의 강점을 활용한다.	1	2	3	4	5	6	7
14	나는 삶에서 원하는 것을 얻기 위해 나의 강점을 활용한다.	1	2	3	4	5	6	7
15	내 일에는 나의 강점을 활용할 기회가 많이 있다.	1	2	3	4	5	6	7
16	나는 내 강점을 다양하게 활용할 수 있는 여건이 된다.	1	2	3	4	5	6	7
17	나는 내 강점을 활용하는 것이 자연스럽다.	1	2	3	4	5	6	7
18	나는 내가 하는 일에서 강점을 쉽게 활용하는 편이다.	1	2	3	4	5	6	7
19	나는 다양한 상황에서 내 강점을 활용할 수 있다.	1	2	3	4	5	6	7

	문항	전혀 아니다	상당히 아니다	약간 아니다	보통 이다	약간 그렇다	상당히 그렇다	매우 그렇다
20	나는 내가 잘하는 일에 대부분의 시간을 할애한다.	1	2	3	4	5	6	7
21	나에게는 강점을 활용하는 일이 익숙한 일이다.	1	2	3	4	5	6	7
22	나는 다양한 방법으로 강점을 활용할 수 있다.	1	2	3	4	5	6	7

본 측정도구는 Govindji와 Linley(2007)가 개발하고 박부금과 이희경(2012), 김민정과 이희경(2014)이 번안한 '강점인식 척도(Strengths Knowledge Scale)'이다. 본 척도의 하위요인은 사람들이 자신의 강점을 자각하거나 인식하는 정도를 측정하는 강점인식 8문항과 사람들이 다양한 장면에서 자신의 강점을 얼마나 많이 활용할 수 있는지를 측정하는 강점활용 14문항으로 구성되어 있으며, 총 22문항으로 이루어져 있다. 각 문항의 응답방식은 Likert식 7점 척도로, 점수가 높을수록 자신의 강점을 높게 인식하고, 상황에 따라 잘 활용한다는 것을 의미한다.

1. **강점인식**: 가치 있는 성과를 추구하는 데 있어서 최적의 기능과 수행을 하기 위해 생각하고, 행동하고, 느끼는 자연스러운 능력인 강점을 자각하고 인식하고 있는 것을 의미한다.
2. **강점활용**: 강점활용에서 '활용'은 개인들이 개인적으로 의미 있고 관련된 목표를 추구하기 위해 개인의 강점을 사용하는 것을 의미하며, 목표를 향할 때 성취과정의 정도, 그리고 이 목표 성취과정이 자기 성장 및 자율성과 일치감을 느끼는 정도에 따라 삶의 만족감을 느끼는 정도를 예측하게 한다.

하위요인	문항
강점인식	1, 2*, 3, 4, 5, 6, 7
강점활용	8, 9, 10, 11, 12, 13, 14, 15, 16, 17, 18, 19, 20, 21, 22

*역채점

출처: 김민정, 이희경(2014). 대학생의 강점인식이 진로성숙도에 미치는 영향: 강점활용과 진로결정자기효능감의 매개효과.

5. 자기격려

보통 격려라고 하면 다른 사람에게 용기를 주는 과정이라고 생각한다. 그래서 나를 격려해 줄 사람이 없다고 한탄하거나, 나를 격려해 줄 사람을 찾아다니기도 한다. 나를 격려해 줄 수 있는 존재는 내 안에 있다. 우리 내면에 들어 있어서 존재하는지도 모르고 살았지만, 나를 위로하고 격려할 존재가 내 안에 있다는 사실을 깨달아야 한다. 네 번째 인생의 과제를 말한 Adler 심리학자 Mosak은 주관적 나(I)와 객관적 나(me)의 관계를 잘 맺는 것이 중요한 인생과제라고 하였다. 나와 내 안에 있는 나의 관계는 어떠한가? 나를 가장 잘 알고, 나와 가장 가까이 있는 나와의 관계를 생각하면서 자기격려의 방법을 생각해 보자. 좌절하고 낙심하여 절망에 빠져있는 나(me)를 내(I)가 격려해 줄 수 있는 것이다. 문제에 압도되어 힘들어하고 지쳐있는 나를 거리를 두고 관찰하면서 언제나 함께 지냈던 사이지만 무심한 체 모른 척하고 또 모르고 지냈음을 인식하고, 지쳐있는 나에게 필요한 것이 무엇인지를 찾아서 나를 격려해 주는 작업을 시도해 보자.

활동 1

❖ 내(I)가 나(me)에게 해 주고 싶은 격려의 말을 적어 보시오.

활동 2

자기격려 척도

❖ 다음 문항을 주의 깊게 읽고, 각 문항이 평소의 자신을 얼마나 잘 나타내는지 해당하는 곳에 체크하시오.

	문항	전혀 그렇지 않다				항상 그렇다
1	나는 성공할 수 있다고 생각한다.	1	2	3	4	5
2	일을 시작할 때 두렵기는 하지만 잘 해내리라고 생각한다.	1	2	3	4	5
3	실수했을 때 '나도 때때로 실수할 수 있어.'라고 생각하며 실수를 인정한다.	1	2	3	4	5
4	나는 어떤 문제가 생기든지 적극적이고 긍정적으로 생각한다.	1	2	3	4	5
5	새로운 일을 시작할 때 '실패할 수도 있지만 도전하지 않은 것보다 나아.'라고 격려한다.	1	2	3	4	5
6	나는 이 세상에서 없어서는 안 되는 꼭 필요한 존재라고 생각한다.	1	2	3	4	5
7	힘든 상황에 처했을 때 '해결책은 있어.'라고 생각하며 포기하지 않는다.	1	2	3	4	5
8	일을 성공했을 때 '잘했어, 역시 해낼 줄 알았어.'라고 생각한다.	1	2	3	4	5
9	일을 실패했을 때 '이 일은 실패했지만 다른 일은 성공할 수 있어.'라고 스스로 위로한다.	1	2	3	4	5
10	나는 포기하고 싶을 때 '조금만 더 하면 더 잘할 수 있어.'라고 생각하며 참는다.	1	2	3	4	5
11	다른 사람들과 함께 하는 일에 적극적으로 참여한다.	1	2	3	4	5
12	나는 모임에서 새로운 사람들과 어울리기 위해 먼저 다가선다.	1	2	3	4	5
13	나는 새로운 변화에 적응하기 위해 적극적으로 행동한다.	1	2	3	4	5
14	사람들 앞에서 나의 의견을 이야기하곤 한다.	1	2	3	4	5
15	나는 부당하다고 생각되는 일에 적절하게 대응한다.	1	2	3	4	5
16	나는 유머감각과 재치로 주위 사람들을 웃게 하곤 한다.	1	2	3	4	5
17	나는 사람들 앞에서 당당하게 행동하려고 노력한다.	1	2	3	4	5

	문항	전혀 그렇지 않다				항상 그렇다
18	질문에 대해 맞는지 확신이 없더라도 대답을 하곤 한다.	1	2	3	4	5
19	나는 어려움이 있을 때 적극적으로 해결하고자 한다.	1	2	3	4	5
20	새로운 일에 도전하는 것이 주저되기는 하지만 그래도 도전한다.	1	2	3	4	5
21	힘들 때 나는 어떤 일이든 해낼 수 있다고 생각하며 자신감을 얻는다.	1	2	3	4	5
22	일을 실패했을 때 좌절하기도 하지만 기분을 전환하려고 노력한다.	1	2	3	4	5
23	일을 맡을 때 자신감을 가지고 일을 시작할 수 있다고 느낀다.	1	2	3	4	5
24	일을 실패했을 때 일은 실패했지만 그래도 '나는 가치 있는 존재'라고 느낀다.	1	2	3	4	5
25	실패에 대한 두려움이 느껴질 때 '한발 한발 천천히 나아가면 해낼 수 있어.'라고 용기를 북돋운다.	1	2	3	4	5
26	오늘 하루가 엉망이 되어 마음이 심란할 때 '내일은 잘 될 거야.'라며 위로한다.	1	2	3	4	5
27	힘들 때 나의 미래를 생각하며 행복감을 느끼곤 한다.	1	2	3	4	5
28	외로울 때 소중한 사람들을 생각하며 따뜻함을 느낀다.	1	2	3	4	5
29	나에게는 단점도 있지만 그런 내 자신도 소중하다고 느낀다.	1	2	3	4	5
30	잘하지 못할 때도 있지만 열심히 노력하고 있는 내 모습을 보며 뿌듯함을 느낀다.	1	2	3	4	5

본 측정도구는 노안영과 정민(2007)이 개발한 자기격려-낙담 척도 중 '자기격려 척도'이다. 본 척도의 하위요인은 인지적 자기격려, 행동적 자기격려, 정서적 자기격려로 이루어져 있으며, 총 30문항으로 구성되어 있다. 각 문항의 응답방식은 Likert식 5점 척도로, 점수가 높을수록 자기격려 점수가 높은 것을 의미한다. 평균으로부터 1SD 이상이면 전체의 16% 상위에, 2SD 이상이면 2.5% 상위에 존재한다(노안영 외, 2011).

1. 인지적 자기격려: '일을 시작할 때 두렵기는 하지만 잘 해내리라고 생각한다.' 등의 문항으로 구성된 것으로, 힘들고 어려운 상황을 극복하는 데 있어서 스스로에게 용기를 주는 촉진적인 생각들이다.
2. 행동적 자기격려: '나는 새로운 변화에 적응하기 위해 적극적으로 행동한다.'와 같은 문항으로 이루어져 있으며, 스스로에게 힘을 주고 자기를 강화시키는 외현적인 행동들이다.
3. 정서적 자기격려: '힘들 때 나는 어떤 일이든 해낼 수 있다고 생각하며 자신감을 얻는다.' 등의 문항으로 이루어져 있으며, 스스로 용기를 북돋우고 자기를 고양시키는 감정들을 의미한다.

하위요인	문항	평균(표준편차) 대학생
인지적 자기격려	1, 2, 3, 4, 5, 6, 7, 8, 9, 10	3.54(.52)
행동적 자기격려	11, 12, 13, 14, 15, 16, 17, 18, 19, 20	3.21(.54)
정서적 자기격려	21, 22, 23, 24, 25, 26, 27, 28, 29, 30	3.41(.54)

출처: 노안영, 정민(2007). 자기격려—낙담 척도 개발 및 타당화.

6. 행복단추 누르기

Adler는 인간을 가상적 최종목적에 따라 행동하는 존재이고, 자신의 삶을 직접 창조하는 창조적 자아를 지닌 존재라고 하였다. 행복단추 누르기 기법은 사람들이 자신의 감정조차도 자신이 창조해낼 수 있음을 이해하여, 부정적 감정의 영향에서 벗어나 긍정적 감정에 머무르며 살 수 있도록 돕는 기법이다. 사람이 느끼는 것은 무엇을 생각하는가에 달려있다. 즐거운 생각을 하면서 슬픈 감정에 빠져 있는 사람은 없을 것이다. 즐거운 생각을 하면 즐거운 감정을 느끼게 되고, 우울한 생각을 하면 우울한 감정을 느낄 것이다. 행복단추 누르기는 생각을 바꿈으로써 감정을 다스릴 수 있는 방법이다. 이 기법은 3단계로 진행된다.

- **첫 번째 단계**에서는 우선 눈을 감고 자신의 인생에서 아주 행복했던 사건을 상상해 본다(예, 여행, 가족파티, 졸업식, 결혼식 등). 그 때 느꼈던 좋았던 감정을 다시 경험해 본다. 충분히 행복했던 감정을 다시 경험해 보았다면 다음 단계로 넘어간다.
- **두 번째 단계**에서는 자신의 인생에서 아주 불행했던 사건을 상상해 본다. 굴욕감과 절망감을 크게 느꼈던 불쾌한 사건을 상상하고, 그때 기분을 다시 느껴본다. 충분히 불행했던 감정을 다시 경험해 보았다면 다음 단계로 넘어간다.
- **세 번째 단계**에서는 다시 처음의 행복한 사건을 다시 상상하고 그때의 행복감을 다시 경험해 본다.

긍정적 생각을 하면서 긍정적 감정을 느낄 때를 행복단추를 누르고 있는 것이라고 하고, 부정적 생각을 하면서 부정적 감정을 느낄 때를 불행단추를 누르고 있는 것이라고 한다. 자기도 모르게 자신이 원하지 않는 부정적인 감정에 몰입하여 불행해질 때를 재빠르게 인식하여, 누르고 있던 불행단추에서 빨리 손을 떼고 재빨리 행복단추를 누르는 것이다. 이는 행복을 선택하며 살 수 있는 능력을 키워나갈 수 있게 돕기 위해 개발된 기법이다(김춘경, 2006; 김춘경 외, 2016).

대부분의 학습은 연습이 필요하듯이, 이 기법을 잘 사용할 수 있기 위해서도 많은 연습이 필요하다. 감정을 조절할 수 있는 소중한 자산이 될 것이다.

7. 과제분리하기

'가까운 사이일수록 예의를 지켜야 한다'는 말이 있다. 아무리 가까운 사이라도 두 사람 사이에는 적당한 거리가 있어야 한다. 그 사이를 경계라 한다. 상대방의 개인적 영역이나 공간을 상대의 허락 없이 침범해서는 안 된다는 것이 인간관계의 기본 규칙이다. 나라와 나라의 경계, 집과 집의 경계를 함부로 넘어가면 안 되는 것은 당연한 것으로 알지만 가까운 사이, 특히 부부사이, 부모-자녀 사이, 친한 친구사이, 상사와 부하 사이에서는 이런 경계선 침범이 아무 문제가 되지 않는다고 생각하는 사람들이 많다.

경계는 눈에 보이지는 않지만 사람과 사람 사이를 구분하는 것이다. 가족의 문제가 가족구성원 간의 경계선 상태에 따라 생길 수 있음을 간파한 Minuchin (1974)은 인간은 자율적이고 독립적이고자 하는 욕구와 타인과 친밀한 관계를 맺고 소속되기를 바라는 욕구를 동시에 가지고 있기에 이 두 가지 욕구가 적절하게 조화를 이루는 것이 중요하다고 하였다. 가족구성원뿐 아니라, 사람들 사이에는 각 개인의 독립의 욕구와 친밀감의 욕구를 적절하게 균형을 잡아 줄 수 있는 경계가 필요하다. 인간관계에 있어서 상대방의 사적인 영역을 지켜주어야 한다는 개념을 Adler 학파에서는 과제분리하기로 설명하고 있다. 상대방의 과제를 자신의 것인 것처럼 함부로 침범하여 간섭하고 비난하고 평가하는 것은 관계를 악화시키는 일이다.

Adler 학파에서는 모든 인간관계 문제의 근원을 '과제의 분리'라고 보고 있다.

> "과제를 분리하게. 어디까지가 내 과제이고, 어디서부터가 타인의 과제인가. 냉정하게 선을 긋는 걸세. 그리고 누구도 내 과제에 개입시키지 말고, 나도 타인

의 과제에 개입하지 않는다. 이것이야말로 구체적이고도 대인관계의 고민을 단숨에 해결할 수 있는, Adler 심리학만의 획기적인 점이라고 할 수 있지(Ichiro & Fumitake, 2013)."

"부모가 경계선을 넘어 아이의 과제에 함부로 개입하고, 아내가 경계선을 넘어 남편의 과제에 참견하고, 상사가 경계선을 넘어 부하직원의 과제에 감 놔라 배 놔라 하는 것…… 인간관계는 이런 일 때문에 무너지고 마는 것입니다(Hiroshi, 2014)."

사랑과 배려, 교육, 지도라는 이름으로 행해지는 많은 일들이 타인의 경계를 침범하고, 타인의 과제를 자신의 과제로 생각하여 갈등을 초래하는 것이다. 상대방의 과제에 개입하지 말아야 한다는 원칙을 몰라서 타인의 삶의 영역과 타인의 삶의 과제에 무단침입하여 타인의 마음과 감정을 자기 마음대로 휘저어 상대를 혼란스럽고 불쾌하고 분노하게 만드는 경우가 많다. 이런 문제로 많은 인간관계가 틀어지고 깨진다. 과제의 분리는 상호존중과 상호신뢰를 전제로 상대방을 지켜보는 일이다. 상대에 대한 믿음과 신뢰를 표현하고, 경계를 무리하게 침입하지 않는 선에서 자신의 의견을 표현해야 한다(나-전달법). 경계에 대한 인식이 없으면 일의 결과에 대한 책임도 대신해서 지지 못할 사람이 남의 문제에 무리하게 관여하거나 참견한다. 나아가서 강압적으로 자신의 의견을 따를 것을 강요하기까지 하는데, 이는 인간관계를 망치고 악화시키는 잘못된 방식이다.

활동

1. 나의 경계를 무단 침입해 들어와서 나를 힘들게 하는 사람이 있는가?

- 누가? ______
- 언제? ______
- 어떻게? ______
- 얼마나 자주? ______
- 그 결과는? ______
- 나의 대응은? ______
- 향후 대책은? ______

2. 내가 타인의 경계를 무시하고 함부로 무단 침입해 들어가서 남을 힘들게 한 경우가 있었는가?

- 누구를?
- 언제?
- 어떻게?
- 얼마나 자주?
- 그 결과는?

- 상대의 대응은?

- 향후 대책은?

14 대화의 기술

1. 대화의 단계

대화한다는 것은 대화참여자들이 자신의 생각이나 감정, 정보와 지식을 공유하는 과정이다. 대화 또는 의사소통(communication)의 어원은 '나누어 가진다' '공유한다'라는 말에서 나왔고, '대화하다'라는 뜻의 동사 communicate는 '생각, 감정, 정보 같은 것을 주고받는다' '전달한다' '함께 나눈다'라는 뜻도 가지고 있다. 옷깃만 스쳐도 인연이라는 말이 있는데, 옷깃만 스치는 관계가 아닌 좀 더 깊은 관계로 발전하려면 대화를 하면서 서로를 알아가는 과정이 필요하다. 의례적인 관계에서 깊은 관계로 나아가는 과정을 연문희(2012)는 5단계로 설명하고 있다. 그가 설명하는 대화의 단계를 살펴보자(연문희, 2012).

■ 1단계: 형식적이고 의례적인 차원

"오셨어요?"

"안녕하세요?"

"요즘 날씨가 참~ 좋죠?"

안면이 있는 사람들 사이에서 상대방의 존재를 인정하고 알아준다는 의미에서 가볍게 나누는 말이다. 아는 사이이거나 안면이 있는데도 아는 체 하지 않거나 말 한 마디 하지 않고 지나쳐 가는 관계도 있기에 1단계 대화가 형식적이고 상투적이지만 인간관계를 시작하는 신호로서 의미가 있다. 그 다음 단계의 정보교환이나 생각과 판단의 교환수준으로 이어질 가능성이 있다는 점에서도 중요하다.

■ 2단계: 정보나 사실을 공유하는 차원

"겨울방학은 언제부터지요?"

"과제 마감기일이 언제인가요?"

"그 소모품은 어디가야 좋은 걸 살 수 있나요?

2단계 대화는 생활하는 데 필요한 객관적인 정보나 지식 등을 주고받는 사무적인 대화이다. 피상적이고 사무적인 대화이지만 공동목표 달성을 위해 집단 구성원들 사이에 필수적으로 해야 할 정보 교환의 과정이다. 이 단계의 대화만으로는 깊이 있는 관계형성이 어렵다. 가정이나 직장에서 어떤 사람이 1단계나 2단계 수준에서의 대화만을 나눈다면, 그는 상대에게 관심이 없거나 의도적으로 상대에게 심리적 거리감을 두고 있는 사람이라고 생각할 수 있다.

■ 3단계: 생각이나 견해를 교환하는 차원

"어머니, 용돈 좀 더 주세요. 내 용돈이 친구들 중에서 제일 적어요."(자녀의 견해와 판단)

"무슨 소리니? 옆집 영수는 너보다 적게 받아도 저금까지 한다고 하던데."(엄마의 견해와 판단)

3단계 대화는 자신의 솔직한 생각이나 견해, 신념 등을 상대방에게 솔직하게 드러내는 대화이기에 개인적으로 가깝고 신뢰하는 마음이 있을 경우에 가능하다. 상대방이 자신의 말을 경청해 줄 것이라는 믿음이 있어야 3단계 대화가 가능하다.

서로 같은 견해와 생각을 가진 경우는 서로 의견을 나누면서 관계가 더 두터워질 수 있으나, 서로 다른 견해와 생각을 가진 사람들끼리 대화할 경우에는 어색하거나 불편한 감정이 생길 수 있다. 이런 것이 싫어서 자신의 생각이나 견해를 숨기는 사람이 있는데, 이런 사람은 자신을 무시하거나 비하하는 성향이 있는 사람으로 자신을 있는 그대로 수용하는 용기가 필요하다. 반면, 자신의 의견을 주장하기 위해서 상대방을 무시하는 사람도 있는데 이런 사람은 상대방이 자신과 다를지라도 있는 그대로 수용하는 법을 배워야 한다. 마음의 문을 열고, 자신도 상대를 있는 그대로 수용할 수 있는 역량을 키우는 것이 발전된 인간관계를 맺는 데 필요하다.

■ 4단계: 사사로운 감정을 표현하는 차원

"네가 절약하지 않고 낭비를 하는 것 같아서 걱정이 된다."

"열심히 공부하더니 좋은 성적을 냈구나. 정말 기쁘다."

"대중 앞에서 떨지도 않고 너의 의견을 조리 있게 말하는 모습을 보니 정말 부럽다."

4단계 대화는 상호 간에 진솔한 느낌이나 감정을 자발적으로 표현하는 대화이다. 감정을 표현하는 것은 생각, 견해, 판단보다 더 진솔한 속마음을 보여 주는 대화이기에 좀 더 친밀하거나 깊은 관계의 사람들끼리 나누는 대화라 할 수 있다. 진실한 감정을 표현하는 것은 잘 모르는 사람에게는 모험일 수 있다. 상대가 자신의 감정을 받아주면 다행이지만, 그렇지 않으면 당황하거나 자존심이 상할 수 있다. 표현된 감정의 내용에 따라 개인적으로 용납되기 어려운 수준의 표현은 억압하거나 자제하게 되는데, 그렇게 되면 3단계 대화가 된다.

일반적으로 관계가 친밀해야 진실한 감정의 교류가 이루어지게 되는데, 경우에 따라서는 진실한 감정을 용기내서 표현하게 될 때 두 사람의 관계가 더욱 친밀해지기도 한다.

■ 5단계: 서로 공감하는 차원

"열심히 했는데 결과가 나쁘면 어쩌나 속으로 걱정을 많이 했을 텐데, 좋은 성적이 나와서 정말 기쁘겠다. 나도 정말 기뻐."

"대중 앞에서 말하려면 준비도 많이 해야 하고, 비난 받으면 어쩌나 걱정도 됐을 텐데, 떨지도 않고 조리 있게 말하는 모습을 보니 자랑스럽기도 하고 부러웠어요."

5단계 대화는 가장 깊은 단계의 대화로, 사랑하는 부부나 죽마고우 사이에서 이심전심으로 통하고 공감하는 깊은 대화이다. 상대방의 남다른 경험세계를 그의 입장에서 생각하고 느끼고 이해해 주는 대화가 이루어지는 단계이다.

활동

1. 최근에 자신과 자주 만나는 사람 3~4명을 선택하여 이들과의 대화의 수준이 몇 단계에 속하지 적어 보시오.

.... (　　　　　　단계)

.... (　　　　　　단계)

.... (　　　　　　단계)

2. 이들과 좀 더 높은 단계의 대화를 하기 위해서 해야 할 일들을 구체적으로 적어 보시오.

2. 대화유형

관계의 친밀한 정도에 따라 사람들의 대화의 유형은 달라진다. 성격유형에 따라서도 대화의 유형이 다를 것이다. 성격의 유형에 따라 대화의 유형이 달라지기도 하지만, 대화의 유형이 달라지면 성격유형의 문제점과 단점도 변화시킬 수 있을 것이다. 여기서는 자신이 사용하는 대화유형이 어떠한지 파악해 본다. 대화에서 자신이 무엇을 소홀히 하고, 어떤 부분에 문제점이 있는지를 인식하는 것은 바람직한 인간관계를 맺는 데 도움이 될 것이다. 기능적이고 건강한 대화유형을 파악하고, 이를 통해 인간관계도 함께 변화시킬 수 있는 방법을 모색하면 좋을 것이다.

대화의 유형은 Adler의 성격우선순위 유형과 연결하여 생각해 볼 수 있는 Satir의 대화유형을 소개하고자 한다. Satir는 사람들이 스트레스 상황에서 긴장을 처리하고, 자신을 보호하기 위해 사용하는 대처방식에 따라 대화의 유형이 다르다는 점을 파악했다. Satir는 역기능적인 대화유형으로 회유형, 비난형, 초이성형, 산만형 대화유형을 제시하였고, 기능적 대화유형으로 일치형 대화유형을 제시하였다. 역기능적 대화유형은 일반적으로 낮은 자존감과 불균형적인 상태, 즉 위협을 인식하고, 자기존재 가치를 보호할 필요성이 있을 때 오히려 상대방을 위협하기 위해서나, 다른 사람과 관계 맺고자 하는 강한 욕구를 숨기면서 인정받기 위해 사용된다(정문자, 2007). Satir의 대화유형은 기쁘게 하기, 통제하기, 우월성 추구, 편안함 추구의 4가지 성격우선순위 유형의 대화양식을 설명해 줄 수 있는 대화이론이 될 수도 있을 것이라 생각된다.

■ 회유형

회유형(placating)은 기쁘게 하기 유형의 대화유형이라 할 수 있다. 회유란 마음속으로 좋지 않다고 느끼면서도 다른 사람들을 기쁘게 하기 위해 다른 사람의 뜻에 따라 움직이는 사람들이다. 이들은 자신의 욕구와 바람을 숨기고, 타인의 욕구를 우선시하며, 자신을 존중하지 못하고 다른 사람에게도 자신은 중요하지 않은, 가치 없는 사람이라는 메시지를 보낸다. 잘못이 자신에게 없을지라도 자신의 잘못이라고 생각하여 타인을 위해 자신을 희생하고, 타인을 절대 비난하거나 평가하지 않고, 모든 잘못된 책임은 자신에게 있다고 생각하는 유형이다. 이런 행동을 통해 타인의 인정과 관심을 받으려는 욕구가 있으며, 이를 통해 자신의 낮은 자존감을 만족시키려는 의도가 있다.

■ 비난형

비난형(blaming)은 성격우선순위의 통제형의 대화유형이라 할 수 있다. 이들은 자신과 상황은 중요하게 여기지만, 타인을 무시하는 유형이다. 자신은 언제나 옳고 유능하기 때문에 타인에게 양보를 하거나 타인을 배려하는 일은 드물고, 자기주장이 강할 뿐만 아니라 타인에게 명령하고 지시를 많이 한다. 다른 사람들과의 대화는 많은 경우 평가와 비난, 질책과 책망이다. 다른 사람을 통제하고 지배하려는 성향이 강하기 때문에 다른 사람들은 그를 두려워한다. 비난하고 공격적인 외적 행동과는 달리 내면으로는 소외감과 외로움을 느끼는 외로운 실패자의 특성을 가지고 있다고도 한다.

■ 초이성형

초이성형(super-reasonable)은 성격우선순위의 우월추구형의 대화유형이라고 할 수 있다. 이들은 우월의 목표를 지향하기 위해 자신이나 타인을 모두 무시하는 경향이 높다. 합리적이고 이성적이고 목적추구적인 성향으로 효율적이고 기능적인 결과를 추구하며 자료와 논리를 중요시한다. 이들은 냉담하고 완고하며 기계적이고 계산적인 삶의 자세를 보이나, 실제로는 쉽게 상처받으며 소외감을 많이 느낀다.

■ 산만형

산만형(irrelevant)은 편안함 추구형의 대화유형이라 생각해 볼 수 있다. 실제생활 속에서 산만형은 분주하기는 하지만 자발적이고 재미있는 성향을 가진 사람이라 볼 수 있다. 대화의 주제나 상황에 관계없는 산만한 대화를 하는 성향을 가진 자로 자신과 타인, 상황마저도 무시하여 적절하지 못한 반응을 보인다.

■ 일치형

일치형(congruent)은 자신과 타인, 상황을 모두 고려하여 신중하고 적응적인 대화를 하는 유형이다. 이들은 상식에 따라 생각하고, 사적논리에 따라 왜곡된 언어와 행동을 보이지 않는다. 이들은 자신의 내적 감정과 경험도 존중하고, 타인의 요구와 바람도 고려하면서, 그들이 처한 상황까지 잘 고려하여 문제해결적인 소통적 대화를 하는 유형이다.

역기능적 대화유형을 일치형의 대화유형으로 변화시키기 위해서 각 대화유형별 사람들이 해야 할 활동의 목록을 살펴보면 〈표 14-1〉과 같다.

〈표 14-1〉 대화유형별 활동목록

대화유형	활동의 목록
회유형	• 단계적으로 분노의 감정훈련, 자기주장훈련 • 차이점 인식, 자기가 원하는 것 표현하기 • 자기가치와 존중감 강화
비난형	• 자기감정 조절, 긍정적 사고로 유도, 타인 존중과 배려 • 합리적·이성적 사고훈련, 적절한 신체접촉과 경계훈련 • 감수성훈련 • 적극적 경청과 의도성 알아차리기, 기대표출
초이성형	• 감수성훈련, 신체이완훈련, 비언어적인 의사소통인 얼굴표현, 목소리, 태도 통찰 • 상대방에 대한 배려와 공감감정 인식과 훈련 • 사고를 통한 감정의 변화
산만형	• 주의집중, 상대방의 말을 끝까지 경청하기 • 자기 생각을 끝까지 표현하기 • 자아존중감 향상, 명상훈련 • 감수성훈련, 신체접촉, 감각, 활동 받아주기

활동

1. 다음은 의사소통 실험(정문자, 2003)으로, 자신의 대화유형을 확인함과 동시에 일치형 대화를 배우는 데 도움이 된다.
   1) 네 명이 한 팀을 이룬다.
   2) 네 명이 번갈아가며 역기능적 대화유형인 회유형, 비난형, 초이성형, 산만형 중 한 개를 택하여 5분 정도 대화를 한다.
   3) 역기능적 대화를 모두 시도한 후, 그 과정에서 느낀 감정을 이야기해 본다.
   4) 자신이 가장 익숙했던 대화유형은 어떤 것이었는지 생각해 본다.
   5) 그 후 제각기 일치형의 대화를 연습해 본다.

2. 5~6명의 조원들이 한 팀이 되어 함께 제주도로 3박 4일 여행을 갈 계획을 세워본다.
   1) 여행 경비, 일정, 숙박 장소 및 식사메뉴 등의 여행계획서를 10분 내로 함께 합의하여 작성한다.
   2) 각 조원은 4가지 유형의 역기능적 대화유형 중 하나의 유형을 맡아서 그 유형의 특성을 조금 과장되게 표현하면서 합의 과정에 참여한다. 가능하면 자신의 대화유형의 역할을 맡는 것이 좋다. 같은 대화유형이 겹칠 경우 적절하게 역할을 나눠서 맡는다.
   3) 합의하는 과정 중에서 경험한 각 대화유형의 문제점과 합의과정의 어려운 점에 대해서 발표한다.

3. 자신의 대화유형의 특징을 파악하고 개선할 점 3가지를 적으시오.

3. 대화과정-의미 파악하기

대화는 화자와 청자가 자신의 감정, 태도, 신념, 사실 등 전달하려는 내용을 서로 교환하는 과정이라고 할 수 있다. 대화의 과정에는 화자, 청자, 전달하려는 메시지, 상호피드백 등의 요소가 필요하다.

대화의 과정은 간단하게 4단계로 설명해 볼 수 있다. ① 화자가 전달하려는 메시지를 언어화하여, ② 청자에게 전달하면, ③ 청자는 자신이 들은 말의 내용의 의미를 파악한다. 이 과정에서 ④ 화자가 전달하려는 내용을 청자가 제대로 이해했는지를 확인하는 과정이 이뤄져야 제대로 소통이 되었다고 할 수 있다.

아주 간단한 과정이지만, 이 중 세 군데에서 대화가 잘못 진행될 가능성이 있다. 첫 번째, 화자가 말하고 싶은 말의 의미를 잘못 표현할 수 있다(①). 두 번째, 화자가 전달하고 싶은 내용을 청자에게 잘못 말할 수 있다(②). 세 번째, 청자가 화자의 말을 듣고 잘못 이해할 수 있다(③).

의사소통의 어려움은 이 간단한 과정에 대한 이해만 있어도 많이 해소될 수 있을 것이다. 우리는 대화할 때 많은 경우 자기가 이해한 것이 맞다는 전제를 가지고 대화를 한다. 그러나 상대방이 전달하려는 메시지의 의미를 직접 확인해 보지 않으면 타인을 오해할 소지가 커지게 되고, 그 이후의 대화의 과정은 갈등을 초래하게 된다. 대화의 과정에서 우선적으로 중요한 것은 화자가 자신의 의도를 정확하게 전달하는 것이다. 청자는 화자의 의도를 정확하게 파악했는지 확인하고 나서 지속적으로 상호작용해 나가야 한다. 예를 들어, 다음의 배가 고픈 영수와 철수가 엄마에게 배고픔을 전달하는 과정을 보자. 영수는 배고픔을 제대로 전달했고, 영수 엄마도 아들이 배가 고픔을 정확하게 파악했다. 그러나 철수의 경우는 다르다. 철수는 자신의 배고픔을 전달하는 1단계부터 잘못되어서 2단계와 3단계에서도 전달의 오류가 생겨 밥을 먹기는커녕 엄마와 시비가 붙게 되었다.

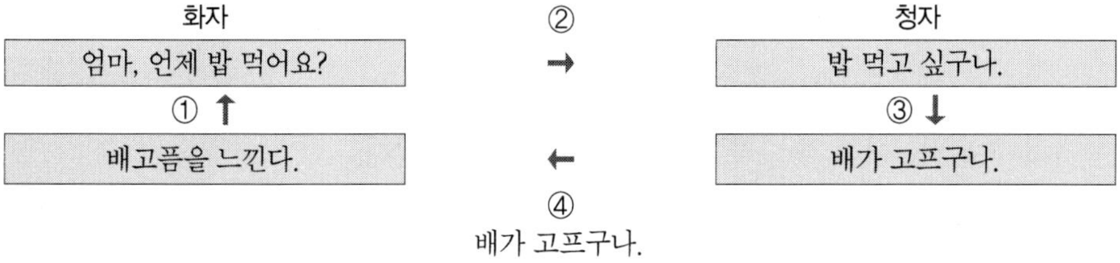

[영수 사례 1]

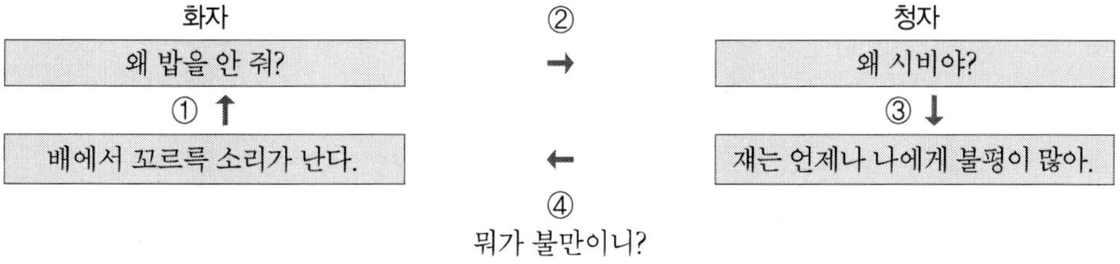

[철수 사례 1]

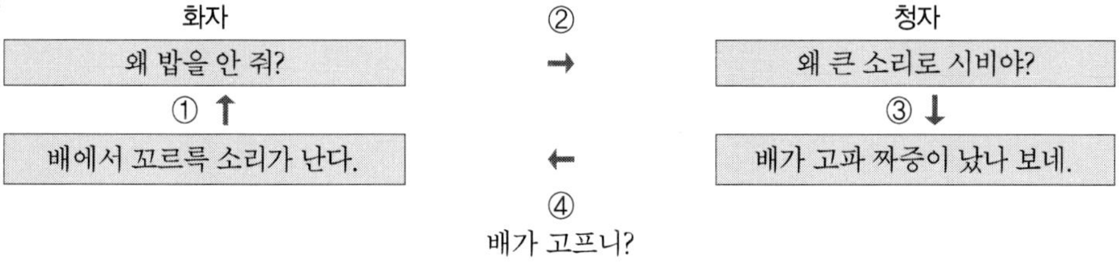

[철수 사례 2]

철수 사례 1을 가지고 대화과정에서의 오류를 좀 더 확인해 보자.

철수는 배에서 꼬르륵 소리가 났을 때, "배고파요, 밥 주세요."라고 하면 될 것을 "왜 밥을 안 줘?"라고 말했다. 엄마가 잘 알아들을 수 있는 상황이긴 하다. 그러나 철수 엄마는 제대로 아들의 의중을 파악하지 못했다. 많은 경우 화자는 자신이 언어화한 내용이 틀릴 것이라는 생각을 하지 못 한다. 어떤 경우, '가야지.'라고 생각했으나, 자기도 모르게 "나 못 가."라고 말할 수도 있다. 상대가 "왜 못 가는데?"라고 물으면 "내가 언제 못 간다고 했니? 간다고 했지."라고 오리발을 내민다. 화자의 입장에서 보면 말이 헛 나온 것이다. 화자가 자신의 의도와 다르게 말을 하면, 청자는 상대가 오리발을 내민다거나 거짓말이나 딴 소리를 한다고 생각하게 된다. 이는 대화과정에서의 중요한 오류이다.

또 다른 실수는 청자가 들은 메시지를 해석하는 과정에서 생길 수 있다. 아들이 "왜 밥을 안 줘?"라고 소리를 지르는 태도가 시비를 거는 것처럼 느껴져 불쾌했겠지만, 소리를 지르면서 밥을 왜 안 주느냐고 말하는 아들의 마음을 이해한다면, '배가 고파 짜증이 났나 보네.'라고 해석할 수 있다. [철수 사례 1]의 철수 엄마의 경우는 철수가 소리를 지르면서 전달하려고 한 말의 내용(배고픔)보다는 말하는 태도(짜증스럽게 큰 소리로 말함)가 먼저 인식되고 기분이 상해서 함께 짜증을 내게 된다. 이런 식의 대화는 서로 부정적 감정만을 표현할 뿐 문제는 해소되지 않는다. 계속 대화가 진행된다고 해도 부정적인 감정만 쌓이게 된다.

활동

❖ 대화과정에서의 오류를 줄이기 위한 2가지 활동을 해 보시오.

1. 2명이 한 조가 되어서 한 명은 화자, 한 명은 청자의 역할을 한다. 화자가 먼저 한 문장을 만들어서 청자에게 전달한다. 청자는 화자가 한 말의 의도를 파악해서 화자에게 말해 준다. 화자는 청자가 자신의 말의 의도를 제대로 파악하고 있는지를 확인해 주고, 틀렸으면 맞출 때까지 반복한다. 정확하게 의도를 파악하면 역할을 바꾸어서 같은 과정을 반복한다.

2. 3명이 한 조가 되어서 화자, 청자, 관찰자의 역할을 해 본다. 돌아가면서 3가지 역할을 다 해 본다.

- **화자의 역할:** 화자가 형용사를 사용하여 자신을 표현한다.

나는 ______________________ 이다.

(예: 긍정적인, 호기심 많은, 성실한, 행복한, 강인한, 지혜로운, 열정적, 친절한, 상냥한, 의지가 약한, 지혜로운, 운이 좋은, 운이 나쁜, 인내심이 강한, 냉정한, 온정적인 등)

- **청자의 역할:** 청자는 화자에게 화자가 말한 내용의 의미를 묻는 질문을 한다(당신이 __________ 하다는 뜻인가요?). 화자는 '예' 또는 '아니오'라고만 대답한다. 이때 청자는 화자가 말한 내용의 의미가 무엇인지 알기 위해서 최대 다섯 번 질문할 수 있다.

※ 주의사항: 청자는 화자에게 질문하기 전에 먼저 생각해 보고, 화자가 사용한 같은 단어나 문장은 사용하지 않는다. 이때 청자는 질문 형식이 아니고 진술 형식으로 말한다. 질문이면 뭔가 답해야 하는 요구를 받은 것 같지만, 진술문으로 말하면 상대가 편안하게 듣게 된다. 이것이 반영이다. 화자가 말한 내용의 의미를 추측해 보는 것이다. 이에 대해 화자는 '예' 또는 '아니오'로 답하고,

자신이 말하려는 의도를 약간 설명해 준다. 청자는 새로운 정보에 관해 다시 반영해 준다. 화자가 한 말의 의미를 청자가 어느 정도 파악했다고 생각되면 화자와 청자의 역할을 바꾸어서 다시 시도한다.

반영을 한다는 것은 화자가 한 말의 의미를 청자가 제대로 잘 이해했는지를 묻는 것이다. 앵무새처럼 화자의 말을 반복하는 것이 아니라, 화자의 말 속에 숨어 있는 화자의 의도 및 숨은 가정까지도 이해하고 있음을 전해 주는 것이다.

4. 나-메시지

나-메시지 전달법은 Adler 부모교육학자들이 격려의 대화법으로 많이 사용하는 방법이다. 이 방법은 Thomas Gordon(2000)이 자신의 부모효율성 프로그램에서 개발한 것으로 Adler 부모교육학자들 이외에도 많은 부모교육자들이 선호하고 사용하는 기법이다. 사람들은 흔히들 상대방이 문제행동을 하면 '너-메시지'를 사용한다. 예를 들어, 자녀가 시끄럽게 떠드는 경우 "야, 시끄러워. 딴 데 가서 놀든지, 조용히 공부나 해!"라고 말한다면 이것은 너-메시지를 전달한 것이다. 이것을 나-메시지 전달법으로 말한다면, "네가 옆에서 시끄럽게 떠들면 내가 하고 있는 일에 집중을 할 수가 없어서 짜증이 나. 다른 곳에 가서 조용히 놀면 좋겠어."라고 말할 수 있다. 이와 같이 나-메시지 전달법은 내가 수용할 수 없는 상대의 언행이 나에게 어떠한 영향을 미치고 있고, 그로 인해 내가 어떠한 상태에 있는지를 상대에게 전달하는 방법이다.

나-메시지를 전달할 때에는 상대방의 문제행동, 그 행동이 나에게 미치는 구체적인 영향, 내가 느끼는 부정적인 감정, 나의 바람 등을 상대방에게 전달하면 된다. 아주 간단하다. 하나씩 순서대로 보면 다음과 같다.

- **1단계**: 문제행동 서술(네가 ~하면)
- **2단계**: 이유 서술(~이유 때문에)
- **3단계**: 나의 느낌 서술(나는 ~하게 느낀다)
- **4단계**: 나의 바람 서술(~하면 좋겠다)

앞의 예를 가져와 이를 적용해 보면, "네가 옆에서 시끄럽게 떠들면(문제행동), 내가 하고 있는 일에 집중을 할 수가 없어서(이유) 짜증이 나(느낌). 다른 곳에 가서 조용히 놀면 좋겠어(바람)."가 된다.

조금 더 효율적인 나-메시지를 전달하기 위해서는 3단계에서 자신의 감정을 전달할 때에 화가 난다거나 짜증이 난다와 같은 부정적인 감정을 직접 전하기보다는 그 감정의 1차 감정을 찾아서 1차 감정을 전달하면 보다 효과적이다. 예를 들어, 조용히 해 달라고 여러 차례 부탁을 했는데도 계속해서 떠들 경우 계속해서 화가 난다고 말하기보다는 "네가 시끄럽게 떠들어서 내가 집중을 못하고 있다고 말 했는데도 계속 떠드니 일을 못하겠고, 나에 대한 배려가 없다고 느껴져서 많이 섭섭하다. 나를 배려해서 조용히 해 주면 좋겠다."라고 말할 수 있다. 직접 화를 드러내기보다는 화가 나기 전의 감정, 나에 대한 배려가 없다고 느껴져서 섭섭했음을 나-메시지로 전달하는 것이다. 직접적인 화를 표현하기보다는 내면에 감춰져 있는 1차 감정(당황함, 놀라움, 섭섭함 등)을 표현하는 것이 상대방에게 쉽게 수용되고 좋은 관계로 발전하는 데 도움이 된다.

나-메시지는 상대방의 저항과 반항을 줄이고, 갈등이 일어날 확률을 줄일 수 있을 뿐 아니라, 상대와의 관계를 생산적으로 유지 · 발전시킬 수 있게 돕고 상대가 존중과 신뢰를 받고 있다는 느낌을 가지게 한다. 반면 너-메시지는 상대의 욕구를 무시하고 나의 욕구를 더 중시하는 말투로 여겨져서 상대방의 저항이나 반항, 나아가 적대감까지 가질 수 있게 한다. 또한 상대의 자존심을 상하게 하거나, 상대를 무가치하거나 인정할 수 없는 존재로 여기는 것 같은 인상을 주어서 부정적 자아개념을 가지게 할 가능성이 높다(이성태, 2017).

활동

1. 나–메시지 전달법을 연습해 보시오.

• 상황1: 교수가 다른 학우들이 있는 앞에서 큰소리로 당신을 비난한다.

문제행동:

나에게 미치는 영향:

내가 느끼는 부정적인 감정:

나의 바람:

• 상황2: 조별 과제를 하는데 한 명의 조원이 자주 모임에 참석하지 않고, 자신의 과제를 성실히 수행하지 않는다.

문제행동:

나에게 미치는 영향:

내가 느끼는 부정적인 감정:

나의 바람:

• 상황3: 몇 차례 돈을 꿔 가서 갚지 않은 친구가 또 다시 돈을 꿔 달라고 한다.

문제행동:

나에게 미치는 영향:

내가 느끼는 부정적인 감정:

나의 바람:

• 상황4: 기숙사에서 한 방을 쓰는 룸메이트가 함께 쓰는 물건을 쓰고 나서는 제자리에 두지 않아서 찾기가 어렵다.

문제행동:

나에게 미치는 영향:

내가 느끼는 부정적인 감정:

나의 바람:

2. 나–메시지 전달법 사용을 하면서 어려웠던 점은 무엇인가?

3. 나–메시지 전달법 사용을 하면서 느낀 점은 무엇인가?

5. 공감하기

성공적인 인간관계를 형성하기 위한 최고의 대화기술은 공감하기일 것이다. Adler는 공감을 공동체감과 함께 매우 중요한 개념으로 설명하고 있다. Adler는 공감을 내 눈으로 본 것, 내 귀로 들은 것, 내 마음으로 느낀 것이 아니라 '상대의 눈으로 보고, 상대의 귀로 듣고, 상대의 마음으로 느끼는 것'이라고 했다. 똑같은 상황에 있다고 하더라도 상대의 감정을 똑같이 경험하는 것은 불가능할 것이다. 여기서 상대의 눈으로 보고, 귀로 듣는다는 말은 상대방의 입장이 되어 상대방이 말하고 느끼는 방식대로 그의 세계를 수용, 지각하고 그의 생각과 느낌을 표현해 주는 것을 말한다. Adler는 공동체감을 동일시와 공감과 연결 지으면서 개념화하였는데, 공감은 공동체감의 핵심이다.

공감한다는 것은 상대에게 무조건적인 동정과 인정을 베푼다는 말이 아니고, 상대의 의견에 무조건 동의를 표해야 한다는 말도 아니다. 다만, 상대의 의견에 동의하지 않더라도 상대가 말하고, 바라고, 느끼는 것이 무엇인지를 그 사람의 입장이 되어 반영해 주는 것이라 할 수 있다. "내가 당신이라면 나도 그렇게 느낄 수 있을 거예요."라고 상대의 감정이나 기분을 예측해서 상대가 느낄 수 있는 기분을 말해 주는 것이다. 공감을 해 준다고 내 입장과 관점을 무시해서는 안 된다. 상대방과 내가 다른 관점을 가질 수 있다는 점을 분명히 해야 한다.

공감하기에는 표면적 공감과 심층적 공감이 있다. 상대방의 말과 행동에서 겉으로 드러난 기분이나 감정을 알아주고 이해해 주는 것이 표면적 공감이고, 상대방이 표현한 감정이나 기분 이면에 숨겨진 내적인 기분까지 알아주는 것이 심층적 공감인데, 어느 정도는 추측이나 해석적인 요소가 들어가기 때문에 쉽지는 않다(고영인, 1997).

공감의 과정은 다음과 같다. 먼저, 상대방이 당면한 문제에 대해 어떻게 생각하고 느끼는지 이야기 내용을 주의 깊게 경청하는 것이 필요하다. 다음으로 청자가 자신을 화자의 위치에 놓고 생각하고 느껴 본 후, 청자는 화자의 생각이나 느낌을 잘 반영해 줄 수 있는 적절한 말을 찾는다. 마지막으로 화자를 이해하고 있음을 구체적인 언어적 표현과 비언어적 표현을 통하여 화자에게 전달한다(고영인, 1997).

Carkhuff(1969)는 공감수준을 5단계로 나누었다. 이것은 높은 수준의 공감적 반영을 하는 것을 돕는다.

- 수준1: 화자의 언어적 · 비언어적 표현에 주의 깊게 관심을 기울이지 않아서 화자가 표현한 것을 제대로 인식하지 못하고 의사소통한다.
- 수준2: 청자는 화자가 표현한 감정에 반응을 하기는 하지만, 화자가 표현한 중요한 정서를 간과한다.
- 수준3: 청자의 반응은 화자의 표현에 상응하여 의사소통을 한다.
- 수준4: 청자는 화자가 표현한 감정보다 한층 더 깊은 차원의 감정을 파악하고 반응한다.
- 수준5: 청자는 화자가 표현한 내용에 담긴 중요한 감정과 의미까지 파악하여 반응한다.

높은 수준의 공감은 상대방에게 자신의 말이 주의 깊게 경청되고 있음을 전달할 수 있고, 방어심리가 축소되어 개방적인 표현이 보다 촉진된다. 또한 자신의 부정적인 생각이나 감정도 수용된다는 생각을 하게 되어 자신의 부정적인 감정도 받아들일 수 있게 되어 문제에 대한 통찰이 가능해진다. 상호간에 신뢰감과 존중감이 형성되면 상대방이 자신을 더 많이 노출하게 되어 대화가 촉진되고 관계도 더욱 친밀해지게 된다.

활동

공감활동

❖ Carkhuff(1969)의 5단계 수준의 공감을 연습해 보시오.

1. 아래의 예시는 화자의 말에 5명의 청자가 반응한 것이다. 화자의 말을 듣고 자신은 어떻게 반응할지를 5가지 중에 골라 보시오. 그 다음 각 반응이 몇 단계의 공감수준에 속하는지를 빈 칸에 적어 자신의 공감 반응수준을 파악하고, 더 높은 수준의 공감반응을 익혀 보시오.

1) "과방이 너무 시끄러워요. 공부 분위기 높인다고 시설을 갖춰 놓고 왜들 거기서 떠드는지 모르겠어요."

______ ① "많이 시끄러워? 시끄러우니까 집중해서 공부하기 힘들었겠네."

______ ② "시끄러워도 넌 네가 할 공부를 하면 되는 거 아니니?"

______ ③ "시설이 잘 갖춰져서 공부하러 갔더니 시끄러워서 공부가 잘 안 되었나 보네. 좀 조용하면 공부가 잘 될 거라는 말이구나."

______ ④ "과방인데 사람들이 모이면 당연히 시끄럽지. 너도 과방에선 과 친구들이랑 어울려서 얘기하고 그래 봐. 도움이 될 거야."

______ ⑤ "과방이 조용하면 좀 더 공부할 분위기가 형성될 거라는 말이구나."

2) "여행가서 친한 친구랑 다퉜는데 한 달이 지나도 말을 안 하고 지내요. 어떻게 화해해야 할지 모르겠어요."

______ ① "친구랑 싸워서 말도 안 하고 지낸다니, 많이 불편하겠다."

______ ② "친한 친구랑 다툰 게 후회도 되고 화해해서 예전처럼 다시 잘 지내고 싶은 데 그 방법을 몰라 답답하겠네."

______ ③ "여행까지 가서 왜 싸워? 친한 친구 맞아?"

______ ④ "친한 친구랑 한 달간이나 말도 안하고 지내려니 맘이 불편하고 화해

하고 싶은데 그것도 잘 안 되나 보네."

__________ ⑤ "그 친구랑 싸웠구나. 친구관계를 잘 유지하는 게 중요한 일이지."

3) "공연히 어려운 과제를 맡아서 힘들어 죽겠어요. 일만 했더니 너무 피곤해서 쓰러질 거 같아요."

__________ ① "많이 피곤해 보이는데 과제를 수행하느라 많이 무리하셨나 봐요."

__________ ② "자기 수준에 맞는 일을 적당히 알아서 해야지. 죽으면 다 소용없어요."

__________ ③ "많이 피곤하시군요. 건강관리를 평소에 잘 하셔야 해요."

__________ ④ "어려운 과제를 완성하려고 최선의 노력을 다해 진이 빠지도록 일을 해서 많이 지치셨군요."

__________ ⑤ "맡은 과제를 완성하려고 혼신의 힘을 다해 노력하셨군요. 성취감을 맛보기 위해 어려운 과제를 맡아서 일하다 보니 생각보다 많이 힘이 들어 지치셨군요."

4) "컴퓨터가 자주 고장 나서 보고서를 이번에도 제시간에 제출하지 못했어요. 컴퓨터를 바꿔야지, 도대체 일을 할 수가 없어요."

__________ ① "컴퓨터 때문에 일이 자주 늦어져서 속상하시겠어요."

__________ ② "목수가 연장 탓 한다더니……. 딴 핑계 대지 말고 열심히 일이나 하세요."

__________ ③ "컴퓨터 고장 때문에 자주 기한 내에 일을 마치지 못해서 짜증나시겠어요. 상사 눈치도 불편하고."

__________ ④ "이번에도 보고서를 늦게 제출했군요. 그 정도 컴퓨터면 괜찮은 거예요. 난 더 나쁜 컴퓨터로도 작업했었어요."

__________ ⑤ "열심히 했는데 컴퓨터 고장으로 이번에도 기한 내에 일을 마치지 못해서 화도 나고 당황했겠어요. 앞으로도 또 그럴 까봐 걱정도 되고 변명한다고 할까 봐 상사에게 말하기도 불편하고, 힘드시겠어요."

2. 화자, 청자 그리고 관찰자 3명이 한 조가 되어서 대화 연습을 해 본다.

1) 화자의 역할을 맡은 사람이 먼저 자신의 어려움을 이야기하고, 청자는 화자의 진술내용을 듣고 공감적으로 반응하는 형태로 3~4분 정도 이야기를 나눈다. 관찰자는 청자의 공감적 반응이 몇 단계 수준인지 체크하면서 이야기를 듣고, 시간을 알려준다.

2) 이야기를 나눈 후, 화자는 청자의 공감적 반응을 듣고 어떤 느낌이 들었는지 말하고, 청자는 공감적 반응을 한 경험에 대해 말한다. 관찰자는 그들의 대화의 특징 및 공감적 반응 수준에 대해 이야기한다.

3) 역할을 바꿔서 다시 앞의 과정을 반복하여 진행한다.

부록

성격우선순위 검사

생활양식 척도(BASIS-A)

성격우선순위 검사

❖ 다음 문항을 읽고 자신의 생각과 가장 일치하는 것에 체크하시오.

	문항	전혀 그렇지 않다				항상 그렇다
1	나는 다른 사람을 기쁘게 하려고 매우 노력한다.	1	2	3	4	5
2	나는 다른 사람의 기분이 상하지 않도록 최선을 다한다.	1	2	3	4	5
3	나는 다른 사람의 부탁을 거절하기 힘들어한다.	1	2	3	4	5
4	나는 부정적인 감정을 표현하기보다는 간직하고 있는 편이다.	1	2	3	4	5
5	나는 갈등하는 것이 힘들어서 되도록 평화롭게 지내려고 노력한다.	1	2	3	4	5
6	나는 나의 요구보다 자주 다른 사람의 요구를 더욱 중요시한다.	1	2	3	4	5
7	사람들은 내가 매우 상냥하다고 말한다.	1	2	3	4	5
8	내가 다른 사람의 감정을 상하게 했다고 생각되면, 상황이 좋아질 때까지 내 마음이 불편하다.	1	2	3	4	5
9	내가 모든 사람을 기쁘게 해 줄 수 없다는 것은 알지만, 누군가가 나를 마음에 안 들어 한다는 것을 알게 되면 마음이 상한다.	1	2	3	4	5
10	나는 내가 사랑하는 사람에게 화를 잘 내지 못한다.	1	2	3	4	5
11	다른 사람이 내 권리를 존중해 주지 않아도, 나는 사려 깊게 그 사람의 권리를 존중한다.	1	2	3	4	5
12	갈등 상황에서 나는 자주 중재자 역할을 한다.	1	2	3	4	5
13	모든 상황이 평화로울 때 나는 만족스럽다.	1	2	3	4	5
14	나는 매우 다정다감하다.	1	2	3	4	5
15	다른 사람의 인정을 받으려면 불편함이나 고통은 기꺼이 감수할 것이다.	1	2	3	4	5
16	나는 내 능력보다 더 많은 것을 성취하고 싶지만 쉽게 포기하는 편이다.	1	2	3	4	5
17	내가 많은 것을 성취하지 않아서 사람들은 나를 게으르다고 생각한다.	1	2	3	4	5
18	나는 내 자신에 대해 매우 높은 기준을 세운다.	1	2	3	4	5
19	사람들은 나를 일 중독자로 여긴다.	1	2	3	4	5

	문항	전혀 그렇지 않다				항상 그렇다
20	나는 어떤 일을 하기로 결심하면 반드시 해낸다.	1	2	3	4	5
21	나에게 맡겨진 과제나 일이 내 마음에 들 때까지 최선의 노력을 다한다.	1	2	3	4	5
22	나는 일을 잘 기획하고 잘 처리하는 편이다.	1	2	3	4	5
23	나는 어떤 일을 성취하기 위해서는 가끔씩 다른 사람의 성화나 강요가 필요하다.	1	2	3	4	5
24	나는 '잘하는 것만이 가치 있는 것'이라는 슬로건으로 살려고 노력한다.	1	2	3	4	5
25	나는 내가 맡은 일을 잘 해냈다 할지라도 더 잘하려고 노력한다.	1	2	3	4	5
26	나는 때때로 일이 잘 안되는 시기가 있다.	1	2	3	4	5
27	나는 상당히 무거운 책임감을 느낀다.	1	2	3	4	5
28	나는 내가 하는 일을 아주 잘 해낸다.	1	2	3	4	5
29	나는 시간이 지난 후에 만족감을 얻는 일보다는 주로 즉시 만족감을 얻을 수 있는 일을 선택한다.	1	2	3	4	5
30	사람들은 내가 성취한 것이나 내 능력을 보고 자주 감동한다.	1	2	3	4	5
31	나는 친구들과의 논쟁에서 이기는 것을 즐긴다.	1	2	3	4	5
32	나는 다른 사람들의 책임자의 위치에 있는 것을 더 선호한다.	1	2	3	4	5
33	나는 내가 하는 일에 최고가 되거나 적어도 최고 중의 한 사람이 되는 것을 중요하게 생각한다.	1	2	3	4	5
34	나는 나의 동료가 어떤 일을 나만큼 성취하고 있는지 아닌지를 잘 살펴본다.	1	2	3	4	5
35	나는 경쟁하는 것을 좋아한다.	1	2	3	4	5
36	나는 남에게 명령하는 경향이 있다.	1	2	3	4	5
37	나는 다른 사람이 할 수 없는 어려운 일을 하는 것을 즐긴다.	1	2	3	4	5
38	나는 아주 중요한 일을 해내고 싶어한다.	1	2	3	4	5
39	나는 내가 옳다고 느낄 때 다른 사람을 신경쓰지 않는다.	1	2	3	4	5
40	나는 나와 가까운 사람들의 부적절한 행동 때문에 쉽게 짜증이 난다.	1	2	3	4	5

	문항	전혀 그렇지 않다				항상 그렇다
41	나는 항상 그런 것은 아니지만 다소 비평적인 경향이 있다.	1	2	3	4	5
42	나는 사람들을 파악하기 위해서 분석하는 경향이 있다.	1	2	3	4	5
43	공개적으로 말하지는 않지만 다른 사람이 내가 베푼 호의에 감사의 표시를 하지 않으면 속이 상한다.	1	2	3	4	5
44	나는 내 감정과 기분을 거의 내보이지 않는다.	1	2	3	4	5
45	나는 친구를 사귈 수 있는 활동적인 단체에 소속되는 것을 좋아한다.	1	2	3	4	5
46	나는 감정적인 사람들이 주변에 있으면 불편하다.	1	2	3	4	5
47	나를 잘 아는 사람은 매우 적다.	1	2	3	4	5
48	사람들은 나를 아주 편하게 느낀다.	1	2	3	4	5
49	나는 그룹에 참여하거나 소속되는 것을 피하는 경향이 있다.	1	2	3	4	5
50	나는 사회적 상황에서 관심이 집중되는 것을 좋아하지 않는다.	1	2	3	4	5
51	나는 별 걱정 없이 재미를 추구하며 사는 것을 좋아한다.	1	2	3	4	5
52	나는 보통 뜻하지 않은 놀랄만한 일을 좋아하지 않는다.	1	2	3	4	5
53	나는 다른 사람의 감정에 아주 민감하다.	1	2	3	4	5
54	나는 쉽게 상처를 받는다.	1	2	3	4	5
55	나는 사람들이 나에게 불친절하거나 무심할 때 마음이 매우 상한다.	1	2	3	4	5
56	나는 거절당할 수 있는 상황이나 사람은 피하려고 한다.	1	2	3	4	5
57	나는 당황스럽거나 놀림을 당할 수 있는 상황을 피하려고 노력한다.	1	2	3	4	5
58	나는 날씨가 좋지 않을 때에는 실내에 있는 것을 좋아한다.	1	2	3	4	5
59	나는 스트레스를 주는 상황을 피하려고 노력한다.	1	2	3	4	5
60	나는 스트레스가 높은 상황에서는 일을 잘 못한다.	1	2	3	4	5
61	나는 새롭고 낯선 상황에서는 편하지 않다.	1	2	3	4	5
62	나는 논쟁하거나 싸움을 하는 사람과 함께 있는 것이 불편하다.	1	2	3	4	5

	문항	전혀 그렇지 않다				항상 그렇다
63	나는 누군가가 고통스러워하는 것을 보면 매우 불편하다.	1	2	3	4	5

본 척도는 성격우선순위를 알아보기 위하여 Langenfeld(1981)가 개발한 Personality Priorities(LIPP)를 김난예와 김춘경(2003)이 번안하고 타당화한 '성격우선순위 척도'이다. 본 척도는 뛰어나기, 기쁘게 하기, 회피하기, 성취하기, 분리하기의 5개의 하위요인으로 구성되어 있으며 총 63문항이다. 각 문항의 응답방식은 Likert식 5점 척도로 이루어져 있다.

1. 뛰어나기 유형: '나는 내가 하는 일에 최고가 되거나 적어도 최고 중의 한 사람이 되는 것을 중요하게 생각한다.' 등의 문항으로 구성되어 있으며, 다른 사람과 경쟁하여 다른 사람을 앞서려는 우월성을 추구하는 것과 다른 사람보다 더 잘 나가기 위해 다른 사람들과 상황을 통제하거나 타인의 수행을 능가하고자 하는 것과 관련된다.
2. 기쁘게 하기 유형: '나는 다른 사람의 기분이 상하지 않도록 최선을 다한다.'와 같은 문항으로 이루어져 있으며, 다른 사람들을 행복하게 하려는 바람과 다른 사람들로부터 수용되기를 바라는 마음을 나타내는 것이다.
3. 회피하기 유형: '나는 당황스럽거나 놀림을 당할 수 있는 상황을 피하려고 노력한다.'와 같은 문항들로 구성되어 있으며, 정서적 · 신체적 불편과 가능한 스트레스 상황을 피하려는 유형이다.
4. 성취하기 유형: '나는 내 자신에 대해 매우 높은 기준을 세운다.' 등의 문항으로 구성되어 있으며, 타인과 경쟁하지 않고 개인적으로 만족하는 업적을 통하여 우월성을 추구하는 유형이다.
5. 분리하기 유형: '나를 잘 아는 사람은 매우 적다.' 등의 문항으로 이루어져 있으며, 대인관계 위험부담 감수하기, 자기노출 피하기 등 다른 사람과의 관계를 피하고 정서를 억압함으로써 자신을 보호하려는 유형이다.

하위요인	문항
뛰어나기	19, 20, 25, 28, 29, 31, 32, 33, 34, 35, 36, 37, 38, 39, 40, 41, 43, 44
기쁘게 하기	1, 2, 3, 5, 6, 7, 8, 11, 12, 13, 14, 15, 16
회피하기	4, 9, 10, 27 * , 42, 45, 48, 55 * , 56, 57, 58, 59, 60, 61, 62, 63
성취하기	17, 18, 21, 22, 23, 24, 26, 30 * , 53
분리하기	46, 47, 49, 50 * , 51, 52, 54

*역채점

출처: 김난예, 김춘경 (2003). 성격우선순위검사(K-PPS)의 타당화 연구.

생활양식 척도 BASIS-A

❖ 다음 문항을 읽고 어렸을 때 자신의 행동방식 또는 습관과 일치되는 정도에 체크하시오.

	문항	전혀 그렇지 않다				항상 그렇다
1	어렸을 때 나는 다른 아이들과 노는 것이 즐거웠다.	1	2	3	4	5
2	어렸을 때 나는 다른 사람들에게 무엇을 시키는 것을 좋아했다.	1	2	3	4	5
3	어렸을 때 나는 부모님께 정직하지 않았다.	1	2	3	4	5
4	어렸을 때 나는 다른 아이들에게 시키는 것을 좋아했다.	1	2	3	4	5
5	어렸을 때 나의 부모님은 내가 희망이 없다고 생각하셨다.	1	2	3	4	5
6	어렸을 때 나는 보모님의 속을 썩였다.	1	2	3	4	5
7	어렸을 때 나는 많은 힘을 가지고 있다고 생각했다.	1	2	3	4	5
8	어렸을 때 나는 주어진 일들을 잘하고 싶었다.	1	2	3	4	5
9	어렸을 때 나는 우리 집에 적응을 잘 못했다고 생각한다.	1	2	3	4	5
10	어렸을 때 나는 집단에서 잘 지냈다.	1	2	3	4	5
11	어렸을 때 나는 골목대장이었다.	1	2	3	4	5
12	어렸을 때 부모님은 나에 대해 화를 내셨다.	1	2	3	4	5
13	어렸을 때 다른 친구들이 나를 인정해 주었다.	1	2	3	4	5
14	어렸을 때 나는 다른 친구들을 조종하고 싶었다.	1	2	3	4	5
15	어렸을 때 나는 잘한 일에 대해서 관심을 받는 것이 좋았다.	1	2	3	4	5
16	어렸을 때 나는 부모님의 마음을 상하게 하고 싶었다.	1	2	3	4	5
17	어렸을 때 나는 마음대로 하지 못할 때는 반항했다.	1	2	3	4	5
18	어렸을 때 나는 다른 이에게 내가 대장이라는 것을 나타내는 것을 즐겼다.	1	2	3	4	5
19	어렸을 때 나는 공부를 잘하면 인정받는다고 느꼈다.	1	2	3	4	5
20	어렸을 때 나는 부모님 중 한 분이 못됐다고 생각했다.	1	2	3	4	5
21	어렸을 때 나는 활발했다.	1	2	3	4	5
22	어렸을 때 나는 친구들과 많이 싸웠다.	1	2	3	4	5
23	어렸을 때 나는 눈에 띄기 위해서 모범적으로 행동했다.	1	2	3	4	5

	문항	전혀 그렇지 않다				항상 그렇다
24	어렸을 때 나는 부모님이 무서웠다.	1	2	3	4	5
25	어렸을 때 나는 친구들과 함께 있는 것이 즐거웠다.	1	2	3	4	5
26	어렸을 때 나는 벌을 받으면 더 고집을 부렸다.	1	2	3	4	5
27	어렸을 때 나는 어른들을 화나게 하는 것보다는 기쁘게 해드렸다.	1	2	3	4	5
28	어렸을 때 나는 집에서는 아무것도 잘하는 일이 없었다.	1	2	3	4	5
29	어렸을 때 나는 부모님을 기쁘게 해 드리는 것이 좋았다.	1	2	3	4	5
30	어렸을 때 나는 부모님의 인정을 받고 싶었다.	1	2	3	4	5
31	어렸을 때 나는 사람들이 나를 좋아할지 아닐지에 신경을 썼다.	1	2	3	4	5
32	어렸을 때 나는 선생님이 나를 좋아하시길 바랐다.	1	2	3	4	5
33	어렸을 때 나는 작은 일을 잘 처리했다.	1	2	3	4	5

본 측정도구는 Kern과 Wheeler, Curlette(1997)가 개발하고 정경용과 김춘경(2010)이 타당화한 'BASIS-A 척도'이다. 이 척도는 소속-사회적 관심 갖기(Belongin/Social Interest: BSI), 타인에게 맞춰주기(Going Along: GA), 주도권 잡기(Taking Charge: TC), 인정추구하기(Wanting Recognition: WR), 불안정성(Being Cautious: BC)의 5가지 하위요인으로 구성되어 있다.

1. 소속-사회적 관심: 점수가 높을수록 대인 지향적이며 외향적이 성향을 가지고 있다. 집단에 소속감을 느끼고 융통성이 있으며 협력적이다.
2. 타인에게 맞춰주기: 구조화하기를 좋아하고, 타인과의 갈등을 피하기 위하여 다른 사람에 기꺼이 동의하며 자신에게 기대되는 것에 대해 관심을 가진다.
3. 주도권 잡기: 자기중심적이며 다른 사람을 통제하고 리더로 인정받기를 바란다. 자기중심적이며 지배적인 성향을 가지고 있다
4. 인정추구하기: 강한 성공의 욕구를 가지고 있으며 다른 사람에게 존경받거나 인정 받고 싶어 한다.

5. 불안정성: 매사에 지나치게 조심스럽고 환경과 타인의 반응에 민감하게 반응한다.

하위요인	문항
소속-사회적 관심	1, 10, 13, 21, 25
타인에게 맞춰주기	3*, 6*, 17*, 22*, 27, 33
주도권 잡기	2, 4, 7, 11, 14, 18
인정추구하기	8, 15, 19, 23, 29, 30, 31, 32
불안정성	5, 9, 12, 16, 20, 24, 26, 28

*역채점

출처: 정경용, 김춘경 (2010). 생활양식 척도(BASIS-A)의 타당화 연구.

참고문헌

강문희, 이광자, 박경(1999). 인간관계의 이해. 서울: 학지사.

고영인(1997). 상담기초실습 워크북. 서울: 문음사.

권석만(1997). 인간관계심리학. 서울: 학지사.

권석만(2012). 현대 심리치료와 상담이론. 서울: 학지사.

권석만(2014). 이상심리학의 기초. 서울: 학지사.

금명자, 송미경, 이호준, 이지은(2005). 청소년 부모상담. 서울: 한국청소년상담원.

김난예, 김춘경(2003). 성격 우선순위검사(K-PPS)의 타당화 연구. 상담학연구, 4(4), 615-629.

김명찬(2016). 관계적 질병으로서 수치심의 이해와 치료. 인간 · 환경 · 미래. 16, 65-97.

김명희(2010). 현대사회와 부모교육. 서울: 교육 아카데미

김민정, 이희경(2014). 대학생의 강점인식이 진로성숙도에 미치는 영향: 강점활용과 진로결정 자기효능감의 매개효과. 상담학연구, 15(5), 1811-1830.

김영옥(2007). 부모교육. 경기: 공동체.

김영환, 진유경, 조용래, 권정혜, 홍상황, 박은영(2002). 한국형 대인관계문제검사의 타당화. 한국심리학회지: 임상, 21(2), 391-411.

김은영(2015). 인간관계의 이해와 적응. 경기: 교문사.

김응만(1995). 열등감 해소 프로그램이 고등학생의 열등감 해소에 미치는 영향에 관한 실험연구. 충북대학교 대학원 석사학위논문.

김진숙, 김지은, 연미희, 이인수(2014). 인간관계와 의사소통. 서울: 창지사.

김천수(2017). 개인심리학 이론에 근거한 사회적 관심 척도 개발 및 타당화. 전남대학교 대학원 박사학위논문.

김춘경(2004). 아동상담 이론과 실제. 서울: 학지사.

김춘경(2006). Adler 아동상담 이론과 실제. 서울: 학지사.

김춘경(2015a). *What life should mean to you*. 해설편. 장병걸 역(2015). **그 사람이 나를 괴롭히는 진짜 이유 해설편**. 서울: 리베르.

김춘경(2015b). *What life should mean to you*. 해설편. 장병걸 역(2015). **그 사람이 나를 도와주는 진짜 이유 해설편**. 서울: 리베르.

김춘경, 이수연, 이윤주, 정종진, 최웅용(2016). **상담의 이론과 실제**. 서울: 학지사.

김필진(2007). **Adler의 사회적 관심과 상담**. 서울: 학지사.

노안영, 강만철, 오익수, 김광운, 정민(2011). **개인심리학 상담 원리와 적용**. 서울: 학지사.

노안영, 강영신(2003). **성격심리학**. 서울: 학지사.

노안영, 정민(2007). 자기격려-낙담 척도 개발 및 타당화. **한국심리학회지: 상담 및 심리치료, 19**(3), 675-692.

박부금, 이희경(2012). 강점 활용 척도의 타당화 연구. **한국심리학회지: 일반, 31**(3), 599-616.

서울교육위원회(1979). **전인교육의 이론과 실제**. 서울: 농원문화사.

성태제, 김성훈, 김경성(2007). **대학생 직업기초능력 진단종합검사 개발: 대인관계검사 개발과 종합적 사고력 측정 방안**. 서울: 한국직업능력개발원.

송명자(1995). **발달심리학**. 서울: 학지사.

양명숙 외(2013). **상담이론과 실제**. 서울: 학지사.

연문희(2012). **참 만남의 대화**. 서울: 학지사.

원민정(2017). 대학생의 강점인식이 자기효능감과 진로준비행동에 미치는 영향: 강점활용의 매개효과. 건국대학교 교육대학원 석사학위논문.

원호택, 박현숙(1999). **삶을 위한 심리학: 인간관계와 적응**. 서울: 서울대학교 출판부.

윤소영(2000). 부모와의 애착이 아동의 우정의 질에 미치는 영향. 숙명여자대학교 대학원 석사학위논문.

윤순임 외(1995). **현대상담, 심리치료의 이론과 실제**. 서울: 중앙적성출판사.

이무석(2006). **30년만의 휴식**. 서울: 비젼과 리더십.

이부영(1993). **한국민담의 심층분석**. 서울: 집문당.

이성태(2017). **인간관계론**. 경기: 양성원.

이숙, 우희정, 최진아, 이춘아(2009). **훈련중심 부모교육**. 서울: 학지사.

이은해, 고윤주(1999). 학령기 아동을 위한 친구관계의 질 척도 개발에 관한 연구. **아동학회지, 20**(2), 225-242.

이태언, 최명구(2006). **생활 속의 정신건강**. 서울: 신정.

이형득 편집(1992). **상담이론**. 서울: 교육과학사.

정경용, 김춘경(2010). 생활양식 척도(BASIS-A)의 타당화 연구. **청소년학연구, 17**(12), 343-367.

정경용, 김춘경(2010). 심리적 출생순위 척도(K-PBOI)의 타당화 연구. **청소년학연구, 17**(1), 119-141.

정문자(2003). **사티어 경험적 가족치료**. 서울: 학지사.

정문자(2007). **가족치료의 이해**. 서울: 학지사.

정민, 노안영(2010). 열등감 반응 척도의 개발 및 타당화. **한국심리학회지:상담 및 심리치료, 22**(2), 351-367.

정민아(2004). 청소년기의 이성 간 사랑 유형 분석-Sternberg의 사랑의 삼각이론을 중심으로-. 한국교원대학교 대학원 석사학위논문.

정옥분(1997). **청년발달의 이해**. 서울: 학지사.

제석봉, 김춘경, 천성문, 이영순, 김미애, 이지민(2013). **가족치료**. 서울: 정음사.

조선화, 김혜진, 김현주, 이영나, 이지향, 정유진, 조유진, 허미선(2007). **인간관계론**. 경기: 교문사.

조성대(2010). 현대사회와 인간관계의 위기. **한국인간관계학보, 5**(1), 111-131.

조정자(2003). Adler 집단상담 프로그램이 중학생의 생활양식과 학교생활적응에 미치는 효과. 충북대학교 교육대학원 석사학위논문.

조진희, 진미경(2017). 한국판 Adler 성격우선순위검사(K-APPA)의 신뢰도와 타당도 연구. **인간발달연구, 24**(1), 139-157.

최규련(2015). **부부문제와 부부상담**. 서울: 신정.

한국직업능력개발원(2007). 대학생직업기초능력 진단평가 제도도입 방안 공청회 자료집. 서울: 한국직업능력개발원.

홍경자(2006). **자기주장과 멋진 대화**. 서울: 학지사.

홍상황, 박은영, 김영환, 권정혜, 조용래, 진유경(2002). 한국형 대인관계문제검사 원형척도의 단축형(KIIP-SC) 구성. **한국심리학회지: 임상, 21**(4), 923-940.

Adams, P. L. (1982). *A Primer of Child Psychotherapy* (2nd ed.). Boston: Little, Brown, & company.

Adler, A. (1956). Extracts from *The science of living*. In H. L. Ansbacher & R. R. Ansbacher (Eds.), *The Individual Psychology of Alfred Adler: A systematic presentation in selections from his writings* (pp. 357-358). New York: Harper Torchbooks. (Reprinted from *The science of living*, New York: Greenburg, 1929.)

Adler, A. (1958). *What life shoud mean to you?.* New York: Capricorn.

Adler, A. (1963). *The practice and theory of Individual psychology.* Paterson, NJ: Littlefield, Adams.

Adler, A. (1965). *Praxis und Theorie der Individualpsycholgoie* 2. Frankfurt/M.

Adler, A. (1966). *Menschenkenntnis.* Frankfurt/M.

Adler, A. (1972). *Der nervöse Charakter.* Frankfurt/M.

Adler, A. (1973a). *Der Sinn des Lebens.* Frankfurt/M.

Adler, A. (1973b). *Individualpsychologie in der Schule. Vorlesungen für Lehrer und Schuler.* Frankfurt/M.

Adler, A. (1974). *Die Technik der Individualpsychologie 2.* Frankfurt/M.

Adler, A. (1976). *Kindererziehung.* Frankfurt/M.

Adler, A. (1977). *Studie über Minderwertigkeit von Organen*. Wien.

Adler, A. (1981). *What life should mean to you.* 설영환 역(1981), **애들러 심리학해설**. 서울: 선영사.

Adler, A. (2015a). *What life should mean to you.* 장병걸 역(2015). **그 사람이 나를 괴롭히는 진짜 이유**. 서울: 리베르.

Adler, A., Furtmueller, C., & Wexberg, E. (1973). *Heilen und Bilden.* Frankfurt/M.

Adler, K. (1979). An Adlerian view of the development and treatment of schizophrenia. *Journal of Individual Psychology. 35*(23), 147-161.

Alden, L. E., Wiggins, J. S., & Pincus, A. L. (1990). Construction of circumplex scales for the inventory of interpersonal problems. *Journal of Personality Assessment, 55*, 521-536.

Andriessens, E. (1985). Nahziele. Brunner, R., Kausen, R., Titze, M. (1985). *Wörterbuch der Individualpsychologie.* München: Basel.

Ansbacher, H. L., & Ansbacher, R. R. (Hg.) (1982). *Alfred Adlers Individualpsychologie. Reinhardt München/Basel.*

Ansbacher, H. L. (Ed.) (1968). The concept of social interest. *Journal of Individual Psychology, 24,* 131-141.

Ansbacher, H. L. (Ed.) (1969). *The science of living: Alfred Adler.* Garden City, NY:

Doulbeday Anchor Books.

Ansbacher, H. L., Ansbacher, R. R.(Hg.). (1972). *Alfred Adlers Individual psychologie.* Reinhardt München/Basel.

Bandura, A. (1971). Psychotherapy based on modeling principles. In A. Bergin and S. Garfield(Eds.), *Handbook of Psychotherapy and Behavior Change*. New York: Wiley.

Beecher, W., & Beecher, M. (1966). *Beyond Success and Failure*. 김효정 역(2016). **어른으로 살아 갈 용기**. 서울: 이지북.

Bitter, J. R. (1993). Communication Styles, Personality Priorities, and Social Interest: Strategies for Helping Couples Build a Life Together. *Journal of Individual Psychology, 49*(3), 330-350.

Bleidick, U. (1986). *Die Individualpsychologie in ihrer Bedeutung fur die Padagogik*. Petzkorn-Scheifhacken Mülheim (Ruhr).

Campbell, L., White, J., & Stewart, A. (1991). The relationship of psychological birth order to actual birth order. *Individual Psychology: Journal of Adlerian Theory, Research & Practice.*

Carkhuff, R. R. (1969). *Helping and human relations*, 1. New York: Holt, Reinhart & Winsotn.

Carlson, J., & Slavik, S. (1997). *Techniques in Adlerian Psychology*. Washington: Taylor & Francis.

Clark, A. J. (2002). *Early Recollections*. 박예진, 박상규 역(2017). **초기회상**. 서울: 학지사.

Collins, W. A. (1990). Parent-child relationships in the transition to adolescence: Continuity and change in interaction, affect, and cognition. In R. Montemayer, G. Adams, T. Gullota (Eds), *Advances in adolescent development: Vol 2. The transition from childhood to adolescence.* Beverly Hills, CA: Sage.

Corey, G. (2001). *The Art of Integrative Counseling*. 현명호, 유제호 역(2001). **상담 및 심리치료의 통합적 접근**. 서울: 시그마프레스.

Corey, M. S., & Corey, G. (1993). *Becoming a helper*. Pacific Grove: Brooks/ Cole.

Cornett, C. E., & Cornett, Ch. F. (1980). *Bibliotherapy: the right book at the right time.* Indiana: Bloomington.

Corsini, R. J. & Wedding, D. (Ed.) (1987). *Current Psychotherapies.* 김정희, 이장희 역

(2004). 현대 심리치료. 서울: 중앙적성출판사.

Corsini, R. J. & Contributors(Ed.) (1991). *Five Therapists and One Client*. 이혜성 역(1997). 다섯명의 치료자와 한명의 내담자. 서울: 이화여자대학교 출판부.

Curran, D. (1983). *Traits of a healthy family*. New York: Ballantine.

Deutsch, M. (1987). A theoretical perspective on conflict and conflict resolution. In J. D. Dennis, & S. S. Ingrid.(Eds.), *Conflict management and problem solving: Interpersonal to international applications*. New York University Press.

Dewey, E. (1971). The Family Atmosphere. In Arthur Nikelly (Ed.), *Techniques for Behavior Change*. Springfield, Ill: Charles E. Thomas.

Dinkmeyer, D., & McKay, G. D. (1982). *Systematic training for effective parenting*. Circle Pines, MN: American Guidance Service.

Dinkmeyer, D., & Sperry, L. (2002). *Counseling and Psychotherapy*. 김춘경 역(2004). 상담과 심리치료: Adler 개인심리학의 통합적 접근, 서울: 시그마프레스.

Dodds, J. B. (1985). *A Child Psychotherapy Primer*. New York: Human Sciences Press.

Dreikurs, R. (1932). Ueber Liebeswahl. In: *Internationale Zeitschrift für Individualpsychologie*. 10. Jg.

Dreikurs, R. (1953). *Fundamentals of Adlerian psychology*. Chicago: Alfred Adler Institute.

Dreikurs, R. (1957). *Psychology in the classroom*. New York: Harper.

Dreikurs, R. (1967). *Psychodynamics, Psychotherapy, and counseling*. Chicago: Alfred Adler Institute.

Dreikurs, R. (1968). *Psychology in the Classroom*. New York: Harper & Row.

Dreikurs, R. (1971). *Grundbegriffe der Individualpsychologie*. Stuttgart.

Dreikurs, R., & Soltz, V. (1966). *Kinder fordern uns heraus*. Stuttgart.

Dreyer, S. S. (1985). *The bookfinder: A guide to children's literature about the needs and problems of youth ages 2 and up*. Circle pines, MN: American Guidance.

Ellenwanger, W., & Groemminger, A. (1979). *Maerchen - Erziehungshilfe oder Gefahr?*. Freiburg. Herder.

Essa, E. L., Murray, C. I., & Everts, J. (1995). Death of a friend. *Childhood Education, 71*(3), 130-133.

Freedheim, D. K., & Russ, S. R. (1983). Psychotherapy with children. In C. E. Walker and

M. C. Roberts (Eds.), *Handbook of Clinical Child Psychology.* New York: Wiley and Sons.

Furtmueller, C. (1980). Selbsterfundene Maerchen. In Adler, A. *Heilen und Bilden.* Frankfurt a. M.: Fischer.

Gelso, C. J., & Carter, J., A. (1985). The relationship in counseling and psychotherapy: Components, consequences, and theoretical antecedents. *The Counseling Psychologist, 13*, 155-243.

Ginott, H. G. (1961). *Group psychotherapy with children.* New York: McGraw-Hill.

Ginott, H. G. (1982). Therapeutic intervention in child treatment. In G. Landreth (Ed.), *Play therapy: Dynamics of the process of counseling with children*(pp. 160-172). Springfield, IL: Charles C. Thomas.

Gordon, T. (2000). *Parent effectiveness training: The proven program for raising responsible children.* New York: Three Rivers press.

Gottman, J. M., & Silver, N. (1999). *The seven priciples for making marriage work.* New York: Crown.

Gottman, J. M. (1999). *The marriage clinic: A scientifically based marital therapy.* New York: W. W. Norton.

Govindji, R., & Linley, P. A. (2007). Strengths use, self-concordance and well-being: Implications for strengths coaching and coaching psychologists. *International Coaching Psychology Review, 2*(2), 143-153.

Hall, C. S., & Lindzey, G. (1970). *Theories of Personality.* 이지영 외 역(1977), **성격의 이론.** 서울: 중앙적성출판사.

Hall, G. S. (1999). Note on early memories. *Pedagogical Seminary, 6*, 485- 512.

Hartma. F. R. (1980). A systematization of families of archetypes for script analysis. *Transactional Analysis Journal, 4*(4), 32-35.

Hiroshi, O. (2014). *Adler ni manabu buka ikusei no shinrigaku.* 김경원 역(2015). **회사에서 읽는 Adler 심리학.** 서울: 조선뉴스프레스.

Hjelle, L. A., & Ziegler, D. J.(1981). *Personality Theories.* 이훈구 역(1998). **성격심리학.** 서울: 법문사.

Horowitz, L. M., Rosenberg, S. E., Baer, B. A., Ureno, G., & Villasenor, V. S. (1988). Inventory of Interpersonal Problems: Psychometric properties and clinical applications. *Journal of Consulting and Clinical Psychology*, *56*, 885-892.

Hutchins, D. E., & Cole, C. G. (1986). *Helping relations and strategies*. Pacific Grove, CA: Brooks/Cole.

Ichiro, K., & Fumitake, K. (2013). *Kirawareru Yuuki*. 전경아 역(2014). **미움받을 용기**. 서울: 인플루엔셜.

Jacoby, H. (1974). *Alfred Adlers Individualpsychologie und dialektische Charakterkunde*. Frankfurt/M.

Kausen, R. (1979). Zur Theorie der Individualpsychologie. Pongratz, L. J.(Hg.), *linische Psychologie Handbuch der Psychologie*. Bd. 8.1 Halbbd.. Güttingen.

Kefir, N., & Corsini, R. (1974). Dispositional sets: A contribution to typology. *Journal of Individual Psychology, 30,* 163-178.

Kefir, N. (1971). *Priorities: A different approach to life style*. Paper presented at ICASSI, Tel Aviv, Israel.

Kefir, N. (1981). Impasse/priority therapy. In. R.J. Corsini(Ed.), *Handbook of innovative psychologist*, *3*, 31-40.

Kern, R. M., Curlette, W. L., & Wheeler, M. S. (1997). *BASIS-A Inventory interpretive manual: A psychological theory*. TRT Associates.

Kopp, R. R., & Dinkmeyer, D.(1975). Early recollections in life style assessment and conselin. *The School Counselor, 23*, 22-27.

Kottman, T. (1993). Billy, the teddy bear boy. In L. Golden & M. Norwich (Eds.), *Case studies in child counseling* (pp. 75-88). New York: Merrill.

Kottman, T. (1995). *Partners in Play: An Adlerian Approach to Play Therapy*. American counseling Association.

Kottman, T., & Johnson, V. (1993). Adlerian play therapy: A tool for school counselors. *Elementary Guidance and Counseling*, *27*, 42-51.

Kottman, T., & Schaefer, C. (1995). *Play therapy in Action: A Casebook for Practitioners*. Northvale, NJ: Jason Aronson.

Kramer, P. A., & Smith, G. G. (1998). Easing the Pain of Divorce Through childrens's Literature, *Early childhood Education Journal*, *26*(2), 89-95.

Kunkel, F. (1976). *Charakter, Wachstum und Erziehung*. Leipzig.

Kutchins, C. B., Curlette, W. L., & Kern, R. (1997). To what extent is there a relationship between personality priorities and lifestyle themes? *Individual Psychology, 53*(4). 373-387.

Landgarten, H. B. (1981). *Clinical art Therapy: A Comprehensive Guide*. New York: Brunner/Mazel.

Langenfeld, S. D. (1981). *Personal Priorities: A factor analytic study*. Unpublished doctoral dissertation, University of South Dakoia.

Langenfeld, S. D. & Main, F. O. (1983). Personality priorities: A factor analytic study. *Individual Psychology 39,* 40-51.

Lazarusfeld, S. (1931). *Wie die Frau den Mann erlebt*. Leipzig/Wien.

Lehman, J. D. (2005). *Understanding marriage, family, and intimate relationships*. Charles C Thomas.

Lombardi, D. M. (1969). The special language of the addict. *pastoral psychology. 20,* 51-52.

Lukens, R. J. (1995). *A Critical handbook of children's literature*. NY: Harper Collins College Publischers.

Lundin, L. (1989). *Alfred Adler's Basic Concepts and Applications*. 노안영, 강만철, 오익수, 김광운, 송현중 역(2001). **애들러 상담이론-기본 개념 및 시사점-**. 서울: 학지사.

Main, F., & Oliver, R. (1988). Complementary, symmetrical, and parallel personality priorities as indicators of marital adjustment. *Individual Psychology: The Adlerian Journal of Research, Theory and Practice, 45*(2), 324-332.

Maslow, A. H. (1970). Holistic emphasis. *Journal of Individual Psychology, 26,* 39.

Minuchin, S. (1974). *Families and Family therapy*. Cambridge. 김종옥 역(1988). **가족과 가족치료**. 서울: 법문사.

Mosak, H. (1971). Lifestyle. In A. Nikelly (Ed.), *Techniques for behavior changes: Applications of Adlerian theory*. Springfield, IL: Charles C. Thomas, 77-81.

Mosak, H. (1989). Adlerian Psychotherapy. In R. J. Corsini & D. Wedding (Ed.), *Current Psychotherapies*. 김정희, 이장희 공역(2004). **현대심리치료**. 서울: 중앙적성출판사.

Mosak, H. H., & Dreikurs, R. (1967). The life tasks. III. The fifth life task. *Individual Psychologist, 5,* 16-22.

Mosak, H. H., & Dreikurs, R. (1973). Adlerian psychotherapy. In R. Corsini (Ed.), *Current psychotherpies*. Itasca, IL: Peacock.

Mosak, H. H. (1958). Early recollections as a projective technique. *Journal of Projective Techniques, 22,* 301-311.

Mosak, H. H. (2000). Adlerian psychotherapy. In R. J. Corsini & D. Wedding (Eds.), *Current psychotherapies* Itasca, IL:Peacock.

Moustakas, C. (1959). *Psychotherapy with children: The living relationship.* New York: Harper & Row.

Muro, J. J., & Dinkmeyer, D. C. (1977). *Counseling in the elementary and middle schools.* Dubuque, LA: Wm. C. Brown.

Nelson-Jones, R. (1990). *Human relationship.* Pacific Grove, CA: Brooks/ Cole.

Nugent, F. A. (1990). *An introduction to the profession of counseling.* Columbus, OH: Merrill.

Ogdon, D. (1977). *Psychodiagnostics and personality assessment: A handbook* (2nd ed.). Los Angeles, CA: Western Psychological Services.

Olson, D. H., Olson-Sigg, A., & Larson, P. J. (2008). *The couple checkup.* 김덕일, 나희수 역(2011). **커플 체크업.** 서울: 학지사.

Orgler, H. (1974). *Alfred Adler, Triumph Über Minderwertigkeitskomplex.* Muenchen.

O' Hearne, L. P. (1974). Use of fairy tales in redicision. *Transactional Analysis Journal. 4*(4). 32-35.

O'Connell, W. E. (1991/75). *Action therapy and Adlerian theory.* Chicago Alfred Adler Institute.

Pardeck, J. T. (1994). Using literature to help adoleschents cope with problems. *Adolescence, 29,* 421-427.

Parker, J, G. & Asher, S. R. (1989). *Peer relationship and social adjustment: Are friendship and group acceptance distinct domains?* (ERIC Document Reproduction No. ED 315 198).

Pepper, F. (1979). The characteristics of the family constellation. *Individual Psychologist. 116,* 11-16.

Pepper, F. (1980). Why children misbehave. *Individual Psychologist. 17,* 19-37.

Ponzetti, J., & Long, E. (1989). Healthy family functioning: A review and critique. *Family therapy, 14,* 43-49.

Rattner, J. (1963). *Individualpsychologie.* München/Basel.

Riordan, R. J., & Wilson, L. S. (1989). Bibliotherapy: Does it work? *Journal of Counseling and Development, 67*, 506-509.

Rosenberg, M. (1965). *Society and adolescent self-image*. Prinston. NJ: Prinston University Press

Rothlein, L. C., & Meinbach, A. M. (1991). *The literature connection: Using children's books in the classroom,* Glenview, IL: Good Year.

Ruesch, J. (1961). *Therapeutic communication*. New York: Norton.

Schaefer, C. E. (1993). *Therapeutic powers of play*. Northvale: Jason Aronson Inc.

Schirrmeister, M. (1926). *Das verwoehnte Kind*. Dresden.

Schmidt, N., & Sermat, V. (1983). Measuring loneliness in different relationships. *Journal of personality and social psychology, 44*(5), 1038-1047.

Schmidt, R. (Hg.). (1982). *Die Individualpsychologie Alfred Adlers*. Stuttgart.

Schulz, O. (1990). *Theory of Personality*. Pacific Grove, CA. Brook/Cole.

Schwartz, E. K. (1994). A Psychoanalytic Study of the Fairy Tale. In Haworth. M. R. (1994). *Child Psychotherapy, Practice and Theory*. New Jersey: Jason Aronson Inc.

Shindler, L., Hahlweg, K., & Revenstorf, D. (2009). *Partnerschaftsprobleme: Moeglichkeiten zur Bewaeltigung*. 이남옥, 문용갑 역(2013). **부부, 가깝고도 먼 동반자**. 서울: 이너북스.

Shulman, B. H. (1973). The use of dramatic confrontation in group psychotherapy. *Psychiatric Quarter, 36* (Suppl. Part I).

Shulman, B. H. (1997). Confrontation Techniques. In J. Carlson & S. Slavik (Ed.), *Techniques in Adlerian Psychology*. Washington: Taylor & Francis.

Silverberg, S. B., & Steinberg, L. (1990). Psychological well-being of parents with early adolescent children. *Developmental Psychology, 26*(4), 658-666.

Smetana, J. (1988). Concepts of self and social convention: Adolescents' and parents' reasoning about hypothetical and actual family conflict. In M. Gunnar (Ed.), *21st Minnesota Symposium on child Psychology* (79-122). Hilldale, NJ: Erlbaum.

Sonstegard, M. (1978). Lifestyle identification and assessment. In L. Baruth & D. Eckstein(Eds.), Lifestyle: theory, practice, and research. Dubuque, IA: Kendall/Hunt.

Sternberg, R. (1999). Construct validation of a triangular love scale. *European Journal of Social Psychology, 27*(3), 313-335.

Sternberg, R. J. (1986). *A triangular theory of love. Psychological Review,* 93(2), 119-135.

Sweeney, T. (1998). *Adlerian Counseling: A practitioner's Approach.* 노안영, 강만철, 오익수, 김광운, 송현중, 강영신, 오명자 역(2005). **Adler 상담이론과 실제.** 서울: 학지사.

Taylor, D. D., & Ray, D. (2012). *Adlerian personality priorities: Confirming the constructs.* In American Counseling Association Conference, San Francisco, CA.

Topf, D. W. (1984). *Personality Priorities and Marriage Adjustment.* Unpublisched doctoral dissertation, University of South Dakota.

Tyndall, L. W., & Lichtenberg, J. (1985). Spouses' cognitive styles and marital interactionpatterns. *Journal of Marital and Family therapy, 11*(2), 193-202.

Vaihinger, H. (1911). *The philosophy of "as if".* New York: Harcourt, Brace and World.

Wentzel, K., & Erdley, C. (1993). Strategies for making friends: Relations to social behavior and peer acceptance in early adolescence. *Developmental Psychology, 29*, 819-826.

Wexberg, E. (1973). Verzogene Kinder. In Adler, A., Furtmueller, C., & Wexberg, E. (1973). *Heilen und Bilden.* Frankfurt/M.

Wexberg, E. (1974). *Individualpsychologie.* Stuttgart.

Yang, J., Milliern, A., & Blagen, M. (2010). *The psychology of courage.* 오익수 외 역(2015). **용기의 심리학.** 서울: 학지사.

찾아보기

인명

내용

ㅅ

ㅇ

저자 소개

김춘경(Kim, Choon-Kyung)

독일 아헨대학교 철학박사(교육상담)

독일 쾰른대학교 치료교육대학 연구교수

미국 와이오밍대학교 연구교수

독일 뮌헨대학교 정신건강의과대학 연구교수

전) 한국학교상담학회 부회장

한국교류분석학회 회장

현) 경북대학교 아동학부 교수

대한문학치료학회 부회장

〈주요 저서 및 역서〉

상담학사전(전 5권, 공저, 학지사, 2016)

상담의 이론과 실제, 2판(공저, 학지사, 2016)

청소년 집단상담 프로그램(공저, 학지사, 2015)

아들러 아동상담: 이론과 실제(학지사, 2006)

청소년 상담(공저, 학지사, 2006)

아동상담 이론과 실제(학지사, 2004)

아동 집단상담 프로그램(공저, 학지사 2004)

집단상담: 전략과 기술, 8판(역, 센게이지러닝코리아, 2016)

이야기로 치유하기(공역, 학지사, 2011)

마음을 치유하는 101가지 이야기(역, 학지사, 2009)

Adler 상담 및 심리치료: 개인심리학의 통합적 접근(역, 시그마프레스, 2005)

상담 및 심리치료의 이해(공역, 학지사, 2004)

삶의 기술(역, 학지사, 2002)

e-mail: kckyung@knu.ac.kr

아들러의 인간관계론
Adlerian Human Relations

2018년 2월 10일 1판 1쇄 발행
2021년 9월 25일 1판 3쇄 발행

지은이 • 김춘경
펴낸이 • 김진환
펴낸곳 • (주) 학지사
04031 서울특별시 마포구 양화로 15길 20 마인드월드빌딩
대표전화 • 02)330-5114 팩스 • 02)324-2345
등록번호 • 제313-2006-000265호

홈페이지 • http://www.hakjisa.co.kr
페이스북 • https://www.facebook.com/hakjisa

ISBN 978-89-997-1468-9 93180

정가 15,000원

이 도서의 국립중앙도서관 출판시도서목록(CIP)은 서지정보유통지원시스템 홈페이지(http://seoji.nl.go.kr)와 국가자료공동목록시스템(http://www.nl.go.kr/kolisnet)에서 이용하실 수 있습니다.
(CIP 제어번호: CIP 2018003690)